A EXPERIÊNCIA
ZAPPOS

M623e Michelli, Joseph A.
   A Experiência Zappos : 5 princípios de administração que transformaram uma ideia simples em um negócio milionário / Joseph A. Michelli ; tradução: Heloisa Corrêa da Fontoura. – Porto Alegre : Bookman, 2013.
   xvi, 237 p. : il. ; 23 cm.

   ISBN 978-85-65837-62-0

   1. Administração – Inovação. 2. Administração – Gestão de pessoas. I. Título.

   CDU 658

Catalogação na publicação: Natascha Helena Franz Hoppen CRB10/2150

JOSEPH A. MICHELLI

A EXPERIÊNCIA
ZAPPOS

5 PRINCÍPIOS DE ADMINISTRAÇÃO QUE
TRANSFORMARAM UMA IDEIA SIMPLES
EM UM NEGÓCIO MILIONÁRIO

Tradução:
Heloisa Corrêa da Fontoura

2013

Obra originalmente publicada sob o título
The Zappos Experience: 5 principles to inspire, engage, and wow
ISBN 0071749586 / 9780071749589

Original edition copyright © 2012, The McGraw-Hill Companies,Inc., New York, New York 10020. All rights reserved.
Portuguese language translation copyright © 2013, Bookman Companhia Editora Ltda., a Division of Grupo A Educação S.A.
All rights reserved.

Gerente editorial: *Arysinha Jacques Affonso*

Colaboraram nesta edição:

Editora: *Juliana Lopes Bernardino*

Capa: *MSDE / Manu Santos Design*

Preparação: *Jean Xavier e Mariana Zanini*

Leitura final: *Eloiza Mendes Lopes*

Editoração: *Know-How Editorial*

Reservados todos os direitos de publicação, em língua portuguesa, à
Bookman Companhia Editora, uma empresa do Grupo A Educação S.A.
Av. Jerônimo de Ornelas, 670 – Santana
90040-340 – Porto Alegre – RS
Fone: (51) 3027-7000 Fax: (51) 3027-7070

É proibida a duplicação ou reprodução deste volume, no todo ou em parte, sob quaisquer formas ou por quaisquer meios (eletrônico, mecânico, gravação, fotocópia, distribuição na Web e outros), sem permissão expressa da Editora.

Unidade São Paulo
Av. Embaixador Macedo Soares, 10.735 – Pavilhão 5 – Cond. Espace Center
Vila Anastácio – 05095-035 – São Paulo – SP
Fone: (11) 3665-1100 Fax: (11) 3667-1333

SAC 0800 703-3444 – www.grupoa.com.br

IMPRESSO NO BRASIL
PRINTED IN BRAZIL
Impresso sob demanda na Meta Brasil a pedido de Grupo A Educação.

O autor

Joseph Michelli é palestrante, apresentador de *workshops*, consultor organizacional e CXO (*Chief Experience Officer*) da The Michelli Experience. Dedicou sua carreira a ajudar líderes a criar experiências únicas de clientes e dinâmicas culturais de locais de trabalho. Além de *A Experiência Zappos*, Michelli é autor *best-seller* do *The New York Times* e escreveu livros como *A Estratégia Starbucks, Receita para a Excelência* e *The New Gold Standard*. É também coautor de *When Fish Fly* com John Yokoyama, proprietário do mercado de peixe World Famous Pike Place, em Seattle, Estados Unidos.

Michelli transmite seu conhecimento acerca das melhores práticas comerciais por meio de discursos e *workshops*. Essas apresentações informativas e divertidas focam as habilidades necessárias para:

- Criar significativas experiências do cliente
- Impulsionar o comprometimento do funcionário e do cliente
- Reforçar o compromisso com a excelência do serviço
- Criar processos de melhoria da qualidade
- Elevar a autoestima do funcionário

Além dos dinâmicos e relevantes discursos de apresentação internacionais, The Michelli Experience oferece:

- Consulta sobre o desenvolvimento de ótimas experiências do cliente e do funcionário
- Treinamento de excelência de serviço
- Melhoria da capacitação de pessoal
- Serviços de desenvolvimento da equipe de líderes
- Facilitação de grupos e estratégias de criação de equipes
- Criação de processos de mensuração de comprometimento do cliente e do funcionário
- Gestão customizada e programas de treinamento de linha de frente

Para mais informações sobre a atuação de Michelli, visite www.josephmichelli.com. Ele está ansioso para ajudá-lo a alcançar uma Experiência Zappos. Além do seu site, há como segui-lo no Twitter: twitter.com/josephmichelli.

Se você quiser baixar um arquivo PDF de todas as seções "Teste estas ideias" do livro, para ser usado como um guia de estudo de grupo, procure a página deste livro no site: www.bookman.com.br.

Para Fiona Katherine Michelli
Você é o sol que entra pela janela e aquece todos os ambientes.
Nunca perca a beleza e a alegria que você irradia e acredite sempre!
Eu te amo. Você será sempre a "minha garotinha".

Agradecimentos

Como tudo aconteceu?

Não entenda mal – eu não estou me queixando. Apenas estou perplexo.

Como uma pessoa como eu, que nunca se considerou um autor, concluiu o sexto livro?

Quando penso nisso, a resposta é óbvia: é o resultado de um excepcional grupo de pessoas talentosas que trabalhou incessantemente para fazer isso acontecer. *A Experiência Zappos*, assim como os outros livros nos quais tive a felicidade de encontrar o meu nome, reflete o esforço de uma equipe de guias e aventureiros organizados. David McCollough, autor, historiador e vencedor do Prêmio Pulitzer, faz um trabalho extraordinário ao descrever a "busca" que envolve cada projeto de livro: "Cada livro é uma jornada, uma aventura, uma caçada, um caso de detetive, uma experiência, como ir a um continente pela primeira vez. Esse é o seu prazer. Essa é sua compulsão. E você é estimulado por um dom que nós, seres humanos, temos, chamado curiosidade. É o que nos distingue, entre outras coisas, das pessoas sem ambição. Quanto mais sabemos, mais queremos saber; a curiosidade é estimulante".

Tony Hsieh, CEO da Zappos, auxiliou de maneira notável essa "caçada, caso de detetive e experiência": avaliou com muita calma este projeto, proporcionou um amplo e completo acesso à Zappos, analisou rascunhos e até escreveu o prefácio. Tony quebrou o paradigma dos CEOs norte-americanos. Não é de admirar que ele tenha deflagrado um Movimento de Transmissão de Felicidade. De acordo com o primeiro valor da cultura Zappos, três dos zapponianos foram particularmente úteis no processo de criação de livros cheios de entusiasmo. Aaron Magness, Robert Richman e Pam Cinko comprovaram que os valores da Zappos não são apenas palavras bonitas no papel, mas representam o comportamento dos zapponianos. Aaron, Robert e Pam sempre compartilharam o espírito da família Zappos. Sua ponderação, seu profissionalismo, sua humildade e sua jovialidade não somente tornaram este livro melhor, mas fizeram com que eu me tornasse melhor. Como gostaria de fazer uma lista com outros zapponianos que serviram de líderes nas sedes da Zappos e em outros Centros de Processamento de Pedidos, coloquei esses nomes em uma lista especial na seção de Notas nas páginas finais.

Quanto à minha equipe, sou abençoado por trabalhar com minha talentosa, brilhante e enérgica assistente de pesquisa, Jill Merkel. Jill calçou seus tênis de corrida para "correr atrás" de uma grande parte do conteúdo deste livro. Como sempre, beneficio-me da sabedoria e da orientação do advogado Lloyd Rich. Agradeço a Tiffany Tolmen por manter minhas palestras na ativa mesmo em meio à loucura de produção do livro.

- Minhas companheiras mais importantes na jornada Zappos (e em três dos meus trabalhos anteriores) foram Donya Dickerson, editora sênior da McGraw-Hill, e Lynn Stenftenagel, minha colega em The Michelli Experience.
- Donya sabe o quanto custa ser o editor de um livro. Ela tem um olhar de águia para a aquisição de projetos. Administra e aperfeiçoa os manuscritos, serve como uma caixa de ressonância e até oferece o apoio moral necessário. E o mais importante, Donya é gentil, afetuosa e eficiente.
- Lynn é simplesmente indescritível! É a pessoa que você quer ter ao lado quando sua jornada é difícil, quando você quer comemorar um feito, ou em qualquer situação do gênero. Ela transpira o "foco no cliente" e, no mundo de Lynn, todo o mundo é um cliente. Eu sou abençoado por ser o cliente que tira proveito do maior benefício de suas capacidades profissionais e de amizade. Lynn, tenho um respeito imenso por você.
- Em um nível mais pessoal, quero agradecer a meus filhos, Andrew e Fiona. Vocês me "inspiram, envolvem e entusiasmam". Sei que não os mereço, mas serei eternamente grato a um Deus que me deu o privilégio de ser seu pai. Nora, minha admiração por você nunca poderá ser sintetizada numa seção de agradecimentos. Em vez disso, espero ter ótimas oportunidades de demonstrar essa gratidão nos momentos mais simples. Que a plenitude de meu reconhecimento seja tão clara como a vista de um pôr do sol em um lago.
- Como em qualquer grande aventura, é preciso que tenhamos um objetivo para a busca. *Vocês*, leitores, são o objetivo! Obrigado por virem comigo nesta jornada. Espero que esta seja uma experiência de inspiração, comprometimento e entusiasmo!

Prefácio

Meu primeiro livro, *Satisfação garantida – No caminho do lucro e da paixão*, foi publicado em 2010. Ao mesmo tempo em que me emocionei por estar na lista dos mais vendidos do *The New York Times* e do *Wall Street Journal*, também me gratificou ouvir as pessoas dizendo, diariamente, como ele as havia inspirado a usar a felicidade como um modelo de negócio e princípio orientador para a vida. Cometemos muitos erros na Zappos e parte de meu objetivo era ajudar outras empresas a errar menos.

Quando Joseph Michelli me procurou para falar sobre *A Experiência Zappos*, ele disse que queria desenvolver os assuntos que foram iniciados no meu livro, especialmente aqueles relacionados com a importância e o valor de uma cultura organizacional positiva, com vistas à integração trabalho/vida, à excelência no atendimento e à facilitação de relações pessoais para transmitir felicidade no local de trabalho.

Na Zappos, aprendemos ao longo dos anos, principalmente por meio de tentativa e erro. Muito do que fizemos foi baseado no instinto e, portanto, algumas vezes é difícil explicar para as outras empresas, sucintamente, como fazemos as coisas. Eu ficava incomodado pela possibilidade de ver terceiros passando algum tempo em nossa empresa e analisando aspectos-chave do funcionamento da Zappos. Estava particularmente interessado no ponto de vista de Joseph como um consultor organizacional cuja especialização é criar o comprometimento do funcionário e a fidelidade do cliente.

Na Zappos, nossa visão evoluiu desde fazer os clientes e funcionários da nossa empresa felizes até ajudar outras companhias a também satisfazer seus clientes e funcionários. Na verdade, *Zappos Insights* é uma entidade independente e um site (www.zappoinsights.com) que criamos com esse objetivo.

Assim, qual a diferença entre *A Experiência Zappos* e *Satisfação garantida*, e por que você deveria se importar com o assunto se não trabalha com vendas *on-line* de roupas e calçados?

Provavelmente, o que sua empresa faz é muito diferente do que a Zappos faz. Espero que *Satisfação garantida* possa ajudá-lo a encontrar a razão de ser do seu negócio, enquanto *A Experiência Zappos* (juntamente com a *Zappos Insights*) dê uma ideia de *como* fazer o negócio.

Pediram que eu escrevesse um prefácio maior, mas decidi reduzir o texto pela metade, pois (1) provavelmente você está ansioso para chegar ao conteúdo real; (2) eu, particularmente, detesto a leitura de prefácios longos; e (3) sou muito preguiçoso para escrever mais.

Agora que já fiz a minha parte, eu o incentivo a sentar-se com a bebida de sua preferência (a hidratação é muito importante) ou formar um grupo de leitura para que possa mergulhar imediatamente nas ideias, ferramentas e oportunidades de discussão que você vai descobrir em *A Experiência Zappos*. Divirta-se!

Tony Hsieh, autor de *Satisfação garantida – No caminho do lucro e da paixão* e CEO da Zappos.com, Inc.

Sumário

CAPÍTULO 1	Zappos? O que é Zappos?...	1

PRINCÍPIO 1 Procure o tamanho certo

CAPÍTULO 2	É tudo uma questão de cultura...	21
CAPÍTULO 3	Cultura deveria ser um verbo...	37

PRINCÍPIO 2 Faça rápido e sem esforço

CAPÍTULO 4	Menos esforço, mais clientes...	63
CAPÍTULO 5	Bem-vindo ao grande baile do serviço: Velocidade, conhecimento, recuperação e surpresa............	77

PRINCÍPIO 3 Entre no pessoal

CAPÍTULO 6	Mais do que uma carteira ambulante.....................................	95
CAPÍTULO 7	Conexões em todos os níveis..	109

PRINCÍPIO 4 Espalhe

CAPÍTULO 8	A universidade Zappos	129
CAPÍTULO 9	Muito além dos sapatos...	147

PRINCÍPIO 5 Jogue para ganhar

CAPÍTULO 10	Divirta-se...	171
CAPÍTULO 11	Morrendo de rir..	189

CONCLUSÃO	Finais, começos e você	205
NOTAS		209
ANEXO A	Compartilhar os melhores telefonemas	219
ANEXO B	Trechos do livro que mostram a cultura Zappos	225
ÍNDICE		231

Capítulo 1

ZAPPOS? O QUE É ZAPPOS?

Acabei de ver o Ursinho Pooh correndo pelo estacionamento. Sim, eu trabalho na Zappos!
@dylanbathurst (*post* do Twitter)

Fora do comum. Esta é uma das primeiras expressões que as pessoas usam para descrever a Zappos. Até o nome *Zappos* é adequado ao espírito não convencional de uma das mais transformadoras e bem-sucedidas empresas da atualidade.

Para combinar com o que você vai aprender sobre a natureza não ortodoxa da Zappos, vamos começar de um jeito bem diferente dos outros livros de negócios. Eu vou testar você! Não tenha medo, o teste consiste de apenas uma pergunta e não haverá classificação, e acredito que você irá se sair bem. *Por favor, escolha uma opção que reflita a melhor resposta.*

A Zappos é...

A. uma empresa de internet que começou vendendo sapatos *on-line* e passou de zero para US$ 1 bilhão em vendas brutas anuais em um período de 10 anos, apesar da pouquíssima propaganda.
B. um fornecedor *on-line* de uma ampla gama de produtos, de acessórios de vestuário e móveis para a casa até fantasias de Halloween.
C. a empresa que paga funcionários recém-treinados para deixar o emprego caso reconheçam que não são adequados à cultura da companhia.

A Experiência Zappos

D. uma empresa na qual ser um pouco excêntrico faz parte dos valores essenciais.
E. uma empresa cuja cultura organizacional, publicada todos os anos em um Livro de Cultura sem censura, pode ser descrita por todos os funcionários.
F. um dos 10 melhores lugares para trabalhar, conforme a revista *Fortune*.
G. o local onde os funcionários podem, de repente, começar um desfile, além de desenvolver outras atividades lúdicas e excêntricas.
H. um lugar no qual os funcionários recebem aulas para usar o Twitter.
I. uma empresa líder em estratégia e execução de relacionamento em redes sociais.
J. uma obsessão.
K. o representante máximo de uma cultura empresarial autêntica e vibrante, embora um pouco maluca.
L. uma pequena empresa, que ainda no começo foi vendida para a Amazon.com por aproximadamente US$ 1 bilhão.
M. um estilo de vida.
N. um local onde as *happy hours* podem durar o dia todo, com algumas doses de vodka Grey Goose para comemorar.
O. uma empresa que, por meio de seu programa Zappos Insights, ajuda outros líderes a movimentar uma cultura de serviço em suas organizações.
P. um movimento.
Q. o criador de mais de 50 mil vídeos anuais de produtos *on-line*.
R. inovadora nas ferramentas de uso do *site*.
S. na verdade, 10 empresas em uma, incluindo divisões de treinamento, processamento de pedidos e *site*.
T. um negócio cujo CEO fatura US$ 36 mil por ano, usa calças jeans para trabalhar, senta em uma baia no meio do escritório e tem mais de 1 milhão de seguidores no Twitter (@zappos).
U. um transmissor de felicidade.
V. uma empresa cujo nome tem origem em uma variação da palavra espanhola para sapatos: *zapatos*.
W. uma companhia cuja sede e cuja central de processamento de pedidos oferecem excursões regulares e muito procuradas.

X. uma companhia que já fez uma ligação de *call-center* durar mais de oito horas.
Y. um negócio que você precisa conhecer a fim de alcançar vendas extraordinárias, aprender sobre uma cultura invejável e conseguir uma posição de liderança em atendimento ao cliente.
Z. todas as respostas acima, e muitas outras.

Claro que a resposta correta é a Z, que representa a muito comentada e diferente Zappos.

A Zappos é diferente no melhor sentido da palavra. Seja você um cliente impressionado com o serviço rápido e com o atendimento personalizado, um comerciante de olho nas inovações da Zappos, um líder social que queira alterar um ambiente de trabalho negativo ou sem energia, ou simplesmente um aprendiz de poderosas forças sociais, este livro é a chance de aprender com uma empresa que está mudando o modelo de excelência em serviços. O professor Peter Jackson, autor de *Maps of Meaning: An Introduction to Cultural Geography*, escreveu: "As culturas são mapas de significado, através dos quais o mundo é compreensível". Na Zappos, os líderes oferecem um "mapa de significado" que produz sucesso estimulado por uma boa cultura de atendimento.

POPULARIDADE E RELEVÂNCIA

Temos a impressão de que a Zappos está em todos os lugares: artigos na *Fast Company, Inc., Harvard Business Review* e *Psychology Today,* apresentações em programas de televisão como *CBS Sunday Morning* e *Nightline*. Mas será que a Zappos merece seu tempo e seu estudo? As lições da empresa são apropriadas a pessoas cuja vida e cujos negócios vão além de vendas de produtos *on-line*?

Eu, que já estudei e escrevi sobre empresas incríveis como Starbucks, The Ritz-Carlton Hotel Company e World Famous Pike Place Fish Market, em Seattle, arrisco dizer que as lições da Zappos são apropriadas não apenas a todos os setores de negócios, mas também ao desenvolvimento pessoal e profissional das pessoas em todos os níveis de uma organização.

Ainda que a imagem da Zappos na mídia retrate uma cultura exageradamente alegre que pode não parecer apropriada ao seu setor ou local de trabalho, eu o desafio a deixar o ceticismo de lado e explorar a possibilidade de a Zappos não ser nem tão casual nem tão estranha. Na verdade, os funcionários da Zappos demonstram um comprometimento com o trabalho árduo e com a excelência que muitas das melhores empresas nos setores mais conservadores invejariam. Podem existir diferenças de estilo; porém, os princípios que impulsionam o sucesso na Zappos vão aprimorar tanto sua empresa quanto você. Mas antes que você aceite minha condição, vamos nos certificar de que todos entendemos como a Zappos se tornou a empresa que é. Por meio de um processo de visão compartilhada, mostrarei algumas das lições que qualquer empresa pode aprender com a Zappos.

APENAS UMA PERSPECTIVA

Não estou aqui para fazer um histórico detalhado da Zappos. Aliás, ninguém pode contar a história melhor do que Tony Hsieh, o CEO da empresa. Felizmente, Tony fez um trabalho espetacular ao oferecer percepções pessoais da evolução da Zappos em seu livro denominado *Satisfação garantida – No caminho do lucro e da paixão*. Como eu acredito que muitos de vocês já devem ter lido esse livro, ou irão fazê-lo, quero me certificar de que todos começaremos com uma compreensão básica de diversos elementos-chave que contribuíram para a Zappos que estamos analisando hoje. A tabela abaixo fornece um cronograma mais detalhado dos acontecimentos significativos na história da Zappos.

Marcos da Zappos
1999
• O fundador Nick Swinmurn identifica a necessidade de venda de sapatos *on-line* e cria um *site* chamado ShoeSite.com.
• O bem-sucedido empreendedor Tony Hsieh encontra Nick. Tony investe US$ 500 mil no negócio de Swinmurn por meio de uma empresa que Tony fundou juntamente com Alfred Lin, chamada Venture Frogs.
• O ShoeSite.com torna-se Zappos.com, permitindo a expansão da marca além da venda de sapatos.
• As vendas brutas são insignificantes.
2000
• Nick Swinmurn e Tony Hsieh trabalham como CEOs na Zappos.
• A Zappos registra US$ 1,6 milhão em vendas brutas.
2001
• Os esforços contínuos levam a US$ 8,6 milhões em vendas brutas para a Zappos.

2002
- A Zappos aluga a Central de Processamento de Pedidos em Shepherdsville, Kentucky, EUA.
- A marca eleva o faturamento bruto para US$ 32 milhões.
2003
- O faturamento bruto sobe para US$ 70 milhões.
2004
- A Sequoia Capital investe um valor significativo na Zappos.
- A Zappos transfere sua sede e as operações de *call-center* para Henderson, Nevada, EUA.
- A Zappos abre seu primeiro *outlet* no estado do Kentucky, EUA.
- A empresa faz entrevista com os funcionários para a publicação do primeiro Livro de Cultura.
- O faturamento bruto da Zappos aumenta mais de 100%, e chega a US$ 184 milhões.
2005
- A Sequoia aumenta seu investimento na Zappos para um total de US$ 35 milhões.
- Alfred Lin, cofundador da Venture Frogs, junta-se à Zappos como diretor financeiro.
- Um bônus-demissão de US$ 100 é oferecido aos novos contratados que decidirem sair da empresa após o treinamento, caso não se considerem adequados à cultura da Zappos.
- A Zappos é eleita a vendedora *on-line* do ano (*E-tailer of the Year*) pela revista *Footwear News*.
- O faturamento bruto da Zappos duplica mais uma vez, e bate os US$ 370 milhões.
2006
- Nick Swinmurn deixa a Zappos para seguir sua paixão na criação de outros negócios novos e bem-sucedidos.
- A Zappos cresce e se muda para uma Central de Processamento de Pedidos maior em Shepherdsville, Kentucky, EUA.
- O faturamento bruto da Zappos alcança US$ 597 milhões.
2007
- A Zappos lança um *site* no Canadá.
- A loja virtual de acessórios e calçados 6pm.com, da Ebags.com, é vendida para a Zappos.
- A Zappos expande suas categorias de produtos para incluir óculos, bolsas, roupas, relógios e artigos infantis.
- O faturamento bruto da Zappos alcança US$ 840 milhões.

2008
• A Zappos demite 8% de sua força de trabalho depois que o investidor Sequoia Capital, antecipando uma crise econômica, envia uma mensagem para as empresas de seu portfólio (inclusive a Zappos) informando que precisa reduzir as despesas o máximo possível e alcançar um fluxo de caixa lucrativo e positivo. • O programa Zappos Insights é lançado para ajudar os líderes, gerentes e funcionários de outras empresas a copiar o exemplo da Zappos. • O faturamento bruto da Zappos alcança US$ 1 bilhão.
2009
• A Amazon compra a Zappos por US$ 1,2 bilhão. • Com 10 anos de idade, a Zappos estreia nas 100 Melhores Empresas para se Trabalhar da revista *Fortune*, sendo o novato mais bem classificado do ano. • O faturamento bruto excede US$ 1 bilhão. • A empresa é escolhida como Campeã de Atendimento ao Cliente pela revista *Businessweek*, em associação com J. D. Power and Associates. • Finalista no Prêmio de Escolha do Cliente pela National Retailer Federation.
2010
• Alfred Lin deixa a Zappos para trabalhar na Sequoia Capital. • Tony Hsieh lança seu livro *Satisfação garantida – No caminho do lucro e da paixão*, que figura na lista dos mais vendidos do *The New York Times*. • A Zappos sobe da posição 23 para a posição 15 na lista de 100 Melhores Empresas para Trabalhar da revista *Fortune*. • A Zappos anuncia que, para atender às suas necessidades de negócios globais (como crescimento, carga de trabalho sazonal e desgaste), irá contratar 2 mil pessoas em 2011. • A Zappos divulga que irá transferir sua sede corporativa de Henderson, Nevada, para o prédio City Hall, no centro de Las Vegas. • A Zappos ultrapassa a loja de roupas, calçados e equipamentos de lazer L.L. Bean como a empresa que presta o melhor atendimento ao cliente, de acordo com a pesquisa de Escolha do Cliente da NRF Foundation/American Express, da National Retailer Federation. • Tony Hsieh, diretor, Jenn Lim, diretora e chefe de Felicidade, e a equipe Transmitindo Felicidade saem em uma viagem de ônibus com duração de três meses, por 23 cidades. Os objetivos: distribuir felicidade, compartilhar a mensagem do livro *Satisfação garantida – No caminho do lucro e da paixão* e conversar com as pessoas que se inspiraram nele.

2011
• A Zappos é homenageada na 6ª Pesquisa anual de Escolha do Cliente da NRF Foundation/American Express. • A Zappos sobe da posição 15 para a posição 6 na lista de 100 Melhores Empresas para Trabalhar da revista *Fortune*. • J. D. Power and Associates elege a Zappos como Campeã de Atendimento ao Cliente (uma das 40 empresas entre mais de 1.000 analisadas). • Tony Hsieh e Jenn Lim anunciam a criação da empresa Delivering Happpiness [Transmitindo Felicidade], cujo objetivo é inspirar as pessoas e organizações em todo o mundo a utilizar estruturas de felicidade nos negócios e na vida.

A grande ideia da Zappos surgiu da observação de um cliente frustrado. Depois de um dia de procura em toda a cidade de San Francisco, Nick Swinmurn não conseguia encontrar um par de botas Tan Airwalk Chukka tamanho 42. Isso o fez pensar se uma seleção limitada de sapatos no varejo poderia ser expandida por uma estratégia *on-line*. Ele fez essa proposta para a Venture Frogs, uma empresa de investimento criada por seus colegas Tony Hsieh e Alfred Lin. Mas será que a Venture Frogs investiria na ideia de Nick de vender sapatos *on-line*? Quem compraria calçados em uma loja da internet sem experimentá-los? A ideia dominante era de que itens como uma ninhada de gatinhos (www.pets.com) poderiam facilmente ser vendidos *on-line*, mas sapatos? A despeito do produto e da propaganda, a Zappos prosperou, enquanto a www.pets.com tornou-se um dos primeiros exemplos da era *dotgone**. Apesar de comprar um espaço milionário de propaganda no Super Bowl e de obter US$ 82,5 milhões em 2000 na sua oferta pública inicial de ações, a www.pets.com fechou depois de um curto período (funcionou de 1998 a 2000). A Zappos permanece. Esse caso mostra a importância do serviço de alta qualidade para sustentar negócios de sucesso.

Desde seu início, em 1999, no auge do *boom* das empresas "ponto com", a Zappos esteve algumas vezes à beira da extinção. Por necessidade, os líderes e membros da administração da empresa tiveram de revolucionar o modelo de negócios, criar uma cultura atraente e desenvolver características operacionais únicas. Como prometi demonstrar a evolução da Zappos em perspectiva, vou salientar três componentes importantes, e não necessariamente lineares, da jornada de sobrevivência da Zappos. Esses três pontos

---

* N. de T.: Empresas da internet que não prosperaram.

históricos de articulação oferecem *insights* quanto a decisões de liderança e quanto aos esforços de equipe que mantiveram os pedidos girando e os banqueiros, funcionários e clientes satisfeitos. Cada uma dessas transições consolidou a atual cultura Zappos e antecipou as lições que você vai conhecer em todo o livro.

Moldando uma equipe com diversas forças

Antes que a Venture Frogs concordasse em investir recursos no conceito de Nick Swinmurn de uma loja *on-line* de sapatos, Tony Hsieh e Alfred Lin pediram que Nick se associasse a alguém com experiência no negócio de calçados. Nick aproximou-se de Fred Mossler (agora conhecido na Zappos por "apenas Fred"), pedindo que abandonasse um trabalho bem remunerado e estável na loja de departamentos Nordstrom. Fred relembra a maneira não convencional como foi convidado a unir-se à equipe Zappos. "Primeiro, Nick me chamou como se ele fosse um recrutador. Disse que tinha algo relacionado ao comércio e que buscava alguém que tivesse experiência com calçados. Concordei em encontrá-lo uma noite, após o trabalho, em um pequeno bar perto da loja da Nordstrom. Eu vestia terno e gravata e olhei em volta procurando alguém vestido de forma semelhante, mas, em vez disso, aproximou-se de mim um garoto, de bermuda e camiseta, dizendo: 'Olá, eu sou Nick. Não sou um recrutador. Mas acabei de ter uma ideia'".

Fred conta que passou quase duas horas com Nick nesse primeiro encontro e estava "cheio de dúvidas. Eram muitas ideias e muitas dúvidas sobre o que era e o que não era possível no negócio de sapatos. Eu não sabia o que poderia resultar de nosso encontro, mas continuamos a nos comunicar por *e-mail* durante muitas semanas".

Nick apresentou Fred a Tony e Alfred, que haviam capitalizado a Venture Frogs com a venda do seu antigo negócio, LinkExchange, para a Microsoft, por US$ 265 milhões. Fred confessa que o sucesso anterior de Tony e Alfred "deu um pouco mais de tranquilidade e confiança de que haveria algum futuro no negócio". Durante semanas, Fred não decidia se queria sair da Nordstrom para unir-se à Zappos, mas uma grande feira de sapatos estava por começar e a equipe da Zappos precisava estar na feira para registrar vendedores se quisesse fazer a empresa decolar. Fred conta: "Cerca de uma semana antes da feira, Nick ligou e disse 'Se você não quer trabalhar conosco, diga agora. Ou você precisa acreditar'. Nesse momento, eu disse: 'Está bem. Eu vou'".

Quando a Zappos passou da fase de concepção para uma empresa real, Tony, Alfred, Nick e Fred avaliaram os pontos fortes de cada um e a importância da colaboração para alcançar um sucesso comercial duradouro. Eles uniram seus recursos e definiram as bases para a cultura colaborativa da Zappos de hoje. Nick trouxe uma grande ideia, que identificou uma necessidade do cliente. Fred acrescentou a experiência tradicional do negócio de calçados e uma valiosa lista de contatos do setor. Tony e Alfred contribuíram com a experiência na criação de um empreendimento bem-sucedido, e também com o capital necessário para colocar a empresa na trajetória correta. Nos anos seguintes alguns rostos mudaram, mas *o espírito de uma cultura empresarial colaborativa e diversificada ainda garante à Zappos uma grande vantagem competitiva.*

A coragem de tentar fazer o que você acha "certo"

Uma grande vantagem para os varejistas da internet é o baixo valor de despesas fixas em relação às operações convencionais. Confiando que seus vendedores possam entregar os produtos aos clientes diretamente de seus armazéns, os varejistas da internet podem concentrar seus esforços no *marketing* e na criação de experiências com o cliente final, como *sites* mais atrativos. Por esse modelo, no entanto, os varejistas da internet perdem o controle de seu trabalho, pois o atendimento dos pedidos depende dos processos do vendedor.

Logo no início, os executivos da Zappos perceberam que a compra de sapatos pela internet criava um risco e uma ansiedade consideráveis para os clientes – essa ansiedade ficaria pior se os compradores *on-line* dependessem de diferentes práticas de entrega dos vendedores da empresa. Como resultado, a equipe executiva da Zappos tomou a decisão de fazer o que achava que os clientes necessitavam. Alugou um depósito ao lado de um armazém da UPS, perto de Louisville, Kentucky, nos EUA, comprou estoque dos vendedores e se comprometeu a fazer entregas consistentes e rápidas para os compradores *on-line*. Quando os esforços de contar com um setor terceirizado fiscalizando a operação no armazém falharam, a Zappos assumiu a Central de Processamento de Pedidos e, à sua moda, utilizou uma abordagem de tentativa e erro para melhorar os processos e maximizar o atendimento ao cliente.

Primeiro funcionário da Zappos a administrar o armazém, Keith Glynn, observa: "Determinar o que achamos que é correto para o cliente, definir o rumo nessa direção, empenhar-se, cometer erros e aprender com esses erros representam muito bem como a Zappos foi criada. Na Central de Processamento de Pedidos aprendemos sobre o desenvolvimento de nossos próprios processos, e enquanto fazíamos isso descobrimos várias coisas".

Entre os muitos desafios que Keith e sua equipe enfrentaram estavam a codificação de cada item que chegava à Central de Processamento de Pedidos, a determinação de quais *scanners* eram necessários para administrar o estoque e localizar facilmente os itens e a escolha da melhor maneira de empilhar e armazenar a mercadoria para que os funcionários pudessem atender os pedidos rapidamente. Alfred Lin, ex-diretor de operações e ex-diretor financeiro, coloca desta forma: "O que eu acho que a Zappos fez muito bem foi ter uma cultura na qual se tenta coisas novas, se comete erros, se minimiza os custos desses erros, mas se aprende com eles, para não repeti-los". Como resultado de sua abordagem flexível, Keith e sua equipe foram pioneiros em muitas descobertas, e hoje outros copiam os processos da Central de Processamento de Pedidos da Zappos.

A história da Zappos é repleta de exemplos de como seus líderes pensaram além dos lucros de curto prazo e focaram no que acreditavam ser o correto para seus clientes, no presente e no futuro. Uma vez identificada a necessidade do cliente, os executivos da Zappos demonstram um histórico consistente de assumir riscos orientados para o crescimento e fazer investimentos pesados em áreas como gestão de estoque e prestação de serviços ao cliente. Nos próximos capítulos, você conhecerá as práticas centradas no cliente adotadas pela Zappos para *entregar produtos e prestar serviços da maneira mais eficiente possível*. Você vai descobrir uma empresa ágil, que não tem medo de definir grandes objetivos de atendimento e aprender com seus erros de cálculo.

Paixão, determinação e humildade

Durante os períodos mais difíceis no início da Zappos, Tony Hsieh envolveu-se muito com a empresa. Como não tinha participação direta nas operações Zappos, Tony foi se tornando mais útil nos assuntos diários do negócio. Com seu veemente aumento de esforços, de um lado, e recursos financeiros cada vez menores, do outro, a marca sobreviveu a várias experiências negativas.

Seja movendo uma Zappos novata para o espaço da Venture Frogs ou investindo seu próprio dinheiro para que a empresa pudesse garantir a folha de pagamento, Tony liderou com excelência. Rhonda Ford, uma das primeiras funcionárias contratadas na Central de Processamento de Pedidos da Zappos, observa: "O início foi difícil. Quando eu entrei no estacionamento pela primeira vez, eu não sabia se estava no local certo, pois não havia sinalização. Eles me deram um *scanner* e disseram que minha tarefa era conferir os pedidos que vinham pela linha. Mas a atenção e a compreensão que eu recebi a partir de então foram inestimáveis. Nesses primeiros dias, os líderes da Zappos ajudaram nossa pequena equipe de cerca de 20 pessoas a criar a Central de

Processamento. Desde o início eles se preocuparam conosco, procurando conhecer-nos pessoalmente. Tony estava sempre presente. Demonstrava um interesse verdadeiro por nossos filhos e nossos *hobbies*. Ele e os outros executivos sempre nos trataram como iguais. Todos somos Zappos. Os líderes nunca se negaram a pegar pedidos ou correr pelo armazém para que o produto de um cliente chegasse ao caminhão de entrega. Seguimos o exemplo desse tipo de trabalho dedicado. A Zappos costumava trabalhar com recursos muito escassos, mas alguma coisa na humildade e na persistência de nossos líderes me dava a certeza de que iríamos conseguir".

A Zappos não estaria onde está hoje se não fosse pela presença, dedicação e humildade dos primeiros líderes da empresa. Além disso, a empresa não seria digna de estudo se não fosse pela rica cultura de determinação e investimento emocional demonstrada diariamente por todos os funcionários (os *zapponianos*). De muitas maneiras, pessoas e empresas que muito cedo enfrentam adversidades geralmente aprendem que *vale a pena ser humilde, apaixonado e persistente*.

A EXCLUSIVA PROPOSTA DE VALOR DA ZAPPOS – MAIS DO QUE PALAVRAS: AÇÕES E PESSOAS

Os executivos da Zappos têm a rara característica de praticar o que pregam, e isso é ainda mais evidente quando se trata de serviço, valores e cultura. A respeito de toda a conversa sobre a prioridade do serviço no cenário empresarial, Sherrie Mersdorf, analista sênior do banco de dados de marketing na Cvent, observa: "Há anos a qualidade do atendimento ao cliente está em declínio. As pesquisas feitas pela TARP Worldwide e American Customer Satisfaction Index também constatam o mesmo fato". Na Zappos, onde o lema é "movido pelo serviço", os esforços para a excelência do atendimento resultam em um engajamento cada vez maior dos clientes, e em uma fidelização que alimenta os índices de vendas da empresa.

Quando se trata de cultura e valores, o CEO Tony Hsieh pode soar um pouco como outros líderes ao se referir aos valores da empresa como "sinônimos" da marca Zappos. Tony também entende, porém, que é preciso muito mais do que palavras para produzir uma cultura baseada em valores. Segundo ele, "a melhor maneira de conhecer a cultura Zappos é dar uma volta pela empresa ou interagir com nosso pessoal. Valor não é o que colocamos no papel; é o que as pessoas fazem e como se sentem fazendo isso".

Desde o início da história da Zappos, os executivos entenderam a importância dos sentimentos na determinação do comportamento. Por exemplo, eles sempre procuram traduzir valores em sentimentos de "confiança" para todos os interessados na empresa (vendedores, funcionários e clientes). A confiança, na relação com o cliente, assume a forma de devoluções grátis, da remessa de um novo pedido para substituir um produto que ainda vai ser devolvido (bem antes de o item chegar à Zappos), e de devoluções até 365 dias após a compra. Diferente de muitos empresários tradicionais que encaram essas políticas "de confiança" como uma despesa desnecessária, a Zappos estruturou sua abordagem em uma estratégia de custo bem elaborada.

De acordo com Alicia ("AJ") Jackson, membro da Equipe de Fidelização do Cliente (EFC), a confiança que os clientes sentem se reflete na confiança estendida à equipe. "Nossos líderes investem um nível muito grande de confiança em nós, para fazermos as coisas certas sem nos cercar de roteiros ou regras desnecessárias. Eles também nos incentivam a crescer e nos divertir com nossos colegas. Por conta da maneira como somos tratados, a Zappos recebe o melhor de nós, assim como nossos clientes. Obviamente, algumas pessoas irão quebrar a confiança e você terá de administrar isso, o que não justifica a desconfiança. Quando a confiança aumenta, você recebe muito mais em troca – você recebe entusiasmo".

Por meio de demonstrações (ainda que simples) de confiança nos membros da equipe e nos clientes, os executivos da Zappos criaram entusiasmo entre os compradores, um ambiente familiar e uma rica experiência de compra. Alguns clientes da Zappos recebem comunicados com a expressão "Com amor, da Equipe de Fidelização do Cliente da Zappos". Para alguns, "amor" pode parecer um conceito estranho no contexto de negócios, mas nas palavras de Peter Senge, autor do clássico *A quinta disciplina*, amor nada mais é do que "um compromisso com o crescimento e o desenvolvimento de alguém". A Zappos cumpre esse compromisso igualmente com os membros da equipe, os clientes e os vendedores.

Até onde a Zappos pode ir para fazer jus ao valor essencial de "entregar entusiasmo através do serviço"? Precisamos ver como os líderes da empresa trataram um grande erro nos preços. A situação é mais bem descrita nas palavras de Aaron Magness, diretor sênior da Brand Marketing & Business Development, em um *post* publicado no blog da Família Zappos imediatamente após a ocorrência do erro:

Atenção, todos – Como muitos de vocês devem saber (e estou certo de que muitos não sabem), o 6pm.com é nosso *site* irmão. O 6pm.com é onde os loucos por marcas (*brandaholics*) vão para sua dose diária, sem culpa, das marcas que desejam. Todos os dias o *site* mostra produtos com descontos de até 70%. Bem, esta manhã cometemos um grande erro no nosso mecanismo de precificação que limitou tudo no *site* a US$49,95. Esse erro começou à meia-noite e se estendeu até cerca de 6 da manhã. Quando descobrimos o erro, tivemos de tirar o *site* do ar por alguns minutos, até consertar o problema de precificação.

Ao mesmo tempo em que sabemos que foi um grande negócio para os clientes, foi um ato involuntário e tivemos uma grande perda (acima de US$ 1,6 milhão – essa doeu!) com a venda de tantos itens por preços tão abaixo do custo. Entretanto, foi um erro nosso. Honraremos todas as vendas que aconteceram no 6pm.com durante nossa confusão. Pedimos desculpas a todos que ficaram confusos e/ou frustrados durante nosso pequeno percalço e agradecemos a todos por serem tão bons clientes. Esperamos que continuem a comprar, economizar e sorrir na 6pm.com.

Muito obrigado!

Aaron Magness

Algo me diz que, diferentemente da Zappos, muitas outras empresas que pretendem ter valores centrados no cliente e no funcionário não teriam mostrado todo esse "amor". Essas companhias provavelmente teriam encontrado uma maneira de invalidar as compras erradas (talvez oferecendo um cupom para compensar o problema da venda cancelada), e certamente teriam demitido ou repreendido o funcionário responsável (em vez de ver uma oportunidade para o crescimento e desenvolvimento desse funcionário). Para sermos confiáveis, precisamos confiar. Para tornar-se uma marca adorada os líderes empresariais devem demonstrar seu real interesse no bem-estar dos membros da equipe e dos clientes. Seja nos negócios ou na vida pessoal de alguém, a Zappos demonstra que amor e confiança não podem ser exigidos, mas precisam ser oferecidos para que sejam recebidos.

Como os líderes na Zappos demonstram um compromisso com o crescimento e o desenvolvimento ("amor") dos funcionários e dos clientes de sua empresa, os compradores e a equipe devolvem seu amor pela Zappos por meio de indicações consistentes, conversas positivas nas mídias sociais e compras recorrentes. Essa fidelidade, representada por 75% dos pedidos diários de clientes que retornam, permite que a Zappos gaste menos com marketing e propaganda e, por sua vez, invista mais em transferir entusiasmo por meio de serviço.

Criar uma cultura vibrante, viver de acordo com seus valores e traduzir serviço em fidelização são apenas algumas das grandes diferenças entre a

Zappos e outras empresas bem-intencionadas. Eu passei a chamar essas diferenças de "Experiência Zappos".

> Uma expressão abrangente das opiniões dos funcionários pode ser encontrada a cada ano no Livro de Cultura da Zappos, disponível gratuitamente. Vá em http:/culturebook.org ou, se você tiver um leitor QR instalado na câmera de seu celular, direcione a câmera ao quadro mostrado aqui e vá diretamente para o *site*.
>
>

O QUE É A EXPERIÊNCIA ZAPPOS?

Dentro ou fora da Zappos não faltam opiniões sobre o que constitui a Experiência Zappos. Vou apresentar apenas algumas opiniões de zapponianos a respeito.

O CEO Tony Hsieh diz: "Se você quiser conhecer a Experiência Zappos, veja nossos 10 valores essenciais". O ex-diretor de operações e ex-diretor financeiro Alfred Lin comenta que a Experiência Zappos trata-se de "obter a cultura certa para que possamos tratar bem o cliente. Se fizermos a coisa certa para o cliente e melhorarmos a experiência de compra, todo o resto acontece". Fred Mossler, "apenas Fred", sugere: "Do ponto de vista da comercialização, a Experiência Zappos é uma grande oportunidade, uma lousa branca para definir a utopia e criar um mundo de ganha/ganha. Também se trata de colocar a paixão das pessoas em um lugar onde elas tenham maior probabilidade de apresentar bons resultados". Chris Nielsen, atual diretor financeiro da Zappos, que saiu da Amazon para substituir Alfred, descreve a Experiência Zappos como a reação que ele percebe quando menciona que trabalha na Zappos. "É uma conexão emocional. Quando digo para as pessoas que trabalho aqui, elas não se referem tanto aos produtos, mas dizem 'Eu amo a Zappos'".

Alguns funcionários da Zappos apresentaram as seguintes descrições da Experiência Zappos:

> Não se trata de vender mercadorias. Eu nem considero que sejamos varejistas. Para

ser sincera, a Experiência Zappos tem a ver com o desejo de mudar o mundo e a maneira como as pessoas são tratadas nos negócios.

Rachel Brown, Equipe Pipeline

Temos muito trabalho, mas também intervalos de minijogos. São os líderes entendendo que a diversão ajuda a fazer as coisas e que funcionários felizes produzem muito mais. É uma família. Meu marido tem necessidades especiais. Perdi meu pai recentemente. Perdi um irmão no Natal. O fato de poder vir ao trabalho e me divertir é fundamental para a qualidade de vida. A Experiência Zappos é algo pelo qual agradeço a Deus todos os dias.

Mary Johnson, Central de Processamento de Pedidos da Zappos

Em resumo, é a liberdade e a expectativa de que você vai fazer a coisa certa para as pessoas.

Jeff Lewis, membro da Equipe de Fidelização do Cliente (EFC)

Talvez a melhor maneira de entender a Experiência Zappos seja por um exemplo do modo como os membros da equipe Zappos fazem a coisa certa para as pessoas – tanto clientes quanto não clientes. Jesse Cabaniss, membro da EFC, observa: "Um cliente ligou e comentou que a casa de seu vizinho acabara de pegar fogo. Imediatamente, nossa EFC entrou em ação. Fizemos uma coleta para o vizinho de nosso cliente. Procuramos itens que pudessem ajudá-los ou que tornassem seu dia melhor. Não se tratava tanto de dinheiro, mas de compaixão e estímulo. Então, fizemos um grande pacote de carinho com cartões, mensagens sinceras, camisetas Zappos etc. Conheço muita gente que acha estranho fazer algo assim para um desconhecido ou para alguém que não vai dar lucro, mas é exatamente assim que agimos na Zappos. Cuidamos uns dos outros e cuidamos até das pessoas que encontramos por acaso". Apesar de a equipe não esperar nada de seus esforços, Jesse conta, com alegria: "Recebemos de nosso cliente e da família cuja casa pegou fogo um *e-mail* de agradecimento e até um vídeo. Acho que todos na empresa viram esse vídeo. Estávamos sempre assistindo e era uma maneira de lembrarmos por que estamos aqui e o que significa trabalhar na Zappos".

Sempre penso que o julgamento sobre uma pessoa é o que as outras pessoas dizem sobre ela quando ela não está por perto. Isso também acontece com as marcas. Neste livro temos muitas opiniões de clientes, mas elas se aplicam apenas por causa do uso inovador do Twitter na Zappos, para compartilhar tuítes com alguns clientes sobre a Experiência Zappos em 140 caracteres ou menos:

@ptubach

Fui a um restaurante indiano que me ofereceu uma cerveja grátis por eu ter aparecido cedo demais para buscar minha comida. Essa é a Zappos da comida indiana!

@kaydtastic

Ontem à meia-noite pedi um par de botas na Zappos, e elas já foram despachadas. Isso sempre acontece, mas ainda me surpreende.

@stevemcstud

Eu: Deveríamos arrumar uma Au Pair*.

Ela: E se eu não gostar dela?

Eu: Nós a devolvemos.

Ela: Aqui não é a Zappos!

Uma coisa é certa: os clientes continuam voltando ao *site* da empresa para fazer pedidos, e eles incentivam seus amigos e colegas a fazer o mesmo.

Do meu ponto de vista, a Experiência Zappos reflete a cultura que está comprometida com a apaixonada prestação de serviço, a comunicação transparente, a aceitação de diferenças e a esquisitice – um negócio muito divertido, altamente produtivo e inovador, no qual os membros da equipe e os clientes tornam-se totalmente engajados e conectados emocionalmente.

SUA ÚNICA OPORTUNIDADE DE PARTICIPAR DA EXPERIÊNCIA ZAPPOS

Como a empresa atua de acordo com seus valores para "criar relacionamentos abertos e honestos por meio da comunicação" e para "buscar crescimento e aprendizado", recebi a oportunidade de guiá-los por um dos mais excêntricos e bem-sucedidos casos da história empresarial. Para isso, identifiquei cinco princípios essenciais de negócios que usarei como um mapa para exploração dos bastidores da empresa. Esse olhar mostra como você pode melhorar a excelência do serviço em seu negócio e em sua vida pessoal. Apesar de muito fáceis de compreender, esses princípios podem ter aplicação desafiadora. Normalmente, é a execução consistente que diferencia a Zappos de

---

* N. de T.: Pessoa, geralmente do sexo feminino, que vai trabalhar em uma casa de família no exterior, para cuidar de crianças.

outras empresas médias ou de prestadores de serviço individuais medíocres, ainda que bem-intencionados.

Em minha opinião, a Experiência Zappos pode ser mais bem descrita como a adesão aos seguintes preceitos de negócio:

1. Procure o tamanho certo.
2. Faça rápido e sem esforço.
3. Entre no pessoal.
4. ESPALHE.
5. Jogue para ganhar

Tão rapidamente quanto um o processamento de um pedido da Zappos até sua porta, vamos mergulhar em cada um desses conceitos e aprender juntos a maneira como a Zappos pode ajudá-lo a estimular sua liderança, sua cultura e seu serviço, seja no campo profissional ou pessoal!

PRINCÍPIO 1

PROCURE O TAMANHO CERTO

Reunir-se é um começo,
permanecer juntos é progresso e
trabalhar juntos é sucesso.
  -Henry Ford

PRINCÍPIO 1 Procure o tamanho certo

Vamos imaginar que você tenha uma vaga na sua empresa. Sua decisão final está entre dois candidatos igualmente qualificados. Os dois candidatos apresentam-se bem e têm excelentes currículos, além de referências brilhantes. Como você decide qual será o mais adequado para sua organização? Do mesmo modo que os clientes procuram o tamanho ideal para seus produtos ou serviços (no caso da Zappos, talvez um par de sapatos ou um casaco), você precisa procurar membros de equipe que se ajustem à sua cultura. Como você logo verá, um dos elementos-chave do sucesso da Zappos é a incrível capacidade de seus líderes em reunir uma equipe de funcionários com a mesma opinião, que se dedicam a metas e objetivos comuns. Na verdade, a Zappos tem como prioridade, entre seu objetivo e seu pessoal, maneiras de "ter o tamanho certo".

Por "procurar o tamanho certo" refiro-me à importância de identificar seus valores essenciais e selecionar indivíduos que compartilhem desses valores. Os valores de sua empresa devem também ser aplicados para definir suas decisões empresariais e para defender sua cultura contra ameaças internas e externas. Poucas companhias definem cultura, comunicam valores internos ou apresentam uma cultura tão afinada quanto a Zappos.

Como todos os princípios deste livro, "Procure o tamanho certo" está dividido em dois capítulos. O Capítulo 2, "É tudo uma questão de cultura", foca na maneira como os executivos da Zappos definiram e divulgaram os valores essenciais que sustentam sua empresa. Explora o processo global que os líderes usam para articular os valores da Zappos e oferece uma análise de como sua empresa pode definir o primeiro conjunto de valores ou reexaminar os valores existentes. "É tudo uma questão de cultura" é concluído com abordagens usadas pelos executivos e pela equipe da Zappos para contratar pessoas com as quais querem conviver.

O Capítulo 3, "Cultura deveria ser um verbo", trata da abordagem revolucionária da Zappos em relação a novas contratações e integração. Na verdade, o processo de aculturação da Zappos é tão diferente do usual que vai fazer com que você pense duas vezes sobre sua maneira de trazer novos membros para sua empresa. "Cultura deveria ser um verbo" também oferece uma visão das estratégias únicas que alimentam a cultura Zappos. Sem mais delongas, está na hora de usar a Zappos como referência para sua cultura e seus valores corporativos.

Capítulo 2

É TUDO UMA QUESTÃO DE CULTURA

Ainda que a cultura Zappos seja muito forte hoje em dia, o caminho para definir seus valores não foi exatamente linear. A maneira como os diretores da Zappos desenvolveram sua cultura e definiram seus valores pode oferecer esperança, *insight* e estímulo para aqueles que não têm um conjunto escrito de valores ou acreditam que haja uma lacuna entre seus pseudovalores corporativos e a cultura real do negócio.

A maioria das empresas já tem um conjunto de valores escritos que parecem ser aplicáveis a todo e qualquer negócio. Em muitos casos, os funcionários não são capazes de citar esses valores, muito menos agir de acordo com eles, e não têm a mínima ideia de onde vieram esses princípios. Os membros da equipe podem até mesmo considerar os valores irrelevantes para o seu dia a dia ou fora do contexto atual do negócio. E nos casos em que os valores corporativos captam as qualidades essenciais da companhia, as ações dos funcionários podem não evidenciar os princípios de maneira que permita aos consumidores diferenciar uma empresa da outra. Por fim, muitos líderes empresariais simplesmente não sabem o que os torna diferentes dos concorrentes ou o que está no âmago de sua identidade. Eles estão "fazendo" negócios, mas a orientação interna ou a definição de princípios não os estimula.

Ter uma adequação perfeita significa que você entende completamente seu negócio, que é capaz de determinar situações como saber se um novo funcionário irá se adaptar bem ou mesmo se a sinalização em todo o prédio está de acordo com a essência de sua marca. Veremos a maneira como a Zappos descobriu sua identidade, e como determinou quais características culturais eram necessárias para o sucesso. Essa exploração revelará um modelo valioso para identificar, desenvolver e receber informações sobre a relevância e a singularidade de seus valores corporativos. Você também verá como os líderes da Zappos adotam seus valores essenciais e os usam para selecionar funcionários adequados à sua cultura. Isso pode guiá-lo na criação de múltiplos filtros que garantam a seleção daqueles que realmente terão "o tamanho perfeito" da sua empresa.

ALGUNS VALORES SÃO CONHECIDOS DESDE O INÍCIO; OUTROS SÃO DESCOBERTOS AO LONGO DO CAMINHO

Embora uma cultura corporativa positiva tenha sempre estado no radar da diretoria da Zappos (considerando sua experiência anterior em ambientes de trabalho menos positivos), esses executivos não definiram *explicitamente* seus valores essenciais quando começaram o negócio. Entretanto, mesmo sem registrar seus valores, os diretores da Zappos demonstraram *implicitamente* no que acreditavam pelas ações tomadas logo na criação da empresa. Por exemplo, no começo, eles desejavam criar um ambiente de trabalho que fosse divertido e solidário. Eles entendiam que as pessoas que brincam juntas permanecem juntas, e que é necessário um espírito de equipe e de família para a sobrevivência de uma marca. Para dar à sua empresa mais chances de sucesso com os capitais humano e financeiro – ambos escassos – que tinham à disposição, os líderes da Zappos perceberam que os membros de sua pequena equipe dependeriam muito uns dos outros e teriam de passar muito tempo juntos. Se o trabalho não fosse divertido e a equipe não estivesse muito unida, o início pesado não seria possível.

Embora conceitos como "divertido" ou a criação de um "espírito de família" fossem considerados desde o início, "distribuir entusiasmo por meio do serviço" não era um valor importante no começo da empresa. Inicialmente, a diretoria da Zappos apenas procurou desenvolver um *site* acessível, com uma grande seleção de sapatos, para atrair o mercado de pessoas que compram por meio de catálogos e que movimentavam US$ 2 bilhões na época. A Zappos foi idealizada para ser o "principal destino para a compra de sapatos *on-line*".

Quando o rolo compressor da Zappos começou a acelerar, com o aumento do estoque *on-line*, seus líderes passaram a ver claramente que apenas a seleção de produtos não seria suficiente para manter um sucesso de longo prazo. Como resultado, eles ampliaram o foco estratégico e avaliaram a importância da excelência na prestação de serviço. O ex-diretor de operações e ex-diretor financeiro Alfred Lin comenta: "Quando começamos, não tínhamos ideia da importância da prestação de serviço para o sucesso da Zappos. Por isso, começamos com uma entrega direta ao cliente, permitindo que os vendedores enviassem os sapatos de seus armazéns. No início, quando ouvíamos a opinião dos clientes ou potenciais clientes, ficou muito claro que, para comprar qualquer produto *on-line*, principalmente um par de sapatos, os consumidores precisavam acreditar que os sapatos seriam recebidos como prometido, em tempo hábil, após o processamento de seu cartão de crédito". Na verdade, os clientes valorizavam não apenas a seleção e a facilidade de uso do *site*, mas também o grau de confiabilidade do serviço.

Quando os executivos da Zappos identificaram a excelência do serviço como ponto fundamental para o futuro de seu negócio, a jovem empresa se comprometeu, embora não formalmente, a adotar o mesmo valor que seus clientes colocavam na prestação de serviço. Ações como a interrupção da entrega direta ao cliente demonstraram que a Zappos estava começando a ver o serviço como uma prioridade. Quando o CEO Tony Hsieh declarou: "Queremos ser os melhores na prestação de serviço", na verdade ele garantiu que a Zappos valorizaria muito o serviço e seus líderes agiriam de acordo com isso. Como resultado, havia necessidade de decisões que apoiassem essa declaração. As ações que se seguiram, muitas das quais envolviam uma grande capitalização e desmembramentos para a jovem empresa, estavam totalmente em sintonia com a declaração de Tony. Entre os desafios estavam o aluguel da Central de Processamento de Pedidos da Zappos, no Kentucky; soluções tecnológicas para ajudar os vendedores a saber exatamente como os produtos eram vendidos no *site* da Zappos; e a transferência da sede corporativa e do *call-center* de San Francisco para Las Vegas. A última mudança, por exemplo, foi baseada no julgamento dos líderes de que Las Vegas tinha uma mão de obra que sabia trabalhar com serviço, acostumada a funcionar dia e noite, e esse grupo seria essencial para atender as necessidades de um *call-center* em expansão.

Como a empresa ainda não tinha uma declaração formal de valores, a identidade cultural da Zappos foi evoluindo na direção da prestação de serviço. Dizem que se você quiser conhecer os valores de alguém, observe onde ele pisa e o que faz com seu dinheiro. Os clientes decidem seus princípios com a carteira. Os líderes demonstram seus valores por meio de suas decisões sobre prioridades e recursos. Por exemplo, quando as empresas falam sobre responsabilidade social corporativa, mas agem somente visando ao lucro e aos ganhos de curto prazo, é o valor implícito (não declarado) de ganhar dinheiro que supera o valor explícito (formalmente expresso) de bem social. Na Zappos, os valores foram ficando mais claros tanto no que começava a ser oficialmente declarado quanto nas ações adotadas pelos executivos.

TESTE ESTAS IDEIAS

1. Sua empresa tem valores corporativos explícitos? Se sim, esses valores refletem uma mistura de seus princípios fundamentais e das demais exigências do mercado? Ou eles são estáticos e imutáveis?
2. O que seu cliente valoriza? Seus valores corporativos combinam com o que os clientes querem, precisam e desejam?
3. Como os valores tanto podem ser explícitos (declarados) ou implícitos (não declarados), suas ações empresariais correspondem aos seus valores declarados? Em caso negativo, o que as decisões mais importantes de seu negócio sugerem sobre os princípios reais de sua empresa?
4. Você está disposto a revisar seus valores declarados para se adequar à forma como age, ou a repensar suas ações para que elas combinem com os valores declarados? Como seriam essas revisões?

A IMPORTÂNCIA DOS VALORES ESCRITOS

No começo, apesar de alguns dos valores da Zappos serem públicos, nenhum deles foi sistematizado em um documento de "valores essenciais". Como muitos empreendedores, os primeiros líderes da Zappos eram "fazedores". Eles vislumbraram uma oportunidade e a agarraram. Por natureza, procuraram ser ágeis e adaptáveis e não queriam ser atrapalhados por políticas e práticas associadas a gigantes corporativos. Na verdade, a liderança Zappos resistiu à produção de um conjunto de valores empresariais escritos porque considerava o processo de produção do documento um exercício fundamentalmente "corporativo". A evolução e a inquietante natureza do crescimento, porém, levaram a empresa a traduzir em palavras sua cultura única.

Na fase inicial, o pequeno grupo de zapponianos compartilhava muitos traços em comum, como um forte desejo de mudar, uma ética de trabalho determinada e uma capacidade de desenvolver laços sociais a partir de atividades divertidas que surgem nas longas horas dedicadas ao negócio. Na época, quando a empresa precisava contratar alguém em determinada área, esse grupo procurava os amigos ou amigos dos amigos, para preencher as exigências do negócio em crescimento. Como resultado desses processos informais de contratação, os novos contratados tendiam a ser bastante parecidos com as pessoas que já trabalhavam na Zappos. Demissões e épocas de economia enxuta também ajudaram a excluir aqueles que estavam menos comprometidos com o conceito da empresa. Assim, os fanáticos pela Zappos continuaram na ativa!

Em boa parte da história da Zappos, Tony e Fred participaram de todas as decisões de contratação para certificarem-se de que os novos contratados "caberiam" na exclusiva cultura Zappos. Com o crescimento do negócio, os líderes começaram a confiar em empresas externas para recrutar e selecionar talentos. Ficou evidente, porém, que esse processo terceirizado de seleção de talentos estava ameaçando a cultura Zappos e o futuro da marca.

Rachael Brown, gerente da Pipeline, o departamento da Zappos responsável por treinamento e desenvolvimento, observa: "Quando contratávamos diretamente de agências de recrutamento, não estávamos fazendo uma boa adequação, muito menos a adequação perfeita à Zappos. Organizávamos aulas de orientação para 30 novos contratados e imediatamente percebíamos que poucos deles tinham possibilidade de ter sucesso aqui. Essas pessoas não estariam felizes em nosso ambiente, e eu me preocupava sobre seu impacto em uma cultura que eu amava. Eu não gostava de ver pessoas sendo contratadas por agências que não nos entendiam". Loren Becker, supervisora da Pipeline, acrescenta: "Embora tivéssemos uma cultura forte quando começamos o treinamento, não tínhamos nossos valores sistematizados. Felizmente, Tony manifestou-se enviando um *e-mail* com a pergunta: 'Quem você considera realmente bem-sucedido(a) em nossa empresa, e o que ele(a) faz? Quais são seus atributos?' Tony compilou todas essas qualidades e pediu-nos que olhássemos uma lista com cerca de 37 itens. Na verdade, ele estava nos questionando sobre o que pensávamos de nossa cultura e como ela deveria ser". Tony começou um processo para colocar em palavras o que anteriormente tinha sido uma cultura forte, mas não declarada. Esperava-se que essas palavras pudessem descrever a Zappos em sua essência, para que as pessoas certas pudessem se dirigir à empresa e ser selecionadas.

Onde mais, além da Zappos, o CEO revela os valores da organização em um *e-mail* enviado para toda a empresa? Parecia impossível que pudesse funcionar. É um absurdo! Certo?

Errado! Em vez de usar a abordagem tradicional de reunir os altos líderes da empresa para gerar uma lista de valores que soassem mais como banalidades e menos como expressões culturais ou roteiros para ação, Tony Hsieh dirigiu-se diretamente à família Zappos. Mantendo o espírito de cooperação analisado no Capítulo 1, Tony procurou as diversas forças de toda a base de funcionários. Sua investigação foi diretamente ao cerne de quais fatores essenciais estavam guiando a Zappos. Ao requisitar e escutar os *insights* de sua equipe, Tony recebeu respostas abrangentes e incomuns, que não se limitavam aos *insights* de apenas alguns executivos seniores.

Que maneira estranha, mas revigorante, de definir a essência de uma cultura – escutar as opiniões coletivas daqueles que a vivenciam e criam todos os dias. Tony imediatamente passou a ter direitos sobre o conjunto de valores final. Ele e os outros líderes da Zappos não precisaram criar um plano de comunicação para ensinar e "vender" os princípios internamente. Além disso, como mostrado na tabela da página 35, a abordagem de Tony resultou em valores diferentes daqueles que normalmente emergem das reuniões executivas.

TESTE ESTAS IDEIAS
1. Quais são seus valores pessoais? Você teve tempo de examinar seus valores ultimamente? Se você perguntasse às pessoas que o conhecem bem, que princípios elas lhe atribuiriam? Esses valores estariam de acordo com sua percepção de si mesmo?
2. Do ponto de vista empresarial, você pediria a todos os funcionários que refletissem sobre os valores atuais e os almejados? Que percentual de funcionários de sua empresa diria que seus valores atuais estão de acordo com o teste CRUD (confiável, relevante, único e durável)?
3. Como você descreveria os valores que atualmente definem sua organização?
4. Que valores você pode almejar, de modo realista, em sua empresa? O que seria necessário para transformar esses valores em realidade?

Lista de valores corporativos tradicionais *versus* os 10 valores essenciais da Zappos	
Tradicional	Valores essenciais da Zappos
Honestidade	1. Entregar entusiasmo através de serviço
Respeito	2. Adotar e conduzir mudanças
Responsabilidade	3. Criar divertimento e um pouco de mistério
Justiça	4. Ser ousado, criativo e ter a mente aberta
Excelência	5. Buscar o crescimento e o aprendizado
Profissionalismo	6. Criar relacionamentos abertos e honestos por meio da comunicação
Diversidade	7. Criar um espírito positivo de equipe e família
Eficiência	8. Fazer mais com menos
Flexibilidade	9. Ser apaixonado e determinado
Inovação	10. Ser humilde

CULTURA ADEQUADA E COMPREENSÍVEL

Considerando os desafios que chegaram à Zappos com o crescimento e a mudança de espaço físico, a articulação e a preservação de sua cultura surgiram e ainda permanecem como prioridades empresariais. Ampliando o processo de definição de valores essenciais para toda a organização, os diretores da Zappos mostraram que a cultura é propriedade e responsabilidade de todos. Os valores essenciais que surgiram do envolvimento de toda a empresa diferenciaram a Zappos de qualquer outro concorrente no *e-commerce*.

O processo de definição de valores da Zappos fornece ferramentas úteis para esclarecer nossos princípios pessoais e corporativos. Para entender as forças dinâmicas que estão em jogo em determinada cultura, todos os interessados na empresa devem responder perguntas como: Quem somos? O que nos une? O que valorizamos coletivamente? Os líderes precisam ouvir o consenso de seu pessoal e reunir as opiniões de sua equipe em um documento que contemple o bem-estar geral e a sustentabilidade do negócio. Se esse processo de identificação de valores for bem tratado, como foi o caso na Zappos, os princípios resultantes serão confiáveis, relevantes, únicos e duráveis (adjetivos lembrados pelo acrônimo CRUD).

TALVEZ PARA UMA NOVA EMPRESA COMO A ZAPPOS, MAS NÃO PARA MIM

Alguns empresários, com valores estabelecidos de longa data, poderiam aceitar as lições da criação de valores essenciais da Zappos, mas seriam incapazes de mudar sua atual estrutura. Esses líderes poderiam até mesmo admitir que alguns desses princípios são um pouco antigos, um pouco fora de sintonia com a realidade ou pouco aceitos entre os membros da empresa. Mas esses executivos podem comparar princípios com crianças: você não pode substituí-los por novos. Embora a simples mudança seja uma abordagem comercial equivocada, também o é a má vontade de reavaliar ou alterar aspectos falhos ou irrelevantes do seu negócio. Aprimorar valores pode ser uma grande estratégia, mas não aperfeiçoá-los pode acabar com o negócio.

Percebendo que sua empresa poderia se beneficiar com uma injeção de novas ideias, Dave Brautigan, diretor de operações da Atlanta Refrigeration, uma empresa de vendas e serviços de climatização, refrigeração e equipamentos de cozinha em Atlanta, Geórgia, EUA, participou de um grupo iniciante de treinamento da Zappos Insights. Dave foi uma das 10 pessoas selecionadas entre as várias que se candidataram, no *site* da Zappos, a participar desse novo projeto. O projeto tornou-se a plataforma de lançamento para uma ramificação de treinamento corporativo chamado Zappos Insights (mais detalhes sobre a Zappos Insights no Capítulo 9). Dave e outros membros do grupo viajaram para a sede da Zappos, em Nevada, onde passaram dois dias envolvidos em reuniões sobre a cultura da Zappos e participaram de conversas com os membros da equipe, inclusive de uma reunião com os líderes principais.

Dave comentou que seu interesse pela Zappos surgiu em pesquisas sobre a empresa. Cerca de 10 anos antes de participar do grupo da Zappos Insights, Dave e seu irmão haviam assumido o controle da empresa de seu pai. "Durante os 30 anos de funcionamento na administração de meu pai, a empresa teve oito funcionários e uma receita anual de cerca de US$ 800 mil. Quando meu irmão e eu assumimos o controle, expandimos o negócio para mais de cem funcionários e uma receita anual de US$ 15 milhões. Mas estávamos com problemas do ponto de vista da cultura e eu não conseguia descobrir a razão. Eu sabia que a Zappos operava em um setor completamente diferente, pois nossa força de trabalho era composta de pessoas bastante introvertidas, que executavam serviços altamente técnicos, mas queríamos prestar o mesmo nível de atendimento ao cliente pelo qual a Zappos é reconhecida".

Dentre as muitas dicas que Dave recebeu naquele primeiro e longo encontro com a Zappos estava a percepção de que o ponto de partida para melhorar a execução do serviço era a mudança de opinião sobre os "hábitos" e "valores" definidos na Atlanta Refrigeration. Dave observa: "Os agentes de atendimento ao cliente da Zappos são como nossos técnicos. Esse tipo de emprego pode atrair pessoas desmotivadas ou indiferentes. E ainda pior, as pessoas são geralmente selecionadas com base em suas habilidades técnicas, não pela maneira como prestam o serviço, ou se seus valores permitirão uma adaptação aos demais membros da equipe. Em poucas palavras, percebemos que teríamos muito trabalho para explicar quem realmente éramos e o quanto valíamos. Esse foi um importante ponto de partida para nós".

Não importa em que estágio de desenvolvimento esteja sua empresa, nunca é tarde para rever e redefinir sua cultura. Se sua empresa não está trabalhando no máximo, talvez seja a hora de repensar o tipo de pessoa que você vai ter de selecionar para seguir adiante. Se sua cultura for funcional, talvez seja preciso determinar sua essência e começar a fazer opções de seleção compatíveis com os valores que impulsionam sua singularidade. Ter uma postura exigente no processo de seleção e escolher pessoas que estejam de acordo com seus valores representa uma disciplina necessária para conseguir o "tamanho perfeito".

VOCÊ SABIA?

Como os sapatos têm uma longa história, a decomposição de seus materiais de origem deixou um pequeno registro arqueológico. A evidência física mais antiga de calçados data de cerca de 10 mil anos atrás. Esses restos de sapatos foram encontrados em escavações nos estados americanos do Oregon e da Califórnia. Será então que a origem tanto da Zappos quanto dos sapatos pode ser a Califórnia?

CONSCIENTIZAÇÃO DE VALOR – O PASSAPORTE DE ENTRADA

Se você tem *algum* contato com a Zappos, provavelmente conhece os 10 valores essenciais da empresa. Quando você visita o *site* zappos.com logo vê um dos 10 valores essenciais, em um *banner* rotativo localizado num lugar de destaque da página inicial. Os clientes também podem ver esses princípios impressos nas caixas de entrega. Se você estiver procurando um emprego na Zappos, é melhor que conheça bem os valores da empresa – francamente, seria difícil para os candidatos não conhecer esses princípios essenciais. Por exemplo, ao clicar na página de anúncio de empregos da Zappos, você vê uma mensagem com uma voz alegre enfatizando a importância de conferir os valores essenciais da Zappos antes de se candidatar a um emprego. Este é um exemplo de uma página de empregos da Zappos:

> A família Zappos atualmente tem oportunidades de carreira em dois lugares fabulosos. Um dos locais é a "Cidade do Pecado". Sim, Las Vegas, Nevada. Nosso outro local é o lar da Jim Beam Distillery e dos Centros de Processamento de Pedidos da Zappos. Você acertou, Shepherdsville, Kentucky. No momento não temos nenhuma oportunidade para trabalhar em casa. (Desculpe!)
>
> Por favor, verifique os 10 Valores Essenciais da Zappos antes de candidatar-se. Eles são o coração e a alma de nossa cultura e pontos fundamentais para nossa maneira de fazer negócios. Se você é "divertido e um pouco estranho" e acha que também se ajusta aos outros nove valores, dê uma olhada em nossa página inicial e procure um ou dois que mais combinem com suas habilidades, experiências e interesses!
>
> Por que trabalhar conosco? Em fevereiro de 2011, a Zappos.com, Inc. e suas afiliadas ficaram em sexto lugar na lista das 100 Melhores Empresas para Trabalhar da Revista *Fortune*.
>
> Além disso... Estamos contratando intensivamente e buscando solucionadores de problemas, pessoas inteligentes e com visão de futuro para se juntar à nossa equipe fantástica e um pouco maluca.

A Zappos, sem modéstia, coloca seus valores na frente. A página de empregos, com ênfase explícita nos valores, é enriquecida com vídeos que mostram como é trabalhar na Zappos e outros vídeos feitos por zapponianos que falam – e também cantam – sobre o funcionamento dos valores na Experiência Zappos. Com mais alguns cliques você chega a uma lista de oportunidades e exigências técnicas para cada vaga.

Um pouco estranha e adepta a mudanças, como de hábito, a Zappos incentiva os candidatos a fugir do convencional ao observar "Você não acha que as cartas de apresentação são muito antigas? Mostre-nos quem você é com um VÍDEO de apresentação!".

> Para ver um exemplo dos tipos de cartas de apresentação que a Zappos recebe, vá para zappified.com/appl ou registre o código QR abaixo no seu celular.

Mensagens de mídias sociais publicadas por potenciais candidatos atestam a energia investida nesses vídeos, com pessoas que tuítam sobre os esforços para gravar o vídeo que irá acompanhar a solicitação. Bem, eu gostaria de saber dos empregadores qual tipo de carta de apresentação daria uma ideia melhor de quão passional, determinado, aventureiro, criativo, receptivo e humilde é um candidato: uma narrativa impressa ou um vídeo espontâneo?

TESTE ESTAS IDEIAS
1. Qual é a relevância dos seus valores na jornada do potencial candidato a um emprego em sua empresa?
2. Você orienta explicitamente os candidatos a revisar seus valores essenciais?
3. Você já envolveu seus funcionários na produção de vídeos ou de outras mídias criativas que tenham a ver com o seu negócio, para dar um ar descontraído e especial ao papel dos valores em sua organização?
4. Você oferece aos candidatos diferentes opções de apresentação de currículo ou carta de recomendação, a fim de ter uma noção mais completa do perfil deles antes de examinar suas qualificações?

SELECIONE APENAS AQUELES COM QUEM VOCÊ GOSTARIA DE CONVIVER

Imaginemos que uma potencial funcionária envie para a Zappos seu vídeo de apresentação, confiando que seja adequada à cultura. Também vamos imaginar que essa candidata possa, ou não, ter as habilidades técnicas ideais para um determinado trabalho. O que acontece depois? De acordo com Rebecca Henry Ratner, diretora de RH da Zappos: "Aí é que começa a nossa diversão. Pois, como temos a sorte de ter uma marca diferente e desejável, recebemos muitas solicitações de candidatos. Após uma seleção inicial, com perguntas inusitadas criadas especialmente para avaliar a adequação do candidato aos nossos valores, aqueles que aparentam estar mais de acordo com nossa cultura seguirão um processo complexo de conhecimento. Queremos ter certeza de que esses candidatos são realmente adequados a nós e, claro, de que nós somos adequados a eles. (Para saber mais sobre as perguntas de adequação à cultura feitas na Zappos, um "Guia de avaliação de entrevistas dos valores essenciais da família Zappos" [*Zappos Family Core Values Interview Assessment Guide*] pode ser baixado pelos membros da *Zappos Insight*.)

Rebecca deixa claro que a Zappos *não* é a empresa certa para todos e que muitas pessoas que visitam a sede, perto de Las Vegas, concluem que *não* seriam felizes em um ambiente lúdico e cheio de energia. Ela comenta: "A Zappos levaria algumas pessoas à loucura. Aqui elas sentiriam como se tivessem entrado em uma república de estudantes lotada. Para ter sucesso aqui, seja como comprador de sapatos ou como contador, você precisa ser capaz de trocar as marchas entre trabalho e divertimento. Uma hora você pode estar concentrado em seu trabalho, na próxima pode estar participando ou apoiando colegas num desafio de pingue-pongue". E continua: "O fundamental para cada funcionário da Zappos é ser um defensor de nossa cultura. Vejo meu trabalho no RH não como uma agente reguladora ou fiscalizadora, que era o papel para o qual fui contratada quando trabalhei na indústria de jogos, mas na verdade uma facilitadora e protetora de nossa cultura". Para atingir o objetivo de ter uma adequação perfeita, que preserve a cultura Zappos, os recrutadores do departamento de RH recebem a tarefa de propor o primeiro grande teste de adequação à cultura.

Brandis Paden, supervisor de recrutamento da Zappos, descreve seus deveres de vigilância cultural: "Tudo começa com a primeira interação com um candidato. Você ficaria surpreso com o quanto pode medir a possibilidade de adequação, desde o início de uma conversa telefônica ou até mesmo por um *e-mail*. Como conhecemos nossos valores e nossa cultura, com o andamento do processo isso fica ainda mais claro. Essa primeira interação sugere que a pessoa é muito exigente? Ela está mais preocupada com o que a empresa pode fazer por ela do que com a realização de uma boa parceria para todos?

> Como um bônus, oferecemos acesso de 30 dias à Zappos Insights. A Zappos Insights reuniu vários recursos com informações práticas, ricas e continuamente atualizadas, para construir, manter e dirigir uma cultura de serviço dinâmica. Para obter seu código gratuito de associado vá em http://www.zappified.com/code ou registre o código QR abaixo em seu celular.

Brandis sugere que uma simples conversa telefônica entre candidatos promissores e um recrutador pode avaliar aspectos importantes: o candidato está apenas procurando qualquer emprego ou querendo deixar um emprego de que não gosta, em vez de estar de fato atraído pelo que torna a Zappos única. Brandis conta que "uma importante questão na Zappos é como o candidato se sente em relação às pessoas com quem se relaciona fora da empresa. Isso é muito importante nos cargos gerenciais, pois os gerentes precisam passar, no mínimo, de 10 a 20% de seu tempo fora do escritório, com os funcionários. Você se surpreenderia ao saber o número de pessoas que declaram não conviver com seus subordinados. Essa postura pode ser a regra em outro lugar, mas não funciona em um ambiente em que a humildade e o espírito de família reinam absolutos. Você pode ser uma grande pessoa, mas não vai se enquadrar aqui".

A Zappos entende que nem todos os candidatos a cargos de gerência sentem-se confortáveis fingindo relacionamentos de amizade com sua equipe. Como resultado, a Zappos criou perguntas para determinar se os candidatos são capazes de lidar com os aspectos únicos da cultura Zappos. Cabe a cada líder descrever claramente as idiossincrasias de trabalhar nessa cultura, assim os candidatos podem ser avaliados com relação a essas necessidades, específicas de cada empresa. Vale a pena pensar no que o seu modo de trabalho se diferencia dos concorrentes. O que separa as pessoas que têm sucesso em seu ambiente daquelas que andam aos tropeços? O que pode ser novo ou incomum nas coisas que você valoriza em comparação com o ambiente corporativo que seus novos contratados já conhecem?

Uma vez identificadas as pessoas que possivelmente se enquadrarão na cultura Zappos, esses candidatos são encaminhados para o próximo nível de seleção, com um gerente de contratação. Esse gerente tem a tarefa de certificar-se de que a pessoa pode atender às exigências técnicas do emprego (por exemplo, que um candidato a coordenador de benefícios do RH tenha experiência com folhas de pagamento e sistemas de informação de recursos humanos usados na Zappos) e faz uma avaliação da adequação do candidato aos valores Zappos. E então chegamos a um aspecto importante demais para ser ignorado:

> Para a Zappos, a adequação à cultura é mais importante que a adequação às habilidades.

Entusiasmar-se com as habilidades técnicas de um candidato pode levar algumas empresas a se contentar com uma personalidade desagradável e mesmo prejudicial. O gerente de contratação também precisa analisar a possibilidade de o candidato enquadrar-se às características e dinâmicas da equipe com a qual ele possivelmente trabalhará.

Jeanne Markel, diretora de moda casual na Zappos, participa ativamente da contratação de funcionários para a sua equipe. Ela observa: "Dependendo da função, trarei o candidato para conhecer a equipe mesmo que ele não tenha um determinado conjunto de habilidades. Sei que a Zappos tem um currículo educacional técnico bem definido, e se a pessoa se enquadra aos nossos valores no que se refere a aprendizado e crescimento, podemos ensinar a ela os aspectos técnicos do emprego. Obviamente, para algumas funções buscamos um conjunto específico de habilidades. Mas, em ambos os casos, me baseio na avaliação do recrutador e procuro alguém que tenha grande paixão e atitude. Essas duas características não podem ser ensinadas, e elas são necessárias para que o candidato se ajuste à cultura Zappos e possa progredir em nossa organização". (O "currículo educacional técnico bem definido" ao qual Jeanne se refere, conhecido na Zappos como "Pipeline", é analisado em detalhes no Capítulo 8).

Como se as triagens do RH e dos líderes sobre os valores e personalidade do candidato não fossem suficientes, a seleção, como o coelhinho rosa da Energizer, simplesmente não para. Depois que o gerente de contratação restringe o número de pessoas, os membros das equipes de prospecção Zappos continuam a avaliar os demais candidatos para checar a adequação. Galen Hardy, que na Zappos tem o título de "czar das roupas", comenta: "Minha equipe é constituída de cerca de 20 pessoas. Seria impraticável que o candidato e toda a equipe participassem de uma entrevista durante oito horas do dia, por isso alternamos quatro funcionários para fazer as entrevistas de adequação de cultura/adequação de equipe. Mas esses colaboradores precisam fazer mais do que entrevistar; eles têm de conhecer o candidato em nome de toda a equipe".

Galen observa que os candidatos geralmente voam para Las Vegas para a entrevista de um dia inteiro, e são buscados no aeroporto pelos motoristas da Zappos. Esses motoristas ficam atentos para notar se os candidatos demonstram valores adequados à Zappos durante o trajeto para a entrevista. Galen continua: "A maioria dos candidatos fica durante a noite e nós o levamos a algum lugar para coquetéis e aperitivos. Dessa forma, toda a nossa equipe pode vir e conhecer a pessoa. Você pode conhecer muito melhor alguém durante um *happy hour* do que em uma sala de entrevistas". Após a visita dos candidatos, as equipes da Zappos geralmente se envolvem em uma série de discussões para determinar qual pessoa está mais de acordo com a cultura da empresa.

Então, o que tudo isso tem a ver com você e com o seu negócio? A Zappos oferece uma infinidade de ideias que podem ser aplicadas para revelar seus valores essenciais, ou para ajudá-lo a selecionar os candidatos que correspondem aos seus princípios. Mas que ferramentas você pode utilizar para aumentar a possibilidade de escolher pessoas que se encaixem na sua cultura? Você fará perguntas para explorar se seus candidatos se enquadram em seus valores essenciais? (Por exemplo, na Zappos, os entrevistados podem ter de avaliar, em uma escala de 1 a 10, o quanto eles se consideram esquisitos. Depois, segue uma pergunta mais importante: por que você se classificou dessa maneira? Augusta Scott, instrutora da Zappos, lembra que pediram a ela que desenhasse um porco. "Eu fiquei surpresa, mas o desenhei com as cores do arco-íris. E ele ainda está ao meu lado, na parede da minha baia.") Talvez seja interessante sair com sua equipe ou com os finalistas de um processo seletivo para um *happy hour*? Seja qual for a sua escolha, os grandes líderes definem, analisam e selecionam de acordo com a cultura.

Apesar de toda essa avaliação sobre a adequação, Tony Hsieh acredita que contratações malfeitas já custaram à Zappos mais de US$ 100 milhões. Ele observa: "Esse custo é o resultado não apenas das más contratações que fizemos, mas das decisões que essas pessoas tomaram e de como contribuíram para outras seleções ruins". Na verdade, Tony considera as escolhas erradas como o maior erro dos líderes de uma empresa. O Capítulo 3 o ajudará a entender por que Tony chegou a essa conclusão. Você também verá como um convite para trabalhar na Zappos é apenas o começo de um processo de muito envolvimento para saber se um novo contratado realmente faz parte da empresa.

CAPÍTULO 2 – IDEIAS PARA SEGUIR

— O curso de uma empresa não é estático e não é totalmente definido no seu lançamento.
— Muitos valores corporativos estão presentes nas ações dos primeiros líderes de uma empresa; outros princípios surgem como resposta ao que os clientes valorizam.
— Os valores podem ser explicitamente declarados e implicitamente presentes na ação.
— Os valores explícitos podem ser compilados ou apenas expressos pela liderança.
— Com o aperfeiçoamento das unidades sociais, a definição dos valores de forma escrita é fundamental para o alinhamento e o crescimento da empresa.
— Ao criar valores, não se contente com alguns poucos.
— Quanto mais você envolver as pessoas na discussão, menos você precisará convencê-las do resultado dessa discussão.

PRINCÍPIO 1   Procure o tamanho certo

— Defina seus valores essenciais agora ou renove seus valores já definidos.
— Compare seus valores em relação ao teste CRUD (confiável, relevante, único e durável).
— Mostre seus princípios aos candidatos antes que eles descubram as vagas que oferece.
— Nas entrevistas, crie perguntas que abordem os valores essenciais do candidato.
— Crie diversos níveis de seleção de valores.
— Avalie os candidatos em ambientes formais e informais.
— Converse com o maior número possível de pessoas sobre ideias para melhorar a seleção de candidatos.

# Capítulo 3

CULTURA DEVERIA SER UM VERBO

Em nossa análise da Zappos, avaliamos até aqui como a empresa valoriza seus valores corporativos na prospecção de candidatos, como cria múltiplos níveis de rastreio para examinar minuciosamente não apenas as capacidades técnicas, mas a adequação à cultura, e como os líderes planejam os aspectos formais e informais do processo de seleção para avaliar a possibilidade de sucesso de um potencial funcionário na Zappos. Mas o que acontece depois de determinar se um candidato é adequado ou não à cultura da empresa? Este capítulo trata dos próximos passos do constante desafio de realizar novas contratações e promover a educação para os valores. Então é possível perceber como essa peça essencial se enquadra no cenário maior, descrevendo o constante cuidado e a propagação da cultura Zappos, diariamente, em todos os níveis da companhia. Concentrando-se no processo de integração à Zappos promovido na sede de Nevada, você terá a oportunidade de examinar suas próprias estratégias de novas contratações e compará-las com um dos programas de aculturação mais envolventes, originais e eficientes do mundo corporativo atual.

EU NÃO ME ENQUADRO – COMO PRECISO SER?

Muitas pessoas talentosas procuram emprego na Zappos, mas poucas são selecionadas. Christa Foley, gerente de recrutamento da Zappos, relata que a proporção real de candidatos a emprego para cargos em Nevada gira em torno de 30 mil solicitações por ano, para cerca de 450 cargos preenchidos. Na verdade, 1,5% de todos os candidatos passam por uma rigorosa seleção cultural e técnica. Em muitas empresas, as pessoas acabam concluindo que não foram selecionadas simplesmente porque não receberam uma carta de aprovação. Entretanto, a liderança da Zappos considera importante que os candidatos que não tiveram sucesso saibam o resultado do processo de seleção. Isso pode parecer uma pequena cortesia, mas trata-se da vontade da empresa em agir de maneira compatível com valores como "criar relacionamentos abertos e honestos através da comunicação" e "distribuir entusiasmo pelo serviço".

Andrew Kovacs, especialista em suprimentos, comenta: "Não estamos aqui apenas para servir os clientes que estão negociando a compra de nossos produtos. Servimos a todos os *stakeholders*, inclusive os candidatos, alguns dos quais podem até ser nossos clientes. A comunicação com eles, para que saibam sua situação, é uma maneira de respeitá-los e servi-los. Por isso, quando recebemos os currículos, fornecemos aos candidatos uma resposta automática; se dermos seguimento à solicitação de emprego, continuamos prestando informações. Isso leva tempo, mas não tem problema, somos a Zappos". Christa Foley sugere que fechar o ciclo de comunicação com os candidatos que não foram bem-sucedidos também lhes dá uma oportunidade de crescer. Ela observa: "Se conversamos com alguém, entrevistamos a pessoa e acabamos não indo adiante, seremos objetivos ao explicar a essa pessoa por que ela não foi escolhida. Poderíamos apenas agradecer pelo tempo dispensado, mas procuramos destacar o que faltou no lado técnico e apontar aspectos que ela pode melhorar nas próximas entrevistas".

Muitas vezes, o departamento de RH fica tão ocupado com as pessoas que se "ajustam" à organização que simplesmente deixa de manter uma comunicação respeitosa e positiva com aqueles que não foram escolhidos. Na Zappos, porém, os valores fazem a diferença, e eles são de extrema importância quando as pessoas poderiam procurar o caminho mais fácil. Para os líderes da Zappos, é fundamental que os valores sejam respeitados em circunstâncias agradáveis e não tão agradáveis, por exemplo, o modo como a Zappos lida com os candidatos que não obtiveram sucesso.

CONSEGUI – A ZAPPOS ME ESCOLHEU

Depois de tudo pelo que os candidatos passam quando recebem a proposta de um emprego na Zappos, e considerando a pequena porcentagem de pessoas que é realmente escolhida, você poderia pensar que uma proposta de emprego seria o fim de um processo de "adequação à cultura". Na verdade, é a primeira etapa de uma longa viagem.

Para dar uma ideia dos desafios e conferir significado à jornada, deixe-me apresentar o exemplo de um profissional altamente qualificado, contratado para liderar uma divisão do negócio que não tinha contato com os clientes. Devido à natureza técnica e de liderança da função, os executivos da Zappos haviam deixado o cargo vago por mais de um ano, esperando que a "pessoa certa" fosse selecionada. Acreditando ter encontrado essa pessoa, a Zappos alocou o candidato vitorioso em Nevada. Na maioria das empresas, um novo contratado nesse nível de liderança poderia receber uma orientação acelerada, com foco nos valores culturais de mínimo a moderado, para que pudesse assumir de imediato as responsabilidades de liderança do departamento. Mas isso não acontece na Zappos. Esse líder, como todos os outros novos contratados, deve passar por um treinamento de atendimento ao cliente com duração de quatro semanas (conhecido como treinamento EFC/novo contratado) e originalmente projetado para os membros da Equipe de Fidelização do Cliente (zapponianos que atendem chamadas quando as pessoas querem fazer um pedido por telefone, têm uma pergunta sobre o produto, precisam providenciar uma devolução etc.). A Zappos não dispensa os líderes desse treinamento, que considera uma oportunidade de criar uma experiência comum em torno de uma função importante de contato com o cliente. Também espera que os líderes conheçam as alegrias e os desafios de atender aos clientes no ambiente do *call-center*.

Como sugerido no Capítulo 2, o processo de triagem na Zappos tem o objetivo de selecionar funcionários que estejam ansiosos por mergulhar em um processo de orientação à cultura e ao serviço. Porém, no caso do nosso executivo não identificado, ele participou do treinamento EFC/novo contratado de maneira relutante e pouco engajada. Depois de várias tentativas de incentivá-lo a adotar o processo, o novo contratado não foi tido como adequado à cultura Zappos e seu contrato foi rescindido. Após um ano de espera, enormes custos de recrutamento, um significativo investimento de tempo e dinheiro no processo de entrevistas e substanciais despesas com transferência, os líderes da Zappos entenderam que esse executivo não era adequado à sua cultura.

DESMONTANDO O PROCESSO DE INTEGRAÇÃO DA ZAPPOS

Em minha opinião, a integração na Zappos produz muitos resultados positivos. Por exemplo, ela comunica e demonstra os valores essenciais enquanto destaca a importância do serviço na Zappos. Além disso, amplia a oportunidade de avaliar a adequação dos funcionários e estabelece colaboração e empatia interdepartamental. Vamos dar uma olhada em como esses benefícios surgem do que muitos podem considerar um processo de orientação desnecessariamente oneroso.

Déjà-vu – Cultura, valores e serviço

Você consegue imaginar os funcionários de sua organização passando por um mês de treinamento, o que normalmente seria oferecido para um trabalho de nível inicial? Você consegue ver um contador, um profissional de TI e o novo diretor financeiro, todos participando ativamente, junto com o novo contratado que talvez esteja entrando no mercado de trabalho? Todos eles conheceriam a história, a filosofia e a cultura da empresa. Receberiam informações sobre a importância do atendimento ao cliente e sobre a compreensão da visão de longo prazo da empresa e passariam duas semanas atendendo ligações de clientes reais. Isso não seria humilhante? O que isso poderia sugerir sobre a importância do serviço ou sua expectativa de que todos são responsáveis pela cultura da empresa?

Em vez de comprimir a orientação em apenas um dia e tentar sobrecarregar aquele dia com muitas informações sobre políticas e procedimentos, uma discussão sobre os elementos-chave do manual do funcionário, uma miniversão da história corporativa e uma análise superficial da missão, da visão e dos valores da empresa, o processo de um mês na Zappos Nevada representa uma imersão bem planejada. Em seu livro *Onboarding: How to Get Your New Employees up to Speed in Half the Time* (*Integração: como deixar seus funcionários prontos na metade do tempo*), George Bradt e Mary Vonnegut definem a integração como "o processo de *aquisição, acomodação, assimilação e aceleração* de novos membros da equipe, quer eles venham de fora ou de dentro da organização". A Zappos demonstra uma aculturação completa, como definido por Bradt e Vonnegut. Os autores escrevem que a liderança na Zappos desenvolveu um processo para "novas contratações que eles *adquiriram* através de uma seleção bem trabalhada e os *adapta* às ferramentas que necessitarão para terem sucesso na Zappos. Além disso, o mês de integração *assimila* os novos contratados à cultura Zappos e *acelera* sua presteza para iniciar as responsabilidades de trabalho formal".

O longo processo de integração da Zappos inclui, mas não se limita, a uma visão dos 10 valores essenciais, a história por trás de cada valor e apresentações feitas por 10 representantes de nível gerencial de diferentes departamentos, cada um dos quais comunica o que cada valor específico representa para si e para a empresa em geral. O treinamento técnico e a informação sobre atendimento ao cliente, fornecidos durante o curso, atingem o auge com algumas horas de contato telefônico direto entre os novos contratados e os verdadeiros clientes da Zappos. Como você pode imaginar, essa rica experiência cria uma vantagem adicional quando a empresa necessita de toda a força de trabalho da Zappos de Nevada para colaborar durante períodos de muitas ligações.

Christina Colligan, gerente da EFC, diz: "Não conheço outra empresa que faça com que todos seus funcionários se submetam a um processo de orientação tão envolvente. Se considerarmos produtividade e salários, isso custa muito para a Zappos, mas vale a pena em termos de conhecimento da importância dos valores da empresa. O processo é verdadeiramente uma imersão na cultura. Todos na Zappos recebem a mesma introdução aos valores e ao atendimento ao cliente. Estamos todos juntos na orientação, e juntos somos todos Zappos". David Hinden, assistente de produto da Zappos, observa: "De tudo que aprendi naquelas quatro semanas iniciais de treinamento, o mais importante para mim foi saber como a Zappos espera que façamos negócios. Tive de me desfazer de experiências em outras empresas, com as quais tinha aprendido a desconfiar dos clientes ou esforçar-me para proteger a empresa a todo custo. Em vez disso, comecei a pensar sobre o valor de fazer a coisa certa para o cliente e para meus colegas, para que eles também pudessem fazer a coisa certa para os clientes. O treinamento na EFC o ajuda a abandonar os métodos antigos e enquadrar-se no método Zappos". Os psicólogos cognitivos falam de um conceito que chamam de "interferência proativa", que se refere à dificuldade que as pessoas têm em abrir mão de informações que aprenderam anteriormente a fim de aprender novas. A integração eficiente geralmente ajuda os novos contratados a "esquecer" comportamentos que podem interferir no modo como as coisas são ou precisam ser em nossa cultura.

Brandis Paden, supervisor de recrutamento, observa: "Durante aquelas quatro semanas de treinamento, os novos membros da equipe percebem que aqui nós trabalhamos muito. Esperamos que eles entendam o atendimento ao cliente, a cultura e os valores essenciais, e contribuam para todas essas coisas. Eu acho que isso surpreende as pessoas. Elas percebem como respeitamos nossa cultura". Quando os valores são lentamente apresentados, em meses de orientação, os membros da equipe desenvolvem conexões mais profundas com a empresa e, por meio de sua própria experiência, internalizam melhor esses valores.

Quando se fala sobre o prolongado processo de orientação, todas as pessoas da Zappos, especialmente aquelas que trabalham como membros da EFC, falam como a integração valoriza a importância do serviço e o papel da EFC. Derek Carder, supervisor da EFC, observa: "Em muitas empresas, as equipes de *call-center* não são valorizadas. Na opinião de muitos líderes geralmente somos mais um centro de custos do que um centro de receita. Mesmo na Zappos, apenas uma pequena parcela das vendas da empresa vem através da EFC; o resto vem das compras *online*. Apesar de não movimentarmos o dinheiro, todos na empresa precisam conhecer nosso trabalho. Isso mostra como o serviço pessoal é importante aqui".

UMA PAUSA *ZAPPIFICADA*

"Paul está morto". Provavelmente é isso que você ouve quando certa música dos Beatles é tocada de trás para a frente. Os Beatles, conhecidos por enviar mensagens subliminares em seus discos, criaram um turbilhão de rumores quando, supostamente, colocaram a mensagem "Paul está morto" (*Paul is dead*) na música "Getting Better", no álbum *Sgt. Pepper's Lonely Heart Club Band*, de 1967. As mensagens ocultas não desapareceram com os anos 1960. Do mesmo modo como estamos usando tecnologia móvel QR em todo este livro, a Zappos incluiu mensagens ocultas nos códigos de barra de suas caixas de entrega e pacotes. Os compradores da Zappos podem usar seus celulares para encontrar uma mensagem especial. Quando gravam o código de barras e compartilham experiências "felizes" ao enviar fotos para a Zappos, eles recebem um "brinde especial".

Ao fazer com que os novos contratados atendam as ligações de clientes, é enviada uma mensagem clara de que o serviço é compromisso de todos. É o objetivo comum de todos os zapponianos. Todos da empresa precisam estar preparados para fazer contatos com os clientes por meio dos canais de comunicação da Zappos. Em muitas empresas, há duas culturas: uma diz respeito aos executivos e a outra, ao resto da organização. Apesar do custo evidente do processo de orientação da Zappos, a natureza do treinamento contribui para uma cultura única e unificada. Em si, é um significativo retorno do investimento (ROI).

> Dentro do espírito dos códigos de barra especiais da Zappos, grave o código QR abaixo em seu celular para acessar as histórias e lições grátis da cultura e do serviço Zappos.

Seleção e formação de equipes

Ao oferecer um curso de treinamento com a duração de um mês para todos os funcionários de Nevada, a Zappos ampliou a oportunidade de selecionar de acordo com a adequação dos novos contratados à cultura. Um candidato pode fazer uma boa entrevista ao longo de uma série de encontros, ou mesmo durante um dia de contatos pessoais formais e informais, mas é difícil manter uma aparência de sinceridade, criatividade, paixão e humildade durante um mês inteiro.

Andrew Kovacs, especialista em recrutamento, comenta o poder de seleção do treinamento EFC/novos contratados: "Contratamos um gerente de uma indústria geralmente contenciosa, apesar de acharmos que havíamos contratado uma pessoa mais colaborativa do que a média do setor. Talvez ele fosse mais colaborativo se tivesse entendido o trabalho, mas nunca descobrimos isso por que ele não foi aprovado no programa de treinamento do *call-center*". Andrew explica: "Por meio de recrutamento e seleção, todos os candidatos são avisados de que serão envolvidos nas aulas de treinamento do *call-center*, de segunda a sexta-feira, das 7 horas da manhã até as 4 horas da tarde. Sem discussão. As pessoas que acabam trabalhando nos *call-centers* precisam ser pontuais e estar presentes conforme o programado, e essa expectativa é estabelecida no treinamento. Mesmo aqueles que não farão parte da EFC comprometem-se com esses padrões durante o treinamento, e as pessoas são avisadas de que não podem se atrasar nem um minuto. Dependendo do caso, se alguém se atrasa, podemos pedir que volte na próxima aula, ou simplesmente o dispensamos". No caso do gerente contratado, Andrew observa: "Ele chegou tarde em mais de uma oportunidade. A exigência para o emprego é básica, e ele não a cumpriu. Além disso, ficou indignado quando o assunto foi levantado, como se o treinamento não estivesse à sua altura. Felizmente, ele foi dispensado antes que pudesse contaminar nossa cultura. Como recrutadores, examinamos essas situações para ver se há alguma coisa que pode ser feita para escolher a pessoa certa durante o processo de seleção, mas é muito bom que tenhamos o treinamento EFC como uma avaliação contínua da cultura".

Ao mesmo tempo em que o processo de treinamento EFC/nova contratação reduz o número de pessoas que escorregam e "contaminam" a cultura Zappos, ele também ajuda a formar relacionamentos interdepartamentais e construir um espírito positivo de equipe. Ashley Perry, funcionária da EFC recém-contratada, dá uma ideia de como o treinamento define o cenário para diversão e espírito familiar. "Quando passei pelo treinamento, atualizei minhas páginas de mídia social com tudo que fizemos, e meus amigos diziam: 'Não acredito que eles chamam isso de trabalho e ainda pagam você para isso!' Tivemos um concurso de beber refrigerante como parte de uma atividade. Fizemos uma variação de 'pedra-papel-tesoura' e demos o nome de 'magos-feiticeiros-monstros', e até cantamos no karaokê. Não me entenda mal: trabalhamos muito. Mas a diversão trouxe novas pessoas, de toda a empresa, para o que eu posso chamar de um ambiente familiar". Ao final do treinamento do novo contratado, os participantes da aula trabalham juntos em um projeto relacionado aos valores essenciais da Zappos. Um exemplo desses projetos será descrito em detalhes no Capítulo 10. Basta dizer que, depois, esses projetos envolvem os participantes na criação de equipes relacionadas com a cultura e definem que a cultura é responsabilidade de cada um dos funcionários. Além disso, a atividade sugere que a cultura não é um fenômeno abstrato e amorfo. Antes disso, é a base do negócio bem-sucedido e pode ser realçada pelos esforços de pessoas dedicadas que trabalham em conjunto.

Além de incentivar o companheirismo e o trabalho em equipe, a jornada de orientação da Zappos ajuda os indivíduos a ouvir a "opinião do cliente" em toda a organização e a entender o que é preciso para atender ou superar os desejos e as necessidades do cliente. Na verdade, ajuda até o funcionário que não tem contato com o cliente a entender o que é preciso para "distribuir entusiasmo por meio do serviço". Muitas organizações lutam para atender eficientemente as necessidades do cliente em razão dos limites organizacionais rígidos ou da limitada confiança entre os departamentos. O processo de trazer novos funcionários a bordo pode enviar uma mensagem de "estamos todos trabalhando juntos para um objetivo comum". Além disso, pode colocar novos contratados em um ambiente com pessoas de toda a organização, para atender as necessidades do cliente e aprender sobre elas.

Mark Madej, engenheiro de *software*, vincula os benefícios da experiência da equipe e do cliente à integração EFC/novos contratados. "Desde o primeiro dia, a vibração é enorme. No treinamento na EFC, eles o estimulam sobre tudo. É diferente de todos os outros lugares. Eles nos permitem desfrutar desse tempo. Qualquer outra empresa pensaria que é perda de tempo, mas na verdade não é. Como desenvolvedores, éramos capazes de ver todas as ferramentas de *software* a partir da perspectiva do cliente e do ponto de vista do representante da EFC. Como resultado de estar em um treinamento da EFC, e tendo que atender as chamadas dos clientes, os desenvolvedores, como eu, veem a complexidade do *software* envolvido no processo que as EFCs estavam usando. Assim, criamos uma ferramenta para automatizar as funções e tornar mais fácil o processo para o membro da EFC e o cliente. Se não tivéssemos conversado com clientes ao telefone e visto os problemas por nós mesmos, não teríamos chegado a esse resultado. Essa é a maneira de investir em treinamento e alcançar resultados em tempo real".

Como os funcionários podem adotar plenamente uma cultura se não estiverem imersos nela? No fim, a abordagem "vamos fazer uma rápida orientação" comprovou ser menos cara? Para a Zappos, uma orientação longa e envolvente é uma proposta de "pague agora ou pague mais tarde", uma vez que os líderes da Zappos consideram a cultura e o serviço valiosos demais para serem negligenciados. O que você acha?

TESTE ESTAS IDEIAS
1. Seu processo de integração é igual para os trabalhadores de linha de frente e para os executivos? Se existem caminhos diferentes, o que isso sugere sobre sua cultura?
2. Quantas horas seu processo de orientação trata de política empresarial, procedimentos e outros assuntos relacionados? Quantas horas são dedicadas à cultura?
3. Seu processo de integração faz uma imersão dos participantes em sua cultura, ou ele apenas apresenta essa cultura?
4. Com que eficiência seu processo de orientação cria empatia quanto à experiência do cliente e quanto às conexões interdepartamentais?

O TREINAMENTO EFC ESTÁ ACABANDO – E AGORA?

Vamos imaginar que você concluiu com sucesso o treinamento EFC/novas contratações. E agora? Bem, em primeiro lugar e mais importante, você precisa tomar uma decisão. Vão perguntar a você que decida se quer receber uma considerável quantia (algo em torno de US$ 4.000) e deixar a Zappos ou se quer mesmo trabalhar na empresa. *Deixe-me repetir para que você não pense que entendeu mal. Você terminou as aulas de orientação e precisa decidir se você se considera adequado à cultura*. Se decidir que a cultura Zappos *não* é para você, a Zappos vai compensá-lo pelo tempo e lhe dar um estímulo para ir adiante e buscar emprego em outro lugar.

Que revolucionário! A Zappos oferece um incentivo aos novos contratados para que se engajem em uma autoavaliação séria de sua capacidade de adequação à empresa. Quando Jack Welch foi chefe da General Electric, ele defendeu a prática da diferenciação, na qual "os últimos 10%" da organização eram convidados a deixar a empresa. Ele observava que "uma das melhores coisas sobre diferenciação é que as pessoas nos últimos 10%... geralmente seguiam carreiras de sucesso em empresas ou atividades nas quais de fato se enquadravam e podiam sobressair". A Zappos, por outro lado, incentiva e apoia novos contratados, quer eles decidam que têm chances de prosperar na empresa, quer assumam que são mais adequados a se destacar em outro lugar.

Mas por que você ofereceria tanto dinheiro para alguém deixar a empresa? A liderança da Zappos quer fornecer uma quantia que possibilite aos potenciais candidatos tomar a decisão certa, e não se sentirem na obrigação de permanecer em uma cultura à qual não se consideram adequados apenas para evitar um longo período de desemprego. A quantia de dinheiro da oferta tem aumentado com o tempo e pode variar de acordo com a situação da economia. Do mesmo modo, o tempo que os novos contratados têm para aceitar a proposta também mudou. Antes, um funcionário precisava aceitá-la antes de terminar suas aulas de orientação. Agora, os novos funcionários têm até três semanas depois de empregados. Essencialmente, isso dá aos novos contratados a oportunidade de decidir se são adequados, com base em suas experiências coletivas no treinamento de orientação e na sua área de trabalho específica. De acordo com Rebecca Henry Ratner, diretora de RH, aproximadamente 2% de todos os novos contratados pegam o dinheiro e buscam emprego em outro lugar.

A natureza inovadora da abordagem Zappos, de pagar aos funcionários para deixarem a empresa, foi muito difundida em publicações de negócios como *The Economist* e *Harvard Business Review*, assim como em incontáveis blogs. Grande número de artigos em blogs e em *sites* como *The Consumerist* e *VisionWiz* concentram-se exclusivamente na oferta. Sem muitos detalhes, a ideia de pagar os funcionários para que deixem a empresa após a orientação pode parecer uma má prática de administração. De fato, é difícil apreciar a genialidade da oferta, a não ser que a coloquemos no contexto de tudo que a Zappos faz para selecionar as pessoas adequadas. Com o panorama que você tem depois dos primeiros capítulos, a compensação de US$ 4.000 pode ser vista como o último passo, bem posicionado, de cada processo que envolve a proteção da cultura Zappos.

É difícil imaginar que 2% dos novos contratados – aqueles que experimentaram a cultura Zappos e passaram por todos os obstáculos de seleção – deixariam a empresa nos primeiros meses após a contratação. Porém, os que fazem isso *não* seriam perfeitamente adequados.

TESTE ESTAS IDEIAS

1. O que você acha do sistema da Zappos de pagar os novos contratados para deixar a empresa?
2. De acordo com seus cálculos, qual seria a porcentagem de novos contratados que deixariam sua empresa se recebessem uma oferta semelhante?
3. Você pensaria em pagar as pessoas para deixar sua empresa caso elas não se considerassem adequadas à cultura? Por que sim ou por que não?
4. Caso você fizesse uma oferta semelhante após a orientação, seu processo de aculturação permitiria que os novos contratados fizessem uma autoavaliação realista quanto à adequação?

MANTENDO A CULTURA VIVA

Depois de toda essa avaliação sobre a cultura, os funcionários da Zappos se dirigem aos respectivos departamentos e muitos deles recebem uma instrução adicional para ajudá-los a tratar dos aspectos técnicos de seu trabalho. Mas como esses novos contratados e, na verdade, todos os zapponianos, mantêm o romance cultural por mais tempo, após o fim da lua de mel da orientação? O restante deste capítulo irá examinar algumas das maneiras como a cultura é constantemente fomentada na Zappos. Irei me concentrar em três aspectos de cuidado cultural na empresa:

1. Incorporar valores às conversas cotidianas.
2. Fazer um orçamento para as atividades relacionadas à cultura.
3. Incentivar manifestações livres de opinião sobre cultura.

Incorporar valores às conversas cotidianas

O instrutor de liderança John E. Jones certa vez disse: "O que é medido é feito; o que é medido e recebe uma resposta é bem-feito; o que é recompensado se repete". Utilizando essa citação como uma diretriz, a cultura Zappos é feita, bem-feita e repetida.

A Zappos sempre colocou "viver os valores essenciais" no centro das conversas entre funcionários e gerentes. Durante muitos anos, a Zappos se envolveu em um processo anual de avaliação de desempenho. Durante essas avaliações, 50% da avaliação de um funcionário tinha como base os 10 valores essenciais da Zappos. Esse processo de avaliação detinha-se em quanto um funcionário contribuía para cada um dos principais norteadores da cultura Zappos. Desde o início de sua atividade, os zapponianos eram informados de que a incorporação dos valores Zappos seria um indicador-chave do seu sucesso na empresa. Na preparação para as avaliações anuais de desempenho, pedia-se aos membros da equipe que fizessem uma autoavaliação no formulário descrito aqui. O supervisor do funcionário também preenchia o formulário.

Analisamos o processo de avaliação de desempenho e decidimos que era hora de mudar! Ótimo, adoramos mudanças! Durante esse período de avaliação, decidimos nos afastar da escala de classificação de 1 a 5 e utilizar a classificação relacionada abaixo. Para nós, também é importante descobrir como os funcionários veem seu desempenho em comparação com o modo como o gerente/supervisor vê o desempenho do funcionário. Por isso, além da alteração na escala de classificação, pedimos a todos que preencham sua autoavaliação, como parte oficial do processo. Esperamos que esse novo processo dê início a um diálogo mais aberto entre os funcionários e o gerente/supervisor e permita que todos mergulhem mais fundo nos conceitos de ótimo, bom e regular.

Por favor, calcule as estimativas nas seguintes áreas. As classificações e definições são as seguintes:

Excelente (E) = supera as expectativas; **Satisfatório (S)** = atende as expectativas com consistência; **Necessita de melhoria (N)** = não atende as expectativas.

Favor observar: as células de classificação só aceitam **E**, **S** ou **N**.

VALORES ESSENCIAIS (Favor classificar a maneira como o funcionário incorpora os valores essenciais)	CLASSIFICAÇÃO		
FATOR	GERENTE	FUNCIONÁRIO	FINAL
Você oferece um bom serviço aos clientes internos e/ou externos			
Você dedica ao seu trabalho mais do que as horas regulamentares e além das exigências do cargo, e poderia ir além.			

FATOR	GERENTE	FUNCIONÁRIO	FINAL
Você sugere alternativas para a realização das tarefas e/ou melhoria de processos. Além disso, se suas sugestões não são implementadas, você aceita a justificativa de maneira positiva e é capaz de seguir adiante com a decisão que foi tomada.			
Você se desenvolve no ambiente Zappos. Você aceita mudanças nas políticas, procedimentos e processos como parte do crescimento da empresa. Você não reclama de mudanças, mas as aceita e as adota de maneira entusiasmada.			
Você tem muito interesse em promover alegria (e um pouco de esquisitice) no ambiente de trabalho.			
Você incentiva diferentes experiências, estilos de vida e personalidades de seus colegas.			
A diversidade é entendida e adotada. Você está disposto a se arriscar e sair de sua zona de conforto para alcançar o sucesso.			
Você demonstra criatividade.			
Você se desafia a crescer e aprender, tanto profissional quanto pessoalmente.			
Você entende seu departamento e a visão da empresa.			
Você é aberto e honesto quando se comunica.			
Você entende que a boa comunicação também inclui ouvir bastante, como demonstra em suas interações.			

VALORES ESSENCIAIS *(continuação)*	CLASSIFICAÇÃO		
FATOR	GERENTE	FUNCIONÁRIO	FINAL
Você trabalha bem com seus colegas e promove o trabalho em equipe em seu departamento ou área.			
Você estimula um espírito de equipe positivo e não demonstra negativismo em seu local de trabalho.			
Você se esforça para melhorar a eficiência em seu trabalho.			
Você pode fazer as tarefas e trabalhar com os recursos disponíveis, ou sugerir alguma alternativas, caso seja necessário.			
Você tem paixão, energia e perseverança.			
Você demonstra respeito pelos outros, não importando a função que desempenha na empresa.			
Você compreende que todas as opiniões são valiosas e que qualquer pessoa pode ter boas ideias.			
Classificação geral **(média da classificação acima)**			
Comentários:			

DESEMPENHO	CLASSIFICAÇÃO		
FATOR	GERENTE	FUNCIONÁRIO	FINAL
Você demonstra competência nas habilidades e no conhecimento do trabalho exigidos.			
Você demonstra precisão, clareza, consistência e precisão no trabalho.			
Os padrões de produtividade são alcançados.			

FATOR	GERENTE	FUNCIONÁRIO	FINAL
As atribuições do trabalho são planejadas, organizadas e analisadas para um melhor resultado.			
Você atende as expectativas do trabalho.			
Você atinge metas e objetivos previamente estabelecidos.			
Você chega ao trabalho diariamente no horário, conforme programado.			
Classificação geral (média das classificações acima)			
Comentários:			

LIDERANÇA	CLASSIFICAÇÃO		
FATOR	GERENTE	FUNCIONÁRIO	FINAL
Você define metas e direções claras para que a equipe alcance seus objetivos.			
Você participa regularmente das reuniões da liderança e comunica a informação aos seus colaboradores diretos.			
Você utiliza respostas de pesquisas e/ou concentra os grupos para manter um ambiente bem-sucedido.			
Você inspira os outros a viver e respirar nossos valores essenciais.			
Você ajuda a equipe a aprender e crescer profissional e pessoalmente.			
Classificação geral (média das classificações acima)			
Comentários:			

POTENCIAL DE CRESCIMENTO	CLASSIFICAÇÃO		
FATOR	GERENTE	FUNCIONÁRIO	FINAL
Você busca oportunidades para entender melhor a sua empresa e aprender sobre ela. Você demonstra liderança nos relacionamentos e nos debates com seus colegas. Você participa de discussões de grupo e contribui construtivamente nas reuniões. Você busca responsabilidades e atribuições além da sua função. Você compartilha conhecimento e experiência com os outros, de maneira construtiva e útil. **Classificação geral do potencial de crescimento**			
Comentários:			

CLASSIFICAÇÃO GERAL			
Favor relacionar abaixo o percentual que cada seção classificada deve aplicar à classificação geral do funcionário. Esteja certo de que as quatro áreas totalizem 100%. Observação: você deve trabalhar com seu gerente de departamento para determinar que valores ponderados devem ser usados.			
% da ponderação dos valores essenciais	50%		
% da ponderação do desempenho	30%		
% da ponderação da liderança	10%		
% da ponderação do potencial de crescimento	10%		
Classificação geral para este período de avaliação	100%		

Durante o período de avaliação, funcionários e supervisores examinam os questionários, enfatizando os pontos fortes dos funcionários e as oportunidades de crescimento. Na minha gestão como consultor organizacional, vi poucas empresas que valorizassem a "contribuição da cultura" ou a "incorporação de valores" de forma tão forte na avaliação geral do desempenho do funcionário. Tampouco vi outras empresas que orientassem os funcionários para a noção de que a participação na cultura é uma medida fundamental para o sucesso no emprego.

Recentemente, a Zappos afastou-se desse processo de avaliação de desempenho anual e formal. Apesar da mudança, os líderes continuam a considerar importante a incorporação de valores para o sucesso no emprego. Na verdade, a Zappos evoluiu para uma conversa sobre o crescimento do funcionário chamada "avaliação cultural". A diretora de RH Rebecca Henry Ratner observa que a alteração foi feita para facilitar as conversas entre gerentes e funcionários que estavam mais de acordo com uma cultura de crescimento e aprendizado. "Para nós a 'avaliação anual, na qual o funcionário sentava e contava como estava indo' tornou-se uma muleta para os gerentes que não precisavam checar sempre se e como seu pessoal estava vivendo de acordo com nossos valores. Assim, nossa empresa correu o risco e aboliu a avaliação de desempenho anual, e nós não sabemos se isso será bom para nós, mas achamos que sim. No momento, os gerentes devem dar um *feedback* regular, assim como no processo de avaliação, mas agora não fazem isso de modo formal, anual e com geração de pontos". Rebecca acrescenta que a Zappos está constantemente procurando maneiras de incentivar conversas consistentes sobre comportamento baseado em valores. Essa mudança de "pontuação anual" para "conversas cotidianas" reflete a abordagem dos líderes com visão de futuro.

Como acontece com a maioria dos processos de negócios, é importante que as empresas analisem e aperfeiçoem regularmente as avaliações de desempenho. Para muitos, um ponto ideal para começar esse processo de melhoria pode ser avaliar o comportamento dos funcionários associado aos valores essenciais da empresa. De acordo com um estudo feito pela publicação de negócios *Workforce Management*, a maioria das grandes empresas *não* se uniu à Zappos na eliminação completa da avaliação de desempenho anual. Entretanto, algumas companhias (como a Zappos) passaram de uma abordagem de desempenho para um modelo de crescimento e desenvolvimento. Independentemente de avaliar de maneira formal ou informal, a maioria das empresas poderia aumentar a relevância de itens como "contribuição da cultura" e "viver os valores da empresa" nas discussões e nas responsabilidades do funcionário. Falando para um grupo de executivos seniores de marketing,

Tony Hsieh chegou a dizer que se sente mais confortável "despedindo alguém por não contribuir para uma cultura de trabalho inovadora do que por um desempenho fraco no trabalho". Ele também mencionou que a Zappos perdeu US$ 100 milhões por ter pessoas na empresa que não contribuíam com a cultura. Quantas conversas acontecem em sua companhia sobre como cada pessoa personifica os valores essenciais da empresa e melhora o ambiente de trabalho?

Fazer um orçamento para as atividades relacionadas à cultura

Considerando todo o tempo e dinheiro que a Zappos investe na seleção e no treinamento dos funcionários e na comunicação com eles sobre cultura, você deve estar se perguntando como a Zappos tem lucro ou tem os recursos disponíveis para pagar as atividades que mantêm a cultura viva. Em poucas palavras, a Zappos paga os funcionários perto do nível médio dos salários competitivos, enquanto sua empresa controladora, a Amazon, paga cerca de 75%. De acordo com Donavan Roberson, evangelista de cultura da Zappos Insights: "Investimos a diferença de 25% em atividades que constroem nossa cultura. Alguns podem dizer que estamos economizando nos salários, mas estamos criando uma cultura dedicada à felicidade de nosso pessoal. Quando a vida de uma pessoa chega ao fim, essa pessoa não olha para trás e diz: 'OK, quanto ganhei por ano?' A pessoa pensa 'Como foi a minha vida; meu dia a dia; eu gostava do meu emprego; o que eu realizei, o que aprendi?'. Essas coisas são mais importantes para as pessoas do que o salário". Tony Hsieh comenta que a cultura não precisa ser um investimento caro: "Obviamente, nós gastamos muito mais em benefícios, como seguro de saúde e odontológico, do que outras empresas. Enquanto pagamos as taxas de mercado, ou um pouco acima delas, para as equipes de nível inicial, também honramos nossos valores para 'fazer mais com menos' e 'ser humildes' ao administrar os salários dos líderes de forma que quanto mais alto você esteja na hierarquia da organização, mais você receba um salário abaixo do nível de mercado".

Basicamente, a Zappos cria uma infraestrutura de atividades e sistemas de apoio para cada um de seus valores essenciais. Do ponto de vista dos benefícios, a Zappos oferece refeições grátis a seus funcionários, inclusive refrigerantes e lanches, e, além disso, dá acesso a um dos planos de saúde mais abrangentes no mercado. Ninguém entrevista um funcionário da Zappos sobre a maneira como a empresa "distribui entusiasmo por meio de serviço" sem que o membro da equipe se refira à generosidade da empresa. Mary

Johnson, do Centro de Processamento de Pedidos da Zappos, exemplifica o sentimento: "É incrível o que eles fazem para nós aqui, desde o melhor plano de seguros até refeições grátis todos os dias. Temos enormes festivais no inverno, primavera e verão. Parece que sempre está acontecendo uma festa. O salário é competitivo, mas quando você acrescenta tudo que recebe grátis e mais o seguro, é simplesmente extraordinário".

Manter os funcionários saudáveis e ter eventos divertidos é uma coisa, mas por que a Zappos acha que oferecer comida de graça, uma despesa grande, é fundamental para sua cultura? De acordo com Craig Adkins, vice-presidente de Operações de Processamento de Pedidos: "Na verdade, a ideia de alimentar o pessoal não surgiu como uma estratégia de compensação ou retenção, mas o objetivo principal era a socialização. Queríamos que os membros da equipe se sentassem, fizessem as refeições juntos e conversassem. E isso funcionou bem conosco. Os gerentes e os líderes se envolvem com suas equipes. Os gerentes passam a saber mais sobre as famílias de seus funcionários, e eles compreendem melhor o que os motiva e interessa. Não é uma refeição grátis, mas sim um tempo para sentarmos juntos em comunidade".

Além dos benefícios dos funcionários, os valores são trazidos à vida na Zappos, em parte por que os gerentes de Nevada são incentivados a passar de 10 a 20% de seu tempo fora do trabalho, com seus funcionários; e os colegas também devem passar o mesmo tempo uns com os outros e com seus gerentes. Uma parte do orçamento é disponibilizada para que os supervisores ofereçam atividades externas, como churrascos na casa dos gerentes, *happy hours* na Zappos ou um boliche com os membros da equipe. Como você vai ver no Capítulo 11, essas conexões também acontecem por meio de festas improvisadas, muitas das quais são destinadas a atingir as metas de desempenho. Jamie Naughton, porta-voz da Zappos, observa: "Não é tanto pelo dinheiro que temos disponível para gastar com nosso pessoal, mas é muito mais por reunir as pessoas. Como um dos nossos valores é fazer mais com menos, esticamos nosso orçamento sempre que possível. Por exemplo, tínhamos uma competição de comer biscoitos que era muito popular e nos custava US$ 20. Fazemos festivais com jogos caseiros. Geralmente não são sofisticados, pois não é isso que interessa – é o tempo que você despende para fazer algo divertido e que crie conexões. Nosso pessoal tem espírito esportivo e adora a imprevisibilidade decorrente de valores como diversão, aventura e mudança". O Capítulo 10, "Jogue bem", examina como a Zappos cria um local de trabalho vibrante e divertido, que, por sua vez, fortalece a família Zappos e aciona os principais objetivos do negócio.

Incentivar expressões abertas de opinião sobre cultura

Esses elementos da cultura Zappos de diversão, espírito de família e entusiasmo são generosamente espalhados pela internet, compartilhados durante as interações do atendimento por telefone, refletidos no *site* da Zappos e apreciados pelos visitantes durante os frequentes passeios pela sede. Ainda que os elementos do processo de integração na Central de Processamento de Pedidos de Kentucky são diferentes dos de Nevada por causa das diferentes exigências de trabalho, essa cultura lúdica pode ser experimentada por meio dos passeios no prédio de Kentucky, cada vez mais frequentes, e das reuniões diárias de aquecimento. Em resumo, os líderes da Zappos são tão fanáticos pelo poder de uma cultura comercial positiva que se sentem obrigados a compartilhar essa paixão.

Como parte desse fanatismo, os zapponianos normalmente compartilham sua exclusiva cultura via postagens no Twitter, em blogs e até mesmo com vídeos no YouTube. Muitas empresas desaconselham seus funcionários a falar sobre trabalho nas redes sociais, mas os líderes da Zappos incentivam isso, assegurando desse modo que a cultura seja conhecida dentro e fora dos prédios da companhia. Os membros da equipe da Zappos recebem até mesmo um treinamento de como criar e utilizar as contas do Twitter, e uma política de comunicação corporativa "verdadeira e sensata" mostra aos funcionários que eles podem falar de seu trabalho livre e sabiamente.

Mais reflexões sobre a cultura Zappos são promovidas pela publicação anual do *Zappos Culture Book* (livro de cultura da Zappos). Todos os zapponianos têm a oportunidade de falar sobre sua empresa. Este livro, sem censura, é colocado à disposição de qualquer pessoa que se interesse pela cultura da empresa. De acordo com o valor da Zappos "crie relacionamentos abertos e honestos por meio da comunicação", o livro representa uma visão transparente da Zappos. Depois de explorar todos os tópicos, em todas as edições do livro, não consegui encontrar algo pior do que o seguinte:

> A vida na Zappos está em constante movimento. As mudanças, o crescimento e os desafios em curso são enormes. São cheios de alegria e dor.

Mas mesmo essa declaração termina com:

> Funcionários de outros locais simplesmente falam sobre como sua empresa poderia ser boa, mas os zapponianos vivem a maravilhosa cultura daqui e vibram com ela.

As declarações mais encontradas são como esta:

> Sinceramente acredito que estamos na vanguarda de um novo movimento, em que as pessoas se tratam como uma família... Não aceito mais que outras pessoas e outras empresas prestem um mau atendimento ao cliente. Eu os desafio a serem melhores, a tentar me entusiasmar. Isso funciona na maioria das vezes! VIVA!
>
> A cultura Zappos significa viver, divertir-se e amar. Trabalhamos muito na Zappos, e isso mostra que nosso trabalho e nossa dedicação são reconhecidos. Esse reconhecimento permite que eu me dedique 100%. Gosto de vir para o trabalho com minha família na Zappos.

Veja o Anexo B para mais exemplos dos comentários do livro de cultura.

Ao pedir que os membros da equipe escrevam suas opiniões sobre a Zappos e ao transformar esses comentários escritos em um volume encadernado, dado a todos os funcionários, os diretores da empresa ajudam os zapponianos a redefinir e a personalizar a elaborada cultura Zappos. Aaron Magness, diretor sênior da Brand Marketing & Business Development, observa: "Quando você lê o livro, você pode sentir a riqueza da cultura. Vemos o livro de cultura como uma maneira importante para que todos da Zappos transformem sua experiência em palavras". Na verdade, os líderes da Zappos permitiram que todos os funcionários, literalmente, "escrevessem o livro" sobre sua empresa.

Jenn Lim, CEO e diretora encarregada da felicidade do programa *Delivering Happiness* [Transmitindo Felicidade] (a empresa e o movimento surgiram a partir do livro *Satisfação garantida – No caminho do lucro e da paixão*), criou todos os livros de cultura da Zappos, desde o início, e identifica uma ampla gama de benefícios decorrentes de sua publicação. De acordo com Jenn, "É um testemunho do verdadeiro compromisso da Zappos com a transparência. Como publicamos tudo – bom ou ruim –, o livro de cultura tornou-se um retrato dos valores Zappos em ação, e nos permite comparar nossos pontos fortes e fracos, ano após ano. Ao longo do tempo, nós o expandimos para incluir a opinião dos parceiros comerciais, fornecedores e clientes, pois acreditamos que a felicidade possa ser distribuída para todas as pessoas com a qual a Zappos se comunica".

Tony Hsieh acredita que "a marca é um lento indicador de cultura". Como o livro de cultura é enviado para qualquer pessoa que o solicite, ele basicamente tornou-se um "livro de marca", que espalha a conscientização do que a Zappos representa. Ao mesmo tempo, ele cria uma conexão emocional com a Zappos, até mesmo em lugares afastados das áreas para onde ela envia mercadorias e presta serviço. Os líderes passam a ter conhecimento de ávidos fãs da marca em países como o Japão e o Brasil.

A ideia de publicar um livro que reflete o compromisso da empresa com a cultura tornou-se um conceito atraente, e empresas que vão desde a M. Resort, em Las Vegas (da família MGM Mirage), até a Amazon.com perguntaram como podem criar o seu. Como resultado, o programa Transmitindo Felicidade está proporcionando um serviço para ajudar outras organizações a criar livros de cultura, personalizados com seus próprios valores, seus funcionários e sua cultura.

Jenn Lim acrescenta: "Conforme lemos em livros como *Empresas feitas para vencer*, de Jim Collins, a parte mais importante da cultura da empresa não é simplesmente ter valores, mas o verdadeiro comprometimento dos funcionários com relação a eles. O livro de cultura começou por acaso, mas evoluiu para algo que tem ajudado a Zappos a identificar se estamos colocando nosso dinheiro e nossos valores onde deveríamos". (Mais informações sobre *Transmitindo felicidade – a empresa e o movimento* – podem ser encontradas no Capítulo 9.)

Temos um círculo completo com a Zappos por meio de seleção, integração e alguns aspectos da exaltação da cultura. Você verá a conclusão desse círculo quando avaliar que os candidatos muitas vezes solicitam o livro de cultura da Zappos quando procuram um emprego. Na verdade, o livro é um subproduto da cultura, que também ajuda os potenciais candidatos a decidir se podem "ter uma adequação perfeita" à Zappos. Isso aconteceu com uma pessoa que tuitou que não poderia sobreviver à cultura extrovertida da Zappos, mas a valorizava porque para os que gostavam daquele ambiente seria um sonho poder trabalhar lá.

Se os membros de sua equipe pudessem escrever um livro inédito sobre cultura, o que eles diriam? Como ele afetaria os novos contratados que estão decidindo se "teriam uma adequação perfeita" à sua empresa? Aproveite a oportunidade e escreva um livro de cultura. Na pior das hipóteses, será um roteiro para uma mudança de cultura!

Transmitindo Felicidade pode ser um recurso caso você necessite de ajuda na criação de um livro de cultura para sua organização. Você pode encontrar as dicas em http://www.deliveringhappiness, e em @DHMovement e @DHMovementCEO no Twitter.Ou simplesmente grave o código QR abaixo em seu celular.

CAPÍTULO 3 – IDEIAS PARA SEGUIR

— A comunicação com aqueles que foram preteridos ao emprego define os candidatos como clientes de nossa marca.

— A integração envolve adquirir, acomodar, assimilar e acelerar.

— A orientação é uma oportunidade de definir expectativas iguais, para líderes e não líderes, e para sinalizar uma cultura única.

— Os novos contratados precisam de uma oportunidade para aprofundar-se na nossa cultura, não apenas conhecê-la.

— A cultura é uma via de mão dupla; tanto o candidato quanto a equipe existente podem e devem ser convocados a analisar a "possibilidade de adequação" de um candidato ou novo contratado.

— O que é medido é feito. Você está medindo o comportamento com base em valores de todas as pessoas de sua organização?

— A cultura acontece por acaso ou premeditadamente. Os grandes líderes projetam sua cultura, definem valores em movimento e alteram a cultura regularmente.

PRINCÍPIO 2

FAÇA RÁPIDO E SEM ESFORÇO

Quanto mais os clientes precisam se esforçar
em uma interação de serviço, menores as chances de
se tornarem fiéis.
   Jeffrey Henning

Na análise do Princípio 1, "Procure o tamanho certo", você viu como a Zappos seleciona e orienta os funcionários para a cultura de serviço. Os diretores da Zappos encaram a cultura como a base do comprometimento do funcionário e, por fim, da fidelidade do cliente. Os líderes da empresa entendem que uma cultura coerente e uma força de trabalho altamente envolvida contribuem para resultados comerciais consistentes. Na verdade, as pesquisas demonstram a conexão entre comprometimento e produtividade do funcionário, maior segurança e rentabilidade global do negócio. Ao criar uma força de trabalho coesa, a Zappos desenvolveu uma plataforma para oferecer serviço excelente. Mas as correlações entre o comprometimento dos funcionários e a fidelidade do cliente nada mais são que... correlações. O que mais deve ser acrescentado a essa mistura para garantir uma prestação de serviço de alta qualidade?

Os próximos dois capítulos, que compõem o Princípio 2, analisam como a Zappos domina os fundamentos do atendimento ao cliente. O Capítulo 4, "Menos esforço, mais clientes", se concentra na maneira como a Zappos procura facilitar todo os aspectos da experiência do cliente. Você vai conhecer a obsessão da Zappos pelo bom funcionamento da experiência cliente/usuário e pela precisão do processo. O Capítulo 5, "Bem-vindo ao grande baile do serviço: velocidade, conhecimento, recuperação e surpresa", mostra como a Zappos introduz um sentido de urgência na prestação de serviços. Você também será apresentado à visão moderna da Zappos quanto à *expertise* de entrega de produtos e quanto à recuperação do serviço.

O que estamos esperando? Está na hora de aplicar o conceito de agilidade com esforço mínimo.

Capítulo 4

MENOS ESFORÇO, MAIS CLIENTES

Nunca encontrei um empresário que dissesse "Eu gostaria que menos cliente meus fossem fãs da minha marca". Todos queremos ampliar aquele grupo especial de clientes que não apenas apoiam nosso negócio por meio de repetidas e constantes compras, mas também indicam novos compradores. Mesmo que se saiba muito sobre os fatores que afastam os clientes de um negócio, os atributos que levam à fidelização do cliente ainda são objeto de consideráveis debates. Esse assunto foi apresentado de forma clara em dois artigos muito diferentes, em uma única edição do *Harvard Business Review*. Os títulos dos dois artigos eram "Stop Trying to Delight Your Customers" ("Pare de querer agradar seus clientes") e "How I did it: Zappos' CEO on Going to Extremes for Customers" ("Como isso aconteceu: CEO da Zappos chega aos extremos por seus clientes).

Os autores de "Stop Trying to Delight Your Customers", Matthew Dixon, Karen Freeman e Nicholas Toman, relatam: "O senso comum sustenta que, para aumentar a fidelidade, as empresas precisam 'agradar' os clientes, superando as expectativas. Um estudo em larga escala com centros de atendimento e interações de autosserviço constata que, na verdade, o que os clientes querem (mas raramente conseguem) é apenas uma solução satisfatória para seu problema de serviço". "How I did it: Zappos' CEO on Going to Extremes for Customers", escrito pelo CEO da Zappos, Tony Hsieh, sugere que a excelência do serviço exige um comprometimento a um dos lemas da Zappos: "distribuir entusiasmo por meio de serviço".

Assim, quando se trata da fidelidade do cliente, qual das duas opções é a melhor: entusiasmar ou não entusiasmar? Na verdade, a resposta é simples: ambas.

De acordo com a perspectiva de Tony Hsieh, "entusiasmar" é uma dimensão importante da fidelidade do cliente e deve ser almejada. O primeiro passo nessa busca é dado ao se certificar de que você está "fazendo a coisa certa" (entregando exatamente o que os clientes querem desde a primeira vez que os atende) e "facilitando as coisas" (reduzindo o esforço total necessário para que os clientes tenham suas necessidades atendidas). Quando a prestação de serviço, fácil e precisa, acontece de maneira coerente, os clientes podem se sentir "entusiasmados" se o negócio supera suas expectativas e/ou oferece um atendimento personalizado. A importância da prestação de serviço fácil e precisa é bem demonstrada pela pesquisa de Dixon, Freeman e Toman, que, em poucas palavras, mostra o seguinte:

- Encantar os clientes não deveria ser a prioridade principal na fidelização do cliente.
- Reduzir os esforços do cliente para que seus problemas sejam resolvidos é essencial na busca pela fidelidade.
- Diminuir os esforços dos clientes pode, na verdade, reduzir seus custos de serviço.

Considerando a importância do fácil atendimento ao cliente e o comprometimento da Zappos em distribuir entusiasmo por meio de serviço, vamos examinar o que a Zappos faz para facilitar a vida do cliente.

A FACILIDADE DO SERVIÇO VEM EM DIVERSAS FORMAS

Ao todo, 95% de todas as vendas da Zappos acontecem no *site* da empresa. Assim, apesar da ênfase colocada nas ligações dos clientes, a maioria deles faz contato com a Zappos pela internet. Para uma marca que é conhecida pelo atendimento pessoal, é surpreendente que uma parcela tão grande da "experiência de serviço" seja recebida por meio do *site*.

O mundo de serviços *on-line* no qual vive a Zappos é uma consequência da busca pela facilidade. Você se lembra de Nick Swinmurn, caminhando por São Francisco à procura do par de botas Tan Airwalk Chukka número 11? A Zappos foi criada para que os clientes pudessem, quando desejassem, ter acesso a um estoque de 5 milhões de itens – ou mais. Esse estoque supera os que os clientes poderiam encontrar em lojas convencionais. E mais: eles não precisam se sujeitar aos horários convencionais de atendimento, não têm custos de transporte ou estacionamento, e não precisam arrumar o cabelo ou se vestir melhor antes de ir às compras.

Rafael Mojica, arquiteto sênior da experiência do cliente da Zappos, explicou como ele e outros membros da equipe de experiência do usuário encaram o trabalho. "É uma obsessão fazer com que nosso *site* – e os pontos de contato da Zappos – fique mais acessível. Passamos a maior parte do tempo concentrados na facilidade de navegação. Apesar de os clientes estarem muito contentes com nossa navegação, nós nunca ficaremos satisfeitos. Queremos pensar em tudo que possa interessar aos clientes e como eles podem ter suas necessidades atendidas com o menor esforço possível. O processo de *design* e desenvolvimento não é tão intuitivo quanto você pode imaginar, pois não se trata apenas de fornecer informações. Informações demais podem ser cansativas. Nosso objetivo é fornecer aos clientes o que eles precisam, exatamente quando precisam." No centro de todas as experiências do cliente está o compromisso de entender suas vontades e desejos. Com esse objetivo, os processos são criados para garantir que os compradores recebam o que querem, quando querem, com o menor esforço possível.

Rafael ainda acrescenta: "A Zappos tem de acompanhar os pedidos e atendê-los de acordo com as necessidades dos clientes, mesmo quando algumas dessas necessidades apresentam consideráveis desafios logísticos ou técnicos. Temos de examinar cada parte da jornada do cliente, desde o momento em que ele entra no *site* até o momento em que encerra o pedido. Todos os aspectos devem constituir uma experiência agradável". Os comentários de Rafael destacam o esforço feito pelos prestadores de serviço. Isto é, eles conferem toda a jornada do cliente e procuram descobrir e antecipar suas necessidades sem errar em nenhum ponto de contato.

Ao projetar e melhorar esse processo, a equipe de experiência de usuário da Zappos (UX, sigla para *user experience*) baseia-se em uma atenta combinação de escuta, pesquisa do usuário, intuição e abordagens de tentativa e erro. Basicamente, a equipe utiliza análises quantitativas e qualitativas e emprega projetistas e especialistas em melhoria da qualidade, todos eles empenhados em saber o que os clientes querem. Esse conhecimento é utilizado para examinar o comportamento do usuário durante a navegação, tanto em um nível macro quanto individual. Os membros da equipe também conversam com os clientes e escutam suas opiniões sobre mudanças que podem ser feitas e a viabilidade de novas ferramentas ou novos projetos.

No que se refere à coleta de opiniões diretas, a Zappos tem um *link* bem visível na página inicial com a pergunta: "VOCÊ GOSTA DO NOSSO *SITE*? Gostaríamos de saber o que você acha". O *link* permite que os usuários preencham uma pesquisa *on-line* na qual podem comparar o *site* da Zappos com outros, fazer uma avaliação geral de sua experiência e, principalmente, dar notas em uma escala de 1 a 7 com relação à facilidade de aspectos como: uso geral do *site*, busca de produtos, uso de cartões de presente ou finalização da compra. Questões qualitativas pedem que o cliente forneça "sugestões ou ideias para melhorar o *site* da Zappos" e fazem com que ele "sinta-se à vontade para contar sua experiência", caso tenha tido dificuldades para usá-lo.

Lianna Shen, da equipe UX, observa que o *feedback* dos usuários facilita muito a experiência de outros clientes. Ela observa: "As melhores ideias são dadas pelos clientes. Elas permitem que vejamos coisas que nunca veríamos. Podemos pensar que nossa experiência de compras é bem planejada, até um usuário escrever: 'Ei, e se você fizesse assim?', ou 'Se você organizasse essa categoria desta maneira, ficaria mais fácil para mim'. Afinal, é nosso trabalho garantir que o *site* faça sentido e seja fácil de usar". Como acontece com a maioria dos *site*s desse tipo, apenas uma pequena porcentagem de usuários se dispõe a dar sugestões. O objetivo de um cliente ao acessar o *site* é basicamente ter uma experiência de compras positiva, e não a de ajudar a criar ou melhorar um *site*. Por isso, para obter uma informação mais detalhada sobre o que os clientes desejam, os membros da equipe UX precisam colher dados baseados nos padrões de uso do visitante.

Christina Kim, a analista de web da Zappos, observa: "Se você é nosso cliente, eu estou de olho em você. Na verdade, eu o observo apenas como uma parte de dados globais coletados em tudo que está acontecendo no *site*. Sob a perspectiva de tendências, tentamos entender o que está e o que não está funcionando. Utilizo ferramentas para observar quantas pessoas visitam o *site* ao mesmo tempo, e como o tráfego acontece de uma página para outra. Se introduzimos uma nova imagem gráfica para ajudar os clientes a ir de um lugar para o próximo, avaliamos os dados de todos os cliques em torno da imagem e trabalhamos com a equipe de efeitos visuais, e até mesmo redatores, para garantir que estamos fazendo o melhor possível para ajudar os usuários a ir com mais facilidade até onde desejam. É como se certificar de que a sinalização em um prédio está de fato ajudando os visitantes a chegar ao seu destino".

Em um nível mais detalhado, os membros da equipe UX observam as visitas ao *site* de hóspedes selecionados não identificados. Essa análise envolve detalhes como onde esses visitantes passaram mais tempo, e chegam a questões do tipo: qual é o caminho específico do usuário, página por página? Que páginas aparentemente não interessaram ao usuário? Ao combinar as análises conjuntas e individualizadas, os projetistas podem identificar falhas de programação, ou um vocabulário confuso que leva ao abandono do carrinho de compras – situação na qual as pessoas colocam produtos em seu carrinho de compras, mas saem do *site* sem comprar a mercadoria. Uma vez identificados esses erros, os projetistas da equipe UX os corrigem para que outros compradores não os encontrem, e os clientes que não finalizaram suas compras recebam e-mails de restabelecimento da atividade.

Além de imaginar as vontades e os desejos dos clientes com base no comportamento do usuário, a Zappos os envolve nos detalhes do projeto do *site*, por meio de um teste do usuário. Rafael Mojica observa: "Incorporamos a interpretação dos dados analíticos à maneira como projetamos uma nova característica ou reprojetamos uma característica antiga. Depois, mostramos o novo produto aos nossos clientes, pedimos que usem essa nova característica, registrem os dados de seu uso e nos deem seu *feedback*". Rafael acrescenta: "A participação dos usuários, nosso *software* de controle e a vontade de ouvir nos ajudam a compreender quando um cliente não encontra o que procura ou se ele não sabe o que está acontecendo quando está em determinada página. Na verdade, isso nos permite ajustar completamente nosso projeto, de acordo com as necessidades dos usuários".

Certamente as ferramentas de busca *on-line* dos clientes são extremamente sofisticadas. Elas permitem, por exemplo, que os especialistas em experiência do usuário vejam o movimento do cursor dos visitantes quando eles navegam no *site*, permitindo dessa maneira acesso a informações importantes sobre os padrões de comportamento do cliente. Embora as ferramentas de experiência do usuário sejam refinadas, todos os negócios, tanto no mundo *on-line* quanto no convencional, devem lutar para entender onde os clientes encontram resistência quando esperam que suas necessidades, explícitas e implícitas, sejam atendidas.

Como mostra a equipe de experiência do usuário da Zappos, os dados globais e individualizados dão um exemplo da jornada do cliente a partir do qual podem ser tiradas conclusões sobre a melhoria da qualidade. Baseadas nessas inferências, as melhorias podem então ser calculadas através de pesquisas adicionais e avaliadas por meio de uma escuta ativa das reações dos clientes.

A diferença entre um serviço bom e um serviço excelente começa com a observação do comportamento dos clientes – não de forma inconveniente, mas útil. A partir dessa observação, podem ser implementadas melhorias em áreas nas quais os clientes sentem dificuldades para ter suas necessidades atendidas. Além disso, a observação do cliente assegura que as melhorias tenham o efeito desejado na experiência total de usuário.

TESTE ESTAS IDEIAS

Que conhecimento você tem sobre as necessidades e os desejos de seus clientes?

1. O que você faz para projetar uma experiência do cliente que não somente atenda as necessidades, mas se antecipe a elas?
2. Você mapeou a jornada do cliente em todos os pontos de contato? Você entende a sequência de acontecimentos que seus clientes encontram quando procuram atender as necessidades de compra?
3. Que métodos qualitativos e quantitativos você usa no seu negócio para acompanhar a jornada de seus clientes?
4. Como você utiliza a opinião de seus clientes para refinar seus processos, a fim de facilitar a experiência deles com sua empresa?

DÊ-ME O QUE PRECISO PARA TOMAR UMA DECISÃO CERTA

A palavra *serviço* não apenas significa que outra pessoa irá fazer um esforço em seu lugar, mas também sugere que uma pessoa, ou uma empresa, irá ajudá-lo a fazer a escolha de um produto que atenda suas necessidades. Principalmente quando a compra é feita por meio de um catálogo, os clientes da Zappos enfrentam o desafio de escolher um item, sem os benefícios de poder tocá-lo ou experimentá-lo. Para compensar essa significativa desvantagem, a Zappos tem sido líder na apresentação de produtos *on-line*.

Fred Mossler, "apenas Fred" na Zappos, observa: "Quando começamos, as pessoas que vendiam sapatos *on-line* escaneavam as fotos diretamente de um catálogo de papel. Normalmente, as imagens ficavam granuladas e os vendedores as copiavam em uma única cor. O catálogo tinha a informação de que o produto estava disponível em outras cores. Assim, o cliente precisava adivinhar que tom de 'vermelho' seria o sapato. Isso tornava a experiência de compra muito difícil. Na Zappos, nós sabíamos desde o início que queríamos tornar as compras agradáveis, por isso firmamos um compromisso de mostrar aos clientes o que eles iriam receber, tirando nossas próprias fotos de cada produto, em todas as cores e de diversos ângulos. Começamos com três ou quatro ângulos de fotos e agora temos até oito ângulos, além de um vídeo. No início, isso era muito caro, mas sabíamos que era a melhor e a única opção".

Desde então, a Zappos definiu padrões para a apresentação escrita ou a ilustração dos produtos baseada na web, e melhorou a qualidade e a eficiência do processo no qual é gerado o conteúdo. De uma perspectiva visual, Dan Campbell, supervisor de fotografia, explica que a Zappos precisa produzir as fotos rapidamente, garantindo também que as imagens ajudem o usuário do *site* a fazer a melhor compra possível. Para isso, observa Dan, "quando um item original chega ao Centro de Processamento de Pedidos todos os tamanhos e cores do item são encaminhados diretamente para nós. O produto chega até nós por meio de esteiras e a equipe de preparação pega o item para as fotos. Imediatamente após tirar as fotos, fazemos o *upload* das imagens. Nossa equipe de controle da qualidade examina as imagens e certifica-se de que cada uma delas está de acordo com a descrição. As fotos, são então enviadas para a equipe de imagens, que faz todos os ajustes necessários e as deixa prontas para ir para a web. Em média, cada fotógrafo produz cerca de 800 imagens por dia. Digamos que temos, em média, cerca de 20 fotógrafos trabalhando, isso significa que são tiradas cerca de 16 mil fotos por dia. Essas imagens ajudam nossos clientes a avaliar nossos produtos de forma precisa e fazer suas escolhas a partir de muitas informações". Uma quantidade impressionante como 16 mil imagens por dia é a manifestação do compromisso de dar aos clientes uma fonte abundante de dados visuais a fim de orientar as compras.

Certamente deve haver custos iniciais e desafios logísticos significativos envolvidos no processo de ajudar os clientes a fazer escolhas com base em informações mais acuradas; ao longo do tempo, porém, a eficiência reduz as despesas e gera grandes benefícios de atendimento ao cliente. Ao considerar o que é preciso para que o cliente tome decisões acertadas, os líderes devem pensar em oferecer orientação como um investimento de longo prazo. Quanto mais você ajudar seus compradores a obter o que eles querem, mais esses clientes irão considerá-lo um conselheiro confiável quando buscarem futuros produtos ou serviços. Como o custo da tecnologia diminui com o tempo, e como você melhora sua eficiência, esses investimentos iniciais costumam representar retornos consideráveis.

PRINCÍPIO 2   Faça rápido e sem esforço

Como a Zappos demonstra, a excelência de serviço é um assunto complexo que exige investimento disciplinado, um compromisso com a facilidade dos processos que envolvem o cliente e um cuidado com todos os aspectos da jornada de compra. Também exige uma vontade de remover as barreiras que criam resistência entre os clientes, e um desejo de ganhar a confiança do comprador ao guiá-lo para soluções e produtos que atendam suas necessidades.

> Para demonstrar a natureza brincalhona da cultura Zappos, o *site* da Zappos tem um link "Não clique aqui". Se você acessar http://www.zappified.com/click ou se gravar o código QR abaixo em seu celular, você vai descobrir o que poderia ter acontecido se decidisse clicar.

FAZENDO A COISA CERTA

Em seu nível fundamental, a satisfação do cliente é uma maneira de perceber se seu negócio é bem-sucedido na prestação de serviço e no atendimento das necessidades dos clientes. Embora as expectativas dos compradores sejam diferentes, de acordo com o que é normal para seu setor e com o que você promete por meio de seus esforços de marketing, em qualquer parte do mundo os clientes ficam insatisfeitos quando suas expectativas não são atendidas. Na Zappos, os clientes geralmente esperam que pedir um produto que (1) está claramente descrito e representado no *site*; (2) tem um preço final de acordo com o preço normal do produto; (3) será entregue no prazo prometido; (4) ao ser recebido, estará de acordo com o que foi pedido; e (5) atenderá às necessidades de compra.

Para atender a todas essas cinco expectativas, a Zappos cria muitos controles e recontroles. Vamos dar uma olhada em algumas dessas áreas essenciais para a garantia da qualidade. Basicamente, vamos examinar como a Zappos certifica-se de que os clientes vejam no *site* descrições exatas dos itens, recebam o que pediram e, principalmente, que o produto pedido seja adequado.

UMA PAUSA ZAPPIFICADA

Você consegue identificar a enfermeira retratada aqui?

Embora surpreendente, esta é a estreia de Tony Hsieh como uma enfermeira – pelo menos considera-se que seja sua estreia – aconteceu em um vídeo que descrevia os benefícios da Zappos oferecidos a todos os funcionários. Quando perguntaram a Tony Hsieh e Alfred Lin, CEO na época, se concordariam em participar de um vídeo vestidos de enfermeira, ambos concordaram sem perguntar o objetivo. Se você quiser que sua equipe "adote e conduza mudanças", "seja aventureira, criativa e de mente aberta" e "crie diversão e um pouco de maluquice", não há estratégia melhor. Seu CEO faria o mesmo? Se você é o CEO, talvez tenha de ampliar seu guarda-roupa para a próxima reunião da empresa. A Zappos tem muitos itens em estoque para atender suas necessidades.

Você recebe o que você vê

Você já observou como as propagandas de produtos para perda de peso geralmente mostram resultados de "antes" e "depois" utilizando fotos que mostram não apenas o poder emagrecedor do produto anunciado, mas também a transformação de um sedentário vestido com moletom para um modelo musculoso e com roupas modernas? Os ângulos da câmera e a postura do "cliente real" também ajudam a conferir significado visual à eficiência do produto. Quantos de nós temos um produto que parecia tão bom na propaganda e, quando comprado, descobriu-se que ele não serviria nem para nosso pior inimigo? Graças ao exagero desse tipo de propaganda, os clientes passaram a não acreditar na autenticidade da apresentação dos produtos.

Quando os clientes fazem um pedido no *site* da Zappos, eles esperam receber o que estão vendo. Assim, para atender às expectativas desse cliente, a Zappos faz um esforço hercúleo para informar com precisão os detalhes do produto. Vimos anteriormente neste capítulo como as equipes de qualidade garantem que as fotos dos itens da Zappos estejam de acordo com os padrões de imagem e apresentação e com as descrições dos itens, antes de serem colocadas no *site*. Entretanto, esses dois processos são apenas parte de um longo conjunto de controles de qualidade que começa com os redatores conferindo as especificações do produto para escrever as descrições – o que envolve, entre outras coisas, cuidados para representar a cor do item com precisão. Christina Mulholland, coordenadora sênior de imagens da Zappos, observa: "Fazemos todo o possível para captar a cor real do produto. Constantemente regulamos os monitores para certificar-nos de que nossas telas mostram a cor real. Comparamos o item físico com a cor da figura que aparece em nossa tela. Quando as pessoas ligam para a Equipe de Fidelidade do Cliente para uma devolução, os membros da EFC codificam a razão desse retorno. Se foi algum um erro na cor, buscamos o item em nosso estoque, o trazemos para nossa mesa e conferimos esse dado". Para atender às expectativas dos clientes, a Zappos está sempre concentrada na perfeição da apresentação do produto.

Além da credibilidade na descrição e na representação do produto, os clientes esperam, ao receber a caixa da Zappos, que ali esteja o item solicitado. A má prestação de serviços é uma enorme fonte de descontentamento para muitos clientes. Isso é bom para a Zappos no sentido de que os clientes acabam esperando muito pouco quando se trata do atendimento de um pedido, e ruim se considerarmos as más experiências anteriores com o atendimento *on-line*, o que faz com que os compradores queiram colocar fisicamente, em carrinhos reais, os produtos desejados.

No setor de restaurantes *drive-thru*, por exemplo, o principal motivo de satisfação do cliente (mais importante do que a qualidade do produto) é a exatidão do pedido. Apesar da importância dessa expectativa do cliente, a MAX International, empresa que fornece soluções para o registro de transações dos clientes, relata que 10 a 15% das vezes os pedidos nos *drive-thru* estão errados. Considerando que 70% das visitas aos restaurantes são feitas por meio desse sistema, a MAX International calcula perdas em toda a indústria de mais de US$ 8 bilhões, por causa de pedidos errados e insatisfação dos clientes. Isso é muita batata frita!

Fazendo uma comparação com um pedido em restaurante *drive-thru*, imagine o desafio que a Zappos enfrenta na exatidão no atendimento do pedido. Imaginemos que você clique o botão "fazer um pedido" no *site* da Zappos. O que precisa acontecer para que esse produto chegue à sua casa (geralmente no dia seguinte)? Esse clique inicia uma cascata de processos e estratégias de gestão de estoque que envolvem o Centro de Processamento de Pedidos da Zappos em Shepherdsville, Kentucky. O complexo de Shepperdsville consiste de dois armazéns com uma área total de mais de 1 milhão de metros quadrados. A unidade contém basicamente 5 milhões de itens e comportaria 744 residências médias americanas ou 17 campos de futebol americano.

Todos os dias, os caminhões dos vendedores entregam produtos na Central de Processamento de Pedidos e centenas de milhares de itens são processados nesses prédios. Seu pedido precisa ir do caminhão do vendedor até um local da Central de Processamento, onde, por meio de uma combinação de "coletores" humanos e automatizados, ele pode ser selecionado (juntamente com cerca de 65 mil outros itens em qualquer dia). Depois, seu produto precisa ir do coletor até a área de embalagem. Finalmente, é colocado na caixa, com a etiqueta de endereço afixada para, posteriormente, ser processado para fora do prédio e, então, para o centro de distribuição da UPS. Finalmente, ele está na sua porta. Isso nos faz pensar que é muito mais fácil colocar batatas fritas em um saco, não é?

As inovações da Zappos na gestão de estoque ensinam o que as empresas devem fazer para receber um pedido de forma correta e não decepcionar os clientes. Se você visse as prateleiras do estoque da Zappos, veria o que é um armário desarrumado. As mercadorias não são armazenadas em caixas bem organizadas. Por exemplo, você não vai encontrar todas as botas clássicas Ugg, para crianças, tamanho 22, largura média, perto das mesmas botas com uma largura maior. Na verdade, você não vai ver todas as botas tamanho 22, largura média, no mesmo local de armazenamento, nem no mesmo corredor. Em vez disso, você vai perceber uma mistura de produtos e marcas, todas elas compartilhando o mesmo espaço nas prateleiras. Essa "organização desorganizada" é o resultado da decisão dos líderes da Zappos de que todos os produtos precisam receber seu próprio "número de série" (NS). Na verdade, a Zappos pode ter 20 itens idênticos, mas cada um deles terá seu próprio número de série. Uma vez gerado o NS e colocado no item, este é depositado no próximo lugar disponível no armazém, e um computador central rastreia o NS do produto e sua localização.

Quando você clica o botão "fazer um pedido", o computador procura o NS associado ao produto que você está comprando. "Coletores" estrategicamente localizados por todo o armazém são direcionados por meio de *scanners* portáteis até a prateleira mais próxima que armazena seu item. Essas pessoas encontram seu produto, escaneiam o NS para conferir com o computador, inspecionam o item visualmente e o colocam em uma esteira de fácil acesso. Craig Adkins, vice-presidente de Operações de Processamento de Pedidos da Zappos, explica melhor os controles de precisão que acontecem desde a coleta até o embarque. "Não dizemos para nosso pessoal pegar um Nike, Adidas ou Reebok; pedimos que peguem um NS7705. Isso torna a coleta do item muito mais fácil e mais precisa. Não se baseia em critérios de tamanho, largura, cor, material ou marca. Tudo que eles buscam é o NS7705. Quando eles encontram o 7705, a caixa também tem um código de barras, e eles têm um *scanner* manual com o qual escaneiam o item. Através do *scanner,* o coletor saberá se encontrou o item correto. Essa informação, além da inspeção visual do produto, representa um controle de precisão de primeira linha. Quando nosso coletor coloca o item na esteira, este segue através de diversos outros pontos de fiscalização, para garantir que foi uma escolha acertada. Quando o item é embalado para seguir até o cliente, é escaneado mais uma vez para confirmar que se trata, realmente, do item solicitado pelo cliente. Uma vez feito isso, uma etiqueta é impressa junto com a identificação do cliente. O item é, mais uma vez, escaneado para garantir que está de acordo com o que deve estar na caixa e com a etiqueta de embalagem". Durante todo o trajeto há uma conferência, uma reconferência e mais uma conferência. Quando as expectativas do cliente e o atendimento do pedido são realmente importantes, marcas como a Zappos não deixam nada ao acaso.

TESTE ESTAS IDEIAS

1. Você tem o compromisso de ajudar os clientes a fazer escolhas com base em informações acuradas? A exatidão no processamento de seu pedido é importante para sua proposta de valor de serviço?
2. Como você ajuda os clientes a tomar decisões de compra objetivas e precisas?
3. Se o atendimento de pedidos é importante para sua marca, como você o está executando?
4. Estima-se em US$ 8 bilhões as perdas causadas por erros de atendimento no setor de serviços *drive-thru* de restaurantes. Quanto você acha que sua empresa poderia lucrar, em termos de receita e satisfação do cliente, se melhorasse o atendimento?
5. Que oportunidades existem em sua empresa para inovar as estratégias de estoque ou para criar sistemas adicionais de checagem?

O QUÊ? FIZEMOS TUDO CERTO E VOCÊ NÃO GOSTOU?

Apesar das descrições precisas dos itens no *site*, da criação de inovadores números de série de produtos e das repetidas conferências, o cliente pode abrir a caixa da Zappos e verificar que o item pedido não é adequado. Mesmo que a culpa não seja exatamente da Zappos, os clientes podem ter comprado itens que não ficaram tão bem quanto o esperado, ou que não são exatamente o que queriam. A Zappos faz o possível para entregar o produto certo para o cliente, mas às vezes o item deixa de atender às expectativas. E agora?

Esse "momento da verdade" talvez seja o maior diferencial entre os serviços das empresas principais e das empresas secundárias. Na verdade, a abordagem mais comum é: "você escolheu o produto, nós o entregamos e agora será difícil devolvê-lo". A Zappos, ao contrário, estabeleceu uma política de devolução numa linguagem clara.

> Frete GRÁTIS:
>
> Diferentemente de outros *site*s que têm regras especiais em caracteres minúsculos, a Zappos.com oferece frete grátis para todos os pedidos nacionais feitos em nosso *site*, sem limites mínimos de produtos ou exceções.
>
> E não é por ser grátis que o frete deve demorar muito. A Zappos.com entende que é importante para você receber seus produtos de forma rápida. Quando você faz um pedido em nosso *site*, espere recebê-lo dentro de quatro ou cinco dias úteis.
>
> Devoluções GRÁTIS:
>
> Caso você não fique 100% satisfeito com sua compra, você pode devolvê-la para o armazém e terá reembolso integral. Acreditamos que para ter a melhor experiência de compras *on-line*, nosso cliente não deve pagar por um frete de devolução. Assim, se por qualquer motivo você não estiver contente com sua compra, utilize nosso processo de devolução para imprimir uma etiqueta de devolução grátis – seus custos de frete são pré-pagos.
>
> Com a política de devolução de 365 dias da Zappos Retail, Inc., não existem pegadinhas ou exceções. Apenas pedimos que você devolva o item na embalagem original e certifique-se de que a mercadoria está nas mesmas condições em que o recebeu.

As devoluções grátis por 365 dias são a melhor maneira de provar que a empresa "faz a coisa certa" para seus clientes e que, no fim, os compradores "recebem exatamente o que é certo para eles". Quando os clientes sabem que receberão o que querem, que a empresa vai ajudá-los a fazer a melhor escolha e que todo o processo será tão fácil quanto possível, eles geralmente ficam impressionados. Essa reação de "uau!" se reflete nas opiniões dos clientes Zappos nas redes sociais:

> A Zappos.com é um lugar fantástico para comprar sapatos *on-line*. Antes, para comprar um par de sapatos eu precisaria ir a uma loja, pois poderia ter certeza de que eles serviriam... Mas a Zappos torna a devolução dos sapatos tão fácil que eu mudei o jeito de comprar calçados. Se os sapatos não servirem, simplesmente os mando de volta e a Zappos paga o frete.
>
> Zappos, você é o máximo! Fiz um pedido de sapatos no valor de US$ 600 para definir qual deles seria perfeito para o meu casamento. Adorei saber que o frete era grátis, e que eles chegariam no dia seguinte. No conforto de minha casa e sem estar pressionada pelo tempo, experimentei todos os sapatos, escolhi meu preferido e devolvi o resto com a devolução grátis! Não poderia ter sido mais fácil!

> Convenhamos: nós vivemos em um mundo de atendimento de baixa qualidade ao cliente. A Zappos, ao contrário, é um raio de sol nesse contexto. Está na hora de o mundo corporativo dos EUA copiar o grande modelo de negócios da Zappos. Eu compro lá o tempo todo. Adoro a variedade e... as devoluções são muito fáceis.

No Twitter, podemos encontrar comentários como:

> A experiência de compras na Zappos é assustadoramente fácil.

O incansável foco dos líderes da Zappos em fazer a coisa certa e tornar tudo mais fácil serve para entregar entusiasmo por meio de serviço. No próximo capítulo, examinaremos como a Zappos se concentra na velocidade, cria paixão nas suas equipes de trabalho e proporciona conhecimento de seus produtos e serviços, gerencia conflitos e faz pequenas coisas para superar as expectativas dos clientes. Mais tarde, veremos como essas ações funcionam juntas para tornar os clientes inabalavelmente fiéis!

CAPÍTULO 4 – IDEIAS PARA SEGUIR

— Diminuir o esforço do cliente aumenta sua fidelidade.

— É difícil entusiasmar os clientes, a não ser que você faça o básico nos serviços.

— "Serviço" significa que um prestador de serviços irá tornar a vida do cliente mais fácil.

— A facilidade na relação com o cliente não acontece por acaso. Ela precisa estar de acordo com a experiência do consumidor.

— A fim de atender aos desejos e necessidades de seus clientes, você deve investir em abordagens qualitativas e quantitativas que o ajudem a entender as preferências dos compradores.

— As pesquisas são úteis, mas limitadas quando se trata de coletar a "opinião do cliente". Os dados de comportamento geral e individual permitem inferir as preferências do cliente. Essas inferências precisam ser conferidas através de futuras observações e *feedback* dos clientes.

— A fim de atender às expectativas dos clientes, você precisa estudar e executar suas promessas de serviço.

— O processo de atender às expectativas dos clientes geralmente envolve gastos consideráveis, inovação nos processos e checagens constantes nos sistemas de entrega.

— Quando você ajuda seus clientes a comprar o que querem e entrega essa mercadoria com confiança, eles não ficam apenas satisfeitos: ficam impressionados e se tornam fiéis!

Capítulo 5

BEM-VINDO AO GRANDE BAILE DO SERVIÇO: VELOCIDADE, CONHECIMENTO, RECUPERAÇÃO E SURPRESA

Não parece tão difícil, parece? A Zappos fornece um serviço fácil e preciso, ajuda os clientes a fazer escolhas corretas e providencia devoluções de produtos generosas e descomplicadas. Agora, pense um pouco em quantas empresas realmente executam o pacote completo de serviços.

Vou considerar que seu negócio é parecido com a Zappos e que você atualmente tem todos os comportamentos de serviço descritos no Capítulo 4. Nesse caso, você está procurando melhorar o nível de serviço. E depois? De acordo com estudos internacionais como os feitos pela Convergys, quando uma empresa domina a facilidade e a precisão, seus clientes procuram um serviço rápido, uma equipe experiente e outros aspectos que acrescentem valor à experiência. Curiosamente, muitas pesquisas mostram que o serviço personalizado (modificado para atender à necessidade específica de um cliente ou para criar uma conexão emocional com um determinado comprador) conta muitos pontos na lista de desejos do consumidor. Considerando essa hierarquia das vontades do cliente, irei reservar para o Princípio 3 – "Entre no pessoal" – a abordagem Zappos de criar uma atenção personalizada. Agora vamos examinar o que a Zappos faz para acrescentar valor por meio de serviço:

1. Dar ênfase à velocidade.
2. Fazer com que os membros da equipe tenham maior conhecimento dos produtos e da prestação de serviço.
3. Aumentar a recuperação do serviço.
4. Oferecer surpresas além do previsto e do habitual.

A fim de definir o tom para diversos tópicos analisados neste capítulo, Alfred Lin, ex-diretor de operações e ex-diretor financeiro da Zappos, observa: "Em 1999, quando a empresa começou, não tínhamos a noção de atendimento ao cliente que temos hoje. A melhoria de nossos serviços foi o resultado de mudanças muito pequenas, quer fossem na política de devolução ou na velocidade de nossos despachos. Muitas vezes a diferença entre um serviço normal e um ótimo serviço está na execução do básico e de se oferecer um pequeno extra que faça com que o cliente fique entusiasmado. Em nossa opinião, a diferença de custos entre uma experiência entusiasmante e uma experiência normal não é grande, mas o benefício para o cliente é enorme". Da mesma forma, Alfred acrescenta: "Tivemos sorte em entender que, do ponto de vista do cliente, a lealdade tem menos a ver com cumprir a palavra e mais com o que você faz quando não a cumpre. O que fazemos nas 0,1 a 1% das vezes em que pisamos na bola é o que realmente interessa". Poucos líderes de fato entendem a enorme oportunidade que o conhecimento do funcionário, a excelência operacional e a rápida recuperação do serviço oferecem para aumentar a lealdade do cliente. Vamos mostrar algumas ações impressionantes de serviço que começam com rápida execução.

DAR ÊNFASE À VELOCIDADE

Dizem que a mesma quantidade que as pessoas têm de tempo elas têm em dinheiro, e geralmente temos pouco dos dois. Em um mundo onde meus filhos ficam na frente de um micro-ondas dizendo "Vamos lá, vamos lá, eu não tenho muito tempo", é claro que os consumidores se acostumaram a ter tudo no mesmo instante. Muitos setores de nossa economia são o resultado direto das inovações da velocidade do serviço. Quer sejam restaurantes *fast food* dirigidos por empresas como McDonald's, na qual os pedidos precisam ser atendidos em até dois minutos, guichês de passagem nos aeroportos, caixas eletrônicos ou lojas de bebidas *drive-thru*, para muitas empresas a velocidade é uma importante proposta de serviço. O desafio mais importante de toda essa cultura da velocidade é a capacidade de administrar tanto a rapidez do serviço quanto o efeito dessa rapidez na qualidade geral. O serviço que é executado de forma rápida demais pode estar cheio de erros e pode fazer com que os clientes se sintam pressionados.

Como uma alternativa para a palavra *velocidade*, sugiro o termo *velocidade de serviço*. Como você deve ter aprendido nas aulas de física, "velocidade" é a medida da razão e da direção de mudança na posição de um objeto. Assim, quando me refiro à velocidade de serviço, estou falando de velocidade de serviço associada a uma experiência do cliente, exata e bem posicionada. Por essa definição, a Zappos dominou claramente a identificação de velocidade de serviço.

Na época da aquisição da Zappos pela Amazon, Jason Busch, da Spend Matters falou sobre a capacidade de entrega das duas empresas observando: "A experiência do cliente na Zappos é consistente e integrada. Por exemplo, a Amazon nunca passaria a ter um embarque durante a noite, como a Zappos faz, exceto por meio do programa Amazon Prime. O armazém da Amazon é muito inovador, mas ela está concentrada na armazenagem e na redução de custos. A Zappos se preocupa com outras coisas além de custo. Trata-se da experiência do usuário, e as pessoas querem pagar por isso".

A relação entre a força da entrega da Zappos e a velocidade da entrega do produto é bem explicada por Marshall Kirkpatrick, vice-presidente de desenvolvimento da ReadWriteWeb. Marshall observa: "A Amazon é mestre na cadeia de suprimentos. É tão competente [...] e a Zappos tem o cuidado de entregar a mercadoria em sua casa rapidamente. Na semana passada, os duendes da Zappos entregaram de manhã em minha casa um par de sapatos que eu pedi na véspera, tarde da noite!".

Em minha opinião, a mágica da velocidade de serviço da Zappos pode estar nos "duendes", mas isso está definitivamente conectado com decisões consistentes da liderança, que dão prioridade ao serviço rápido, ao senso de urgência no serviço e a um compromisso de entregar produtos além dos padrões da indústria e das expectativas dos clientes.

Quando os líderes decidiram abrir o Centro de Processamento de Pedidos da Zappos, em 2002, a decisão de "onde" seria o armazém foi discutida a partir do argumento da velocidade de entrega. Ao localizar os Centros de Processamento de Pedidos perto do Worldport, o centro mundial de operações da UPS (United Parcel Service), no Aeroporto Internacional de Louisville, em Kentucky, a Zappos se tornou capaz de fornecer um, dois ou três dias de entrega para muito mais compradores que em qualquer outro ponto dos EUA. De acordo com Justin Williams, gerente de projetos da Zappos, a localização de Kentucky definiu o cenário para a velocidade de serviço: "Entendemos que ao definir a localização dos Centros de Processamento de Pedidos os líderes se colocaram no lugar dos clientes que esperavam para receber suas mercadorias. Essa mentalidade continua até hoje. Ninguém gosta de esperar, especialmente por algo que quer muito. A maneira como desenvolvemos nosso sistema de entrega choca as pessoas, mesmo as de nossa empresa. Na verdade já tivemos nossos próprios representantes do atendimento ao cliente cancelando pedidos e fazendo outros por não acreditarem que um pedido feito às 12h30 seria verdadeiramente entregue naquele mesmo dia. Nossos representantes pensavam haver um problema no sistema e procuravam nos alertar nos Centros de Processamento. Não havia nada errado, o pedido foi feito à 1 hora da manhã para ser entregue por volta das 13 horas do mesmo dia".

Essa mentalidade de velocidade de serviço começa no topo da organização e continua além Centros de Processamento, em Kentucky. Anthony Vicars, diretor de atendimento, observa: "Quando Tony Hsieh recebeu um inesperado crédito da UPS, de US$ 75 mil a US$ 100 mil, ele mostrou como a velocidade e o serviço são importantes ao instruir a UPS a utilizar o crédito para fornecer *upgrades* de entregas no dia seguinte para os próximos clientes. Você sabe que nossos diretores levam a sério a velocidade do serviço quando nosso CEO diz: 'Não quero nosso dinheiro de volta, apenas vamos dar aos clientes cortesia com *upgrades*. Devolver o crédito ao cliente é a maneira de fazer entregas mais rápidas'.".

Os funcionários, e também os clientes, sabem quando os líderes fazem escolhas para obter velocidade de serviço. De acordo com pesquisas *on-line*, a rapidez no atendimento é um dos aspectos mais mencionados na excelência do serviço da Zappos. Os seguintes exemplos são tuítes e *posts* dos clientes sobre como a velocidade do serviço da Zappos capta a atenção e a gratidão de seus consumidores.

@MorphMpls
Totalmente surpresa com o prazo de entrega da Zappos. Pedido feito ao meio-dia de quinta-feira, e os sapatos estavam na minha porta na sexta-feira ao meio-dia. E era uma entrega padrão! Nossa!

Os sapatos do aniversário da minha filha vieram muito rápido. Estou impressionada. Eu os encomendei na noite de segunda-feira e os recebi no começo da tarde de terça. Eles superaram minhas expectativas e, mais importante, fizeram uma menina ficar muito feliz. Obrigada, Zappos!

Eu tenho que admitir, a velocidade de entrega da Zappos me deixou mal-acostumada, mas, por favor, não parem! Por que as encomendas demoram tanto para chegar quando compramos em outro *site*? Já é hora de outros vendedores *on-line* adotarem a Experiência Zappos!!!

A velocidade de serviço acontece em todos os pontos de contato entre o cliente e a Zappos. Embora os clientes apreciem a entrega "relâmpago", muitas vezes a velocidade da Zappos seria notada apenas se não existisse. César Ritz, fundador do The Ritz-Carlton Hotel Company, disse uma vez: "As pessoas gostam de ser atendidas, mas de forma invisível". A velocidade de carregamento das páginas no *site* da Zappos e a urgência com que os membros da EFC respondem às chamadas são duas áreas onde acontece o serviço "invisível" mais importante.

Como evidenciado pelo trabalho da equipe de experiência do usuário no Capítulo 4, a Zappos faz um grande investimento para tornar a experiência do usuário na web a mais fácil possível. De fato, de acordo com Joseph Yi, que escreve um blog sobre *marketing* e comércio social (www.josephayi.com), "se um *site* de *e-commerce* é lento ao carregar a página, ele corre o risco de perder uma potencial venda. Em uma época em que os consumidores têm cada vez mais opções quando se trata de compras *on-line,* garantir a melhor experiência possível ao usuário inclui ter certeza de que seu *site* tem um tempo de carregamento rápido. Se você observar os principais *sites* de *e-commerce,* o tempo médio de carregamento das páginas é 3,5 segundos". De acordo com Joseph, o tempo de carregamento para esses principais *sites* foram avaliados como segue: Dell.com em 3,3 segundos; BlueNile em 2,8 segundos; Overstock em 2,6 segundos; e o vencedor, a Zappos, em 1,9 segundo.

Do ponto de vista de urgência na resposta, no *call-center* da Zappos a meta de desempenho é de 20 segundos em 80% das chamadas recebidas. Como a Zappos está preocupada com a experiência do cliente e não somente com a velocidade do serviço, a urgência na resposta da chamada é um objetivo, mas a duração da conversa, não. O objetivo é não pressionar os clientes para desligar, mas sim estar disponível para receber as chamadas. Mary Teitsma, membro da EFC, observa: "Embora algumas das chamadas dos clientes durem horas, nos concentramos em ser rápidos na resposta. A partir daí, o ritmo será definido pelo cliente. Para alguns, fica claro que eles querem respostas imediatas. Nesses casos, precisamos tratar do problema do cliente de forma rápida. Já houve situações em que, literalmente, fechei pedidos em questão de um minuto por conta da pressa do cliente". A Zappos dominou a logística de contratar pessoas que respondam rapidamente nos *call-centers,* mas o ritmo e a duração dessas chamadas devem estar de acordo com as necessidades dos clientes. De fato, a Zappos não é apenas capaz de alcançar esse objetivo de velocidade na resposta, mas principalmente de superá-lo. Pam Cinko, ninja logística da Zappos Insights, ao fazer a seguinte observação demonstra a importância da velocidade na resposta: "Eu estava em um *tour* pela fábrica e falei sobre os nossos padrões de resposta aos telefonemas. Um pouco mais tarde, verifiquei que uma das pessoas da visita estava ficando para trás, e pude observar que estava falando ao celular. Ele disse: 'Ei, acabei de ligar para o *call-center* e você estava certa, eles atenderam na quinta chamada'. O homem então falou ao membro da EFC que havia atendido ao telefone: 'Ei, estou aqui visitando a empresa e gostaria de lhe dar um alô!

Onde você está sentado?'. O membro da EFC levantou e acenou, e eles terminaram a conversa pessoalmente". Onde mais isso poderia acontecer?

A maioria dos clientes somente nota se a empresa deixar de atender rapidamente às suas necessidades, mas por causa da reputação da Zappos com relação ao tempo de resposta, algumas vezes as pessoas, como a que fez a ligação durante a visita, estão realmente testando a velocidade do serviço da empresa. A dimensão dessas experiências se reflete nos comentários *on-line*, como o seguinte:

> A Zappos confere a experiência do cliente a toda hora... Começa com atendentes rápidos e uma breve verificação *on-line* sobre o processo. Segue com um claro rastreamento de pedidos e uma entrega surpreendente. Eu ouvia a propaganda exagerada e decidi que faria um teste para ver se a Zappos faria jus aos comentários. Então, fiz o mesmo pedido para a Zappos e para um concorrente. O resultado: a Zappos entregou dentro de 36 horas, já o concorrente – bem, já se passaram três semanas e ainda estou esperando.

Sabendo que a maioria das pessoas observa a lentidão no carregamento de páginas da web ou nos prazos de entrega, você pode imaginar seus clientes cronometrando a velocidade do seu serviço, avaliando a rapidez de carregamento da sua página ou fazendo compras em sua empresa e no concorrente ao mesmo tempo? Como líderes de negócio, temos de ser sensatos em admitir que a velocidade do serviço é algo que os clientes estão sempre avaliando, consciente ou inconscientemente.

TESTE ESTAS IDEIAS
1. Você se concentra apenas na velocidade de seu serviço?
2. Quais ações dos líderes demonstram um compromisso corporativo com a velocidade do serviço?
3. O que dizem na internet sobre a rapidez e a eficácia do serviço?
4. Quais são os padrões para a urgência do serviço nos canais de contato (telefone, chat, web, pessoalmente) com o seu cliente? Seu serviço é entregue de acordo com esses padrões?
5. Seus clientes têm consciência dos padrões de velocidade de seu serviço? Como eles comparariam os padrões do seu serviço com os padrões da concorrência? O que eles descobririam?

AUMENTANDO O CONHECIMENTO DOS PRODUTOS E DA PRESTAÇÃO DE SERVIÇO ENTRE OS MEMBROS DA EQUIPE

Uma das situações que mais frustram e angustiam os clientes é o fato de lidar com funcionários mal informados ou totalmente sem conhecimento. Na verdade, estudos sobre a insatisfação do cliente mostram como é importante ter funcionários que podem tratar das necessidades do cliente durante o primeiro contato. Essa pesquisa também sugere que o principal motivo pelo qual os consumidores se afastam de uma empresa é a pouca interação no serviço, e não a aquisição de produtos com defeito. De acordo com Tony Hsieh, "ainda que a maior parte dos contatos com a Zappos aconteça no nosso *site*, sem a interação humana, em média, cada cliente faz contato conosco pelo menos uma vez em algum momento da vida".

Como a maioria dos clientes Zappos tem um contato direto limitado com os zapponianos, o impacto desses raros contatos por telefone ou chat tem muita importância. No jargão da experiência do cliente, esses tipos de interação são chamados de "momentos da verdade", uma frase cunhada por Jan Carlzon quando foi presidente e CEO da Scandinavian Airlines System.

Já que os aspectos pessoais desses contatos serão tratados no próximo princípio, vamos dar uma olhada em como a Zappos se certifica de que os zapponianos estão prontos para representar a marca durante esses "momentos da verdade". Em grande medida, o nível de conhecimento na Zappos é o resultado direto do comprometimento em ser uma organização de aprendizado. Em 1990, Peter Senge escreveu o revolucionário livro *A quinta disciplina*, no qual estimulava os líderes empresariais a praticar uma abordagem consistente para a aquisição de conhecimento. Senge definiu as organizações de aprendizado como lugares onde as pessoas continuamente expandem suas capacidades para criar resultados que realmente desejam, onde são alimentados novos e amplos padrões de pensamento, onde a aspiração coletiva é livre e onde as pessoas estão sempre aprendendo a, juntas, ver o todo.

De acordo com essa abordagem, os líderes da Zappos apoiam uma formação contínua que resulta em clientes comprometidos e alimenta as aspirações pessoais e profissionais dos zapponianos. Essa abordagem disciplinada para transferência de conhecimento diverge dos comprometimentos mais circunstanciais encontrados em outros negócios. Diferentemente de outras empresas, a Zappos encara o treinamento como um investimento essencial, que deve permanecer constante e não pode estar sujeito a fatores econômicos. Em suma, a Zappos considera que o aprendizado é essencial para sua missão. Em um nível tático, a Zappos muitas vezes precisa treinar e retreinar os funcionários sobre a maneira que devem prestar o serviço que leva à Experiência Zappos.

A liderança da Zappos apoia um modelo de treinamento que se concentra não apenas na "satisfação" dos clientes, mas também em sua "felicidade". Após finalizar a orientação da EFC delineada no Capítulo 3, todos os zapponianos recebem aulas básicas sobre as habilidades essenciais para a prestação de serviços inteligentes. Aaron Magness, diretor sênior de

Branding e Desenvolvimento de Negócios da Zappos, observa: "Muitas empresas contratam candidatos com base principalmente em seu nível educacional. Elas contratam pessoas com MBA em razão das capacidades que essas pessoas possivelmente adquiriram durante sua formação. Nós, por outro lado, contratamos principalmente baseados nas paixões das pessoas e depois as ensinaremos a fazer o que queremos que façam. Claro que nossa abordagem tem pontos positivos e negativos. Às vezes temos pessoas absolutamente apaixonadas, mas sem a capacidade de desempenhar seu papel, e é aí que nosso treinamento bem desenvolvido começa a funcionar". O abrangente currículo de formação da Zappos, Pipeline, será examinado no Capítulo 8, mas o desenvolvimento dessas competências básicas começa para os membros da EFC quando eles entram na "fase de incubação" do treinamento.

De acordo com Ashley Perry, recém-contratada para trabalhar na EFC, "a 'fase de incubação' dura pouco mais de três semanas. Ele promove seu aprendizado por meio de aulas que ensinam, por exemplo, a forma de escrever e-mails de alta qualidade. Além disso, os novos funcionários são treinados para ter excelência em todos os aspectos de sua função, como tratar das devoluções dos clientes. A partir da terceira semana de orientação, eles começam a responder aos telefonemas e isso continua até o período de incubação". Laura Miller, membro da EFC que é uma embaixadora do programa de incubação, fala sobre seu papel como conselheira dos novos contratados que estão passando por esse processo: "Como embaixadora, ando com meus 'bebês de incubadora' e converso com eles. Pergunto como andam suas ligações e fico disponível, de maneira informal, com informações, dicas e ferramentas". O comentário de Laura não apenas sugere um equilíbrio entre o treinamento da Zappos no local do trabalho e na sala de aula, mas também mostra como os membros mais experientes da equipe são incentivados a se responsabilizar pelo treinamento e desenvolvimento de seus colegas.

Um exemplo do que Laura se refere como ferramentas é o informativo *wiki* (maneira colaborativa e coletiva de construção de conhecimento através da internet) da Zappos. Como descreve Chris Peake, diretor de desempenho: "O *wiki* é um recurso no qual os membros da EFC podem encontrar informações adicionais por marca e categoria, e podem obter respostas para perguntas frequentes. Você quer ter certeza de que está fornecendo a informação correta aos clientes. Assim, os membros da EFC têm a informação na ponta da língua, além de todos os outros recursos *on-line*". Ter a informação certa em um clique, quando o cliente mais precisa: que grande objetivo para uma empresa!

O período de incubação dos membros da EFC é apenas uma parte do processo contínuo para melhorar a qualidade do serviço que ocorre durante as ligações ou as sessões de chat *on-line*. Como as ferramentas de conhecimento adicional (envolvimento do supervisor, *feedback* do cliente e o programa "Compartilhando grandes ligações") também afetam a conexão emocional entre os membros de equipe da Zappos e os clientes, essas ferramentas serão discutidas apenas no Capítulo 7. Por enquanto, é importante apenas considerarmos que o treinamento de habilidades de serviço e a aquisição de conhecimento do produto são processos contínuos na Zappos. Os líderes, por toda a organização, apreciam os benefícios do desenvolvimento contínuo de habilidades, tanto para os que estão recebendo o treinamento quanto para os colegas que servem de treinadores e mentores. A aprendizagem beneficia tanto o aluno quanto o professor!

UMA PAUSA *ZAPPIFICADA*

Tony Hsieh informou o seguinte em seu blog:

A Zappos.com. Inc. entrou com uma ação contra a Walt Disney Company por propaganda enganosa. Tony Hsieh, CEO da Zappos, diz que esta é apenas uma batalha em sua luta para impedir que empresas façam declarações enganosas.

A ação alega que o slogan da Disneyland, "O lugar mais feliz da terra", é "totalmente falso, enganoso e confuso para o mercado", e cita a classificação do Net Promoter Score (NPS) para sugerir que a designação deveria ser dada à Zappos.com, Inc.

Claro que o post foi publicado no dia 1º de abril, dia da mentira, mas teve seu efeito satírico e circulou amplamente pela internet.

MELHORANDO A RECUPERAÇÃO DO SERVIÇO

Como posso dizer isto de forma gentil? Algumas vezes, apesar de ter uma equipe bem informada, do serviço cuidadoso e do extremo esforço para entregar produtos de forma fácil, simples e com precisão, a Zappos erra! No curso de milhões de visitas ao *site* e centenas de milhares de ligações e de compras todos os dias, a Zappos comete erros. Mas a empresa não classifica esses erros como falhas; em vez disso, cada um deles serve como uma excelente oportunidade, tanto para a empresa quanto para seus clientes.

O trabalho de pesquisadores como Amy Smith e Ruth Bolton, publicado no *Journal of Service Research,* mostra que a recuperação ou correção dos erros de uma empresa tem um impacto substancial na percepção dos clientes e nas compras futuras desses consumidores. A pesquisa mostra que há maiores chances de recomendação de uma empresa entre pessoas que enfrentaram uma falha de atendimento e receberam uma solução rápida do que entre os clientes que não passaram por problemas no atendimento. Como muitas das grandes marcas de serviço, os líderes da Zappos assumem que algumas das situações de atendimento mais desafiadoras e importantes acontecem como resposta aos erros da Zappos. O ex-CEO Alfred Lin mostra até onde a Zappos vai quando a empresa gera um inconveniente para um cliente: "Se nós erramos, nós temos de consertar isso para o cliente. Certa vez, uma senhora contatou-me e disse: 'Tudo que eu queria era esse par de sapatos que havia pedido'". De acordo com Alfred, essa cliente havia recebido sapatos pretos em vez de azuis. Ela relatou isso aos membros da equipe EFC, mas na pressa para resolver o problema, eles enviaram outro par de sapatos pretos, e não os azuis.

Alfred continua: "Quando essa cliente entrou em contato comigo, disse gentilmente: 'Vocês parecem uma empresa respeitável, mas não vou mais comprar de vocês'". Além de reembolsar o valor, pedir desculpas e oferecer um cupom para um par adicional de sapatos na Zappos, Alfred e outros zapponianos continuaram procurando o motivo do problema e uma solução completa. Alfred comentou: "Encontramos a origem do erro, que foi decorrente da mudança para um novo centro de distribuição. Mas isso não deveria ser relevante para a cliente; nós estávamos totalmente errados. Para piorar a situação, os sapatos azuis não eram mais fabricados e não poderiam ser pedidos. Mas isso não nos fez parar. Contatamos nosso representante da Clarks (o fabricante do sapato que ela desejava) e, graças a incessantes ligações de nossa parte, finalmente fomos capazes de encontrar sapatos azuis, em uma loja de varejo da Clarks. Algumas semanas depois, pudemos enviar a ela os sapatos azuis". A história de Alfred sobre o "sapato azul" é um exemplo da definição do tom feita pela Zappos para recuperação do serviço. Obviamente que, dadas as circunstâncias, desculpas, reembolso e um par de sapatos grátis não eram suficientes. Apesar de a cliente ter afirmado que não compraria mais da Zappos, isso não impediu que a equipe da Zappos (e seu parceiro Clarks) continuasse procurando os tais sapatos azuis.

Grandes organizações de serviço não terminam seu processo de recuperação do serviço até que consigam satisfazer inteiramente o cliente. Esse compromisso com a totalidade é mantido mesmo quando o cliente jura nunca mais fazer negócio com a empresa. Companhias como a Zappos agem rapidamente, assumem a responsabilidade (muitas vezes mesmo quando a falha está além do seu controle), permitem que a equipe utilize seu critério pessoal para resolver problemas, compensam de forma justa, fazem alguma coisa a mais para reconhecer o inconveniente e continuam fazendo um acompanhamento, até que o assunto esteja totalmente resolvido.

A tenacidade, a paixão e o acompanhamento dos líderes inspiram os capacitados membros da equipe Zappos a produzir histórias de recuperação do serviço ao cliente. Vemos abaixo a história compartilhada pela cliente Karen Batchelor em uma rede social para pequenas empresas, em um post adequadamente intitulado "My Un-complaint against Zappos" ("Minha não reclamação contra a Zappos"). Karen explica:

> Semana passada fiz um pedido de duas bermudas cargo pretas da marca Jag, para o verão que finalmente está chegando em Michigan. Já havia comprado da Zappos antes. [...] eu costumava encontrar tudo que queria no meu tamanho e recebia conforme prometido – isso era certo. Mas, hoje, quando recebi o pacote da Zappos, fiquei desapontada. Dentro havia duas bermudas cargo pretas, mas em dois tamanhos diferentes [...] e um não era o meu. [...] Peguei o telefone (1) para reclamar e (2) para saber se a bermuda no meu número ainda estava disponível. Aqui a história começa a ficar boa. Minha ligação foi atendida por uma representante do atendimento ao cliente da Zappos que foi muito cordial. [...] Quando expliquei meu problema, ela entrou em ação. [...] Conferiu para saber se a outra bermuda ainda estava disponível. A má notícia foi que não estava. Droga, mas tudo bem. Depois, a representante do atendimento ao cliente pediu muitas desculpas e ofereceu a seguinte solução para o engano da Zappos no atendimento do pedido. [...] Enviou-me um *e-mail* com uma etiqueta de devolução para a embalagem da UPS e um formulário de devolução totalmente preenchido, com todos os detalhes do tamanho errado da minha bermuda preta. Não precisei preencher o formulário nem tentar encontrar o número de série em algum lugar da peça. Ela me inscreveu no programa VIP da Zappos, que me dá um *upgrade* de entrega de um dia em qualquer pedido futuro. Quando decidi pedir outro item que custava US$ 7 a mais do que as bermudas, ela me disse que não cobraria a diferença. E, finalmente, ganhei um cupom de US$ 10 que posso usar em compras futuras. Ainda estou tentando me recuperar da surpresa.

De muitas maneiras, a abordagem Zappos para a recuperação do serviço, como ficou claro no *post* de Karen, é uma ampliação da plataforma de serviços da Zappos. Como a Zappos leva as pessoas a comprar com base na reputação do serviço da empresa, os membros da equipe precisam saber transformar interações negativas em finais felizes.

TESTE ESTAS IDEIAS

1. A partir da perspectiva de ser uma organização de aprendizado, sua empresa é um lugar onde as pessoas aumentam a capacidade de criar resultados com excelência?

2. Sua empresa seria descrita como criadora de novos e melhores padrões de pensamento? É um lugar onde as aspirações coletivas são deixadas livres, e onde as pessoas aprendem continuamente para, juntas, ver o todo?

3. Que processos e treinamento você tem para estimular o conhecimento do produto e dos serviços? O apoio financeiro para esse treinamento é consistente ou flutua com os fatores econômicos?
4. Qual a eficiência da sua recuperação do serviço? O que seus clientes costumam dizer sobre a eficiência de sua resposta às falhas de produto ou serviço?
5. Seus líderes definem o tom para a importância da recuperação do serviço?

Clientes insatisfeitos ou desapontados podem rapidamente disseminar esse desgosto, a não ser que as falhas sejam vistas como oportunidades para "distribuir entusiasmo por meio de serviço". Uma funcionária bem informada da Zappos, que seguia os valores da empresa, desculpou-se com Karen pelo erro cometido. No processo, essa funcionária rapidamente facilitou o esforço de Karen e se empenhou em certificar-se de que a compradora não estava apenas satisfeita, mas feliz. De muitas maneiras, a situação descrita por Karen também capta o último elemento no modelo de serviço básico da Zappos: o poder da surpresa!

OFERECER SURPRESAS ALÉM DO PREVISTO E DO HABITUAL

Estou convencido de que os clientes dirão "uau" como resposta ao serviço em duas circunstâncias básicas:

1. Quando você supera as expectativas dos compradores.
2. Quando você faz uma conexão emocional com eles.

Como o Capítulo 6 irá se concentrar na criação de conexões emocionais, vamos examinar como a Zappos presta serviços que tratam da primeira dessas duas condições: superar as expectativas.

Enquanto muitas pessoas falam sobre superar as expectativas do cliente, poucas discutem a natureza dessas expectativas como prioridade. Na minha opinião, as expectativas do cliente são divididas entre as previstas e as habituais. Por *previstas* descrevo aquelas com resultados realistas, práticos ou esperados que surgem de experiências pessoais, relatos de experiências de outros e fontes de conhecimento como a mídia. Na verdade, as expectativas previstas são o que os clientes pensam que será realista considerando o entendimento de seu setor. Expectativas *habituais*, ao contrário, são baseadas no que os clientes acreditam que deve ou deveria acontecer; essas crenças não são o que os clientes esperam, mas o que acreditam ser correto esperar.

A Zappos distribui entusiasmo de várias maneiras, superando as expectativas tanto previstas quanto habituais.

Do ponto de vista de previsão, muitos clientes acabam esperando que os varejistas *on-line* os façam pagar pelo transporte. E caso seja necessária uma devolução, esse frete também será pago pelo cliente. Praticamente desde o início, a Zappos superou os padrões do setor em ambas as frentes. (Alguns varejistas passaram a seguir o exemplo da Zappos, especialmente no frete grátis para o cliente). Os clientes também passaram a esperar que, caso necessitassem fazer uma ligação para a empresa por conta de um problema, seria um desafio encontrar o número do *call-center* no *site* da empresa. A Zappos coloca em destaque, em cada página de seu *site*: "Atendimento ao Cliente (800) 927-7671, 24 horas por dia, 7 dias por semana". As escolhas dos líderes da Zappos e as ações dos zapponianos são orientadas para superar, consistentemente, as expectativas dos consumidores, especialmente quando essas expectativas são baseadas no longo tempo de espera nas chamadas, nos atendentes de *call-center* terceirizados e nas interações de atendimento ao cliente oferecidas pelos outros fornecedores.

Do ponto de vista habitual, os clientes virtuais acreditam que seus itens "devem" chegar na data prometida. Neste aspecto, a Zappos fascina os compradores ao surpreendê-los, aleatoriamente, com fretes grátis ou dando-lhes um status VIP, assegurando dessa forma frete noturno grátis para todos os futuros pedidos, a possibilidade de ligar para números especiais de *call-center*, acesso a uma página de pedidos VIP e outros benefícios exclusivos. Anthony Vicars, diretor de fornecimento, deixa isso bem claro ao dizer: "No nosso *site* mencionamos frete rodoviário grátis com entrega em quatro a cinco dias. Eu diria que um pouco mais de 70% é despachado no dia seguinte por via aérea. Os clientes se sentem valorizados quando você faz mais do que prometeu. Só isso já faz a diferença entre um serviço 'ok' e um serviço 'espetacular'". Quando os clientes recebem mais do que acreditam que deveriam receber, eles ficam entusiasmados, como vemos nestes tuítes dos clientes:

@Hyjenrenee
Uau, @zappos [...] como vocês fazem isso? Eu sempre me surpreendo com as entregas no dia seguinte.

@Dsalt
Se todas as empresas da internet fossem como a Zappos, ninguém sairia de casa para fazer compras. Fiz um pedido para entrega em dois dias e fui surpreendida ao saber que o frete seria aéreo; meu pedido chega amanhã.

@Drawinginsights

Zappos, fiz o pedido do livro há dois dias. Vocês disseram que eu o receberia em seis dias... Por que ele já chegou?! Vocês são o máximo!

@mikestenger

Acabei de me tornar um VIP. Já estou me sentindo importante, agora além do bolo eles também oferecem o sorvete!

Superar as expectativas do cliente, previstas ou habituais, é uma faca de dois gumes, pois se você presta um serviço extraordinário, esse serviço pode se tornar esperado. A Zappos criou uma legião de fãs empolgados que utilizam a mídia social para falar incessantemente sobre a excelência do serviço da marca. Isso, associado com uma considerável atenção da mídia sobre a velocidade do serviço na Zappos, bem como *upgrades* gratuitos, produziu grandes expectativas para a prestação de serviços. Chris Raeburn, um conhecido blogueiro de atendimento ao cliente, escreveu o seguinte em seu blog *Service Encounters Onstage* (servicemarketer.blogspot.com.br): "Em todos os 'momentos da verdade', minha experiência decorreu sem nenhum problema. A inscrição durante a compra no *site*, as atualizações sobre o *status* da compra e a entrega foram como o esperado, e eu acabei tendo uma boa experiência e comprando um bom par de sapatos por um bom preço. Todo o processo foi exatamente como eu havia esperado. E esse é o problema da Zappos. Por sempre prestar um ótimo serviço, a Zappos sempre tem de se superar e ser a melhor para impressionar. [...] As empresas que definem altos níveis de expectativa têm dificuldade em superá-los. A não ser que algo vá muito errado e seja corrigido de forma espetacular, é pouco provável que a experiência pareça mais do que adequada. Mas em uma época em que muitas empresas procuram se estabelecer e ter um desempenho em um nível de expectativas de serviço adequado, a Zappos procura um nível mais alto de autocrítica. Isso basta para indicar que muito do que vemos no livro de cultura da Zappos deve ser mesmo ser verdade".

Alguns líderes podem acreditar que alcançar as expectativas do cliente seja um exercício inútil. Poderia ser comparado ao mito de Sísifo, o rei coríntio da mitologia grega que foi condenado a rolar uma rocha para o topo de uma montanha todos os dias, apenas para ter de rolá-la para baixo à noite. Qual a razão de prestar um excelente serviço se isso logo irá se tornar apenas um serviço mediano? A resposta imediata é que se você não continuar buscando a excelência, logo seu serviço habitual se tornará fraco.

O fornecimento de um serviço excelente é uma tarefa que não tem fim e, muitas vezes, é frustrante. Quer você queira se comparar com fornecedores de serviço de primeiro mundo, adequar-se constantemente às expectativas dos clientes, ou simplesmente tentar ser melhor do que antes, a excelência do serviço é uma jornada dinâmica, desafiadora e recompensadora. Quando sua prestação de serviço se torna previsível, talvez seja hora de rever e procurar maneiras adicionais de superar as expectativas dos clientes. A Zappos está sempre procurando meios de surpreender os clientes positivamente e de assumir o "desafio de previsibilidade". Por exemplo, associou-se a empresas como o canal de TV The Learning Channel (TLC) e Red Bull para colocar objetos inesperados nas caixas de entrega dos clientes. A "surpresa" do energético Red Bull foi programada para iniciar o novo ano e envolvia a inclusão de latas da bebida em 150 mil caixas e pacotes para os clientes. Alguns exemplos de tuítes sobre a surpresa da Red Bull abaixo:

@matrixmagicman

Zappos, vocês são o máximo! Hoje eu recebi um Red Bull junto com meu pedido. Como vocês sabiam que eu precisava de um? Obrigado!

@ressler

Oba! A Zappos despachou meu pedido durante a noite, de graça, e ainda colocou uma lata de Red Bull na caixa. Obrigado à equipe da Zappos!

O The Learning Chanel forneceu 25 mil pares de chinelos vermelhos que foram, inesperadamente, colocados nas caixas dos pedidos dos clientes durante um evento surpresa de verão que durou todo o mês.

Por meio de parcerias estratégicas, a variedade de itens que os clientes podem encontrar dentro das caixas da Zappos não acaba nunca. A Zappos encontrou uma maneira de surpreender seus clientes sempre, com itens inesperados. O simples fato de entregar alguma coisa que o comprador não esperava receber é o segredo para uma entrega de entusiasmo generalizada.

Para experimentar a capacidade da Zappos de fazer surpresas, vá em http://www.zappified.com/flip ou grave o código QR abaixo em seu celular.

A Zappos procura, por meios eficientes, melhorar sua excelência operacional, aumentar sua prestação de serviço pessoal e ir além do desafio de previsibilidade para superar expectativas e surpreender os clientes. Na linguagem usada por muitos zapponianos, os líderes da Zappos perseguem um BHAG ou *Big Hairy Audacious Goal* (Grande Objetivo Audacioso), termo criado por Jim Collins e Jerry Porras para "dar ao cliente o melhor atendimento do mundo". Esse objetivo se encaixa bem em uma cultura que está comprometida em adotar e impulsionar as mudanças.

De muitas maneiras, a Zappos levou a sério o comentário do humorista americano Will Rogers quando este sugeriu: "De vez em quando, é preciso subir num galho perigoso, porque é lá que estão as frutas". O Capítulo 6 o ajuda a ir mais além, em um "galho" onde você provavelmente encontrará a "fruta" mais rentável: uma conexão pessoal com seu cliente.

CAPÍTULO 5 – IDEIAS PARA SEGUIR

— A excelência do serviço geralmente está de acordo com a velocidade da prestação de serviço e o nível de conhecimento dos membros da equipe.

— A velocidade do serviço é importante não apenas no processo de entrega do produto, mas em todos os pontos de contato com o consumidor, e em cada canal de contato com o cliente.

— Enquanto a maioria dos clientes somente irá notar quando faltarem os componentes do serviço, tais como exatidão, facilidade ou velocidade, alguns irão testar esses aspectos conscientemente.

— Os clientes quase sempre reclamam da falta de conhecimento da equipe de serviço, o que normalmente os leva a ter de procurar a satisfação de suas próprias necessidades.

— As organizações de aprendizagem praticam um apoio de treinamento disciplinado, independente de fatores econômicos, que podem afetar a empresa negativamente.

— Uma recuperação do serviço eficiente pode produzir relacionamentos mais duradouros com os clientes do que a empresa teria se não tivesse cometido o erro.

— A liderança desempenha um papel importante na definição do tom para questões como urgência e recuperação do serviço.

— Os líderes de serviço inovam políticas e processos que superam os padrões da indústria.

— Quando você define padrões mais altos de serviço, você precisa aceitar o desafio de expectativas mais elevadas. Os frutos do sucesso comercial estão nos galhos mais altos da excelência.

— Associe-se a outras empresas para surpreender positivamente seus clientes. As possibilidades são infinitas!

PRINCÍPIO 3

ENTRE NO PESSOAL

As empresas que têm vida mais longa são as que alcançam o que só elas podem dar ao mundo – não apenas crescimento e dinheiro, mas excelência, respeito pelos outros e capacidade de fazer as pessoas felizes. Alguns chamam isso de alma.
   Charles Handy

O Princípio 2, "Agilidade e esforço mínimo", demonstra como a Zappos distribui entusiasmo por meio de serviço sem precisar personalizar o atendimento ao cliente. Todavia, o que os líderes da Zappos almejavam era um resultado mais expressivo, transformador e emocional: distribuir felicidade. Enquanto as marcas podem confiar na excelência operacional da prestação de serviços para obter respeito e diferenciar-se dos concorrentes menos eficientes, as empresas lendárias e amadas buscam experiências pessoais e enriquecedoras, que são facilmente lembradas e compartilhadas com outras. No Capítulo 6, "Mais do que uma carteira ambulante", entramos no lado pessoal, com a Zappos analisando como seus líderes adotam um ambiente de conexões autênticas e relacionamentos reais com seus clientes. Por outro lado, o Capítulo 7, "Conexões em todos os níveis", revela como os líderes da Zappos, de maneira aberta e consistente, dão o *feedback* que ajuda os funcionários a prestar um serviço personalizado aos clientes, aos fornecedores e até mesmo aos que não são clientes. O autor Scott Johnson disse certa vez: "Cuidar bem é uma poderosa vantagem comercial". Então vamos conhecer melhor a Zappos e entender a vantagem de que a empresa desfruta por causa do cuidado e das conexões criadas pelos zapponianos.

CAPÍTULO 6

MAIS DO QUE UMA CARTEIRA AMBULANTE

Nas minhas palestras sobre serviço, geralmente dou a entender que os clientes estão cansados de ser tratados como "carteiras ambulantes", e a Zappos sabe o que eu quero dizer.

Os líderes da empresa entendem que o negócio pode significar mais do que transações discretas ou uma simples troca de dinheiro por produto. As empresas podem – e devem – priorizar o desenvolvimento dos relacionamentos pessoais que um cliente tem durante sua vida. Ainda que em geral o pensamento dos gestores seja o de que uma empresa pode ter sucesso simplesmente vendendo produtos ou serviços aos consumidores, os verdadeiros líderes entendem que todos os negócios são pessoais. No fim das contas, o sucesso depende de um grupo de pessoas que se preocupa e lucra com as outras. As marcas comuns costumam adotar uma abordagem "tamanho único" para o serviço, mas empresas conceituadas, como a Zappos, procuram maneiras de criar experiências únicas, que vão além de sua sólida plataforma de serviço.

A ZAPPOS É LENDÁRIA? O QUE SIGNIFICA ISSO?

Em seu livro *Marcas legendárias: o poder eterno das histórias de marcas vencedoras* (M. Books), Laurence Vincent ressalta que, nas empresas conceituadas, os líderes "formam vínculos profundos com os consumidores por meio de mecanismos de narrativa. Eles são contadores de histórias, extraídos de uma biblioteca de narrativas atemporais... para cativar os consumidores e manter objetivos através de fronteiras culturais. E é essa narrativa da *marca legendária* que gera e mantém a relação com o cliente".

Assim, usando as palavras de Vicent, quais são as "narrativas atemporais" na Zappos? Em nível corporativo, a biografia da empresa pode incluir a história de colegas de faculdade que, com persistência, tranquilidade, habilidade, um pouco de esquisitice e muita inteligência, transformaram seus limitados recursos em um negócio de US$ 1 bilhão. Por outro lado, isso pode refletir a jornada de líderes aventureiros que colocaram suas equipes e suas culturas acima de qualquer coisa e, dessa maneira, garantiram uma riqueza interpessoal, social e financeira.

Assim como a Zappos, outras empresas lendárias da área de serviços têm uma clara doutrina com relação à interação entre funcionários e clientes. Um exemplo clássico é a história do "pneu de neve" da Nordstrom, contada em um artigo da revista *Newsweek*: "O cliente queria devolver um pneu, independentemente do fato de a cadeia de lojas da Nordstrom não vender peças de automóvel, mas sim roupas de luxo. Seguindo a doutrina da empresa, o empregado aceitou o pneu, porque era isso que o cliente queria". O *site* caçador de mitos *snopes.com* foi incapaz de confirmar ou refutar a história, mas apresentou uma análise detalhada de sua importância: "Provavelmente, essa é a maior história de relacionamento com o consumidor dos tempos modernos – e certamente é mencionada em milhares de artigos de negócio. Nele está concentrada a essência do preço de criar e manter uma base de clientes fiéis. O cliente sempre tem razão... mesmo que provavelmente esteja errado". Assim como a Nordstrom, outras empresas líderes na área de serviços, como The Ritz-Carlton Hotel Company (que eu destaquei no livro *The New Gold Standard*), possuem uma riqueza de histórias épicas a respeito de funcionários que fazem sacrifícios heroicos para atender às necessidades dos clientes ou dos hóspedes.

Portanto, se a Zappos é verdadeiramente uma empresa lendária, quais são as histórias que formam a base de sua lenda? O que dizer do atendimento ao cliente com ligações telefônicas que duram sete ou oito horas? Lauren Spenser, membro da equipe de fidelização de clientes, recebeu uma ligação que se estendeu por sete horas e 28 minutos. Lauren observa que desenvolveu um relacionamento com Alice, a pessoa que ligou, apesar de não poder, inicialmente, atender sua necessidade. "Ela era uma pessoa divertida e entrou em contato para falar sobre itens que havia visto na propaganda de uma revista da Zappos, no consultório de seu médico. Surpresa! A revista era tão antiga que não tínhamos mais nenhum dos itens a que ela se referia."

Nas horas seguintes, Alice conversou com Lauren sobre os 'bons tempos de serviço', quando ela apreciava as visitas médicas domiciliares e a entrega do leite em sua porta. A cliente contou detalhes particulares de sua vida e acontecimentos importantes para ela, e a chamada prosseguiu naturalmente, com algumas interrupções necessárias, inclusive a substituição de baterias no fone de ouvido de Lauren. E Lauren comenta: "Alice era uma agradável senhora sulista, muito parecida com minhas avós, e parecia que ela precisava apenas de alguém que a escutasse". Lauren continua: "Honestamente, eu acho que esse tipo de escuta é o meu trabalho, mesmo que, nesse caso, tenha sido um pouco demais. Algumas pessoas perguntaram se eu tive algum tipo de problema por atender essa chamada tão longa, mas essa é a maneira que a equipe de fidelização da Zappos trabalha. Sem tempo limite para as ligações e sem pressão para desligar, todos trabalhamos para ter certeza de que as outras chamadas estão sendo atendidas rapidamente".

Lauren resume a lição do longo telefonema dizendo: "Eu não decidi, conscientemente, permanecer em uma ligação por sete horas e meia, e Alice não comprou nada, pois não tínhamos o produto que ela queria. Ela sequer tinha um computador para que pudesse ver alguma coisa; se lembrava somente dos itens que vira na revista. Eu dei a ela o que eu tinha: minha atenção e meu cuidado. Se alguém precisa falar, é para isso que eu estou aqui. Eu não posso dizer: 'Sinto muito, não trato de assuntos pessoais', até mesmo porque eu não sou contratada para vender. Se eu atender bem, o resto fica por conta do departamento de vendas".

As pessoas que realmente acreditam que, se prestarem um bom atendimento, o departamento de vendas não terá dificuldade em vender, tendem a criar marcas conceituadas. Aaron Magness, diretor sênior da Brand Marketing & Business Development, da Zappos, comenta: "É lamentável ver como um pequeno gesto de cuidado pode fazer a diferença entre um péssimo serviço e um serviço excepcional. Se as empresas pensassem mais sobre interação e menos sobre transações, as pessoas as procurariam mais".

É exatamente essa preocupação com a interação demonstrada pela Zappos que estimula as pessoas a se conectarem mais à empresa. Um exemplo de uma conexão altamente comprometida envolveu noivado e casamento. Essa história é narrada pelo noivo, Greg, que conta que a primeira vez que ele e sua namorada Tamara (hoje sua esposa) visitaram a matriz da Zappos, eles ficaram noivos. "Na segunda vez nós casamos e, na terceira, estamos torcendo para que ela engravide". (Tudo bem, acho que acabamos com mais informações do que precisávamos.)

Em um vídeo do YouTube, gravado pela equipe da Zappos, Greg conta que os planos de casamento foram o resultado de uma ligação que ele fez para Pam Cinko, ninja logística da Zappos Insights. Depois de o casal ter acertado com um padre, Pam e os funcionários da Zappos tornaram o casamento possível. Tamara observa: "Eu não queria casar em um lugar onde não me sentisse confortável. Queríamos um ambiente romântico, e sentimos isso na primeira vez que visitamos a Zappos. Era evidente... caminhamos pelos corredores, e parecia que instantaneamente havíamos nos tornado celebridades. Nos sentimos pessoas importantes e especiais; por isso, quando ele propôs que nos casássemos aqui... a sensação era de estar voltando para casa". Uau! A cultura de serviço da Zappos era tão envolvente que durante o passeio vivenciamos amor e comprometimento. Em minha opinião, essas experiências são os ingredientes da lenda. Robert Richman, gerente de produto da Zappos Insights, pensa um pouco diferente: "Hoje as pessoas querem conexões autênticas, e quando os funcionários não só podem, mas são incentivados a trazer seu humanismo para o trabalho, acontecem coisas memoráveis, quase mágicas, tanto com os clientes como com aqueles que não são clientes".

Algumas pessoas podem questionar o mérito de ligações de sete horas e meia com potenciais clientes ou casamentos em um prédio comercial. No entanto, essas mesmas preocupações podem surgir sobre os méritos do lendário exemplo da Nordstrom. Será que aceitar a devolução de um produto que você não vende pode ser considerado de fato um bom serviço? No fim, o teor dessas histórias talvez seja menos importante do que as lições que aprendemos com elas, isto é, que as empresas deveriam dar mais importância às pessoas do que ao lucro.

Embora as épicas histórias de serviço chamem muita atenção, o que mais entusiasma e conecta emocionalmente as pessoas são os pequenos atos de gentileza. No mundo das mídias sociais, essas são as sementes das lições de serviço que estão nos tuítes, frequentemente retuitados; e também nos *posts*, os quais as pessoas "curtem" ou leem rapidamente nos murais no Facebook. Em geral, essas histórias são simples e provocam um acorde emocional. Podem envolver comentários sobre uma nota manuscrita de agradecimento que um cliente recebeu de um dos membros da equipe da Zappos depois de ter feito um pedido, ou de um membro da equipe de fidelização da empresa que ajudou a orientar uma pessoa que ligou de um celular porque não estava localizando um restaurante. Como diz Shawna Macias, membro da equipe de fidelização da Zappos, "nossos clientes sabem que podem entrar em contato conosco por qualquer motivo, pois sabem que estamos à disposição, e não o contrário. Às vezes, parece até que somos um serviço telefônico do Google".

Para a Zappos, a Internet está cheia de pequenos incentivos zapponianos que tecem a trama da lenda da marca. Uma história de serviço da empresa muito divulgada, transmitida, tratada com muito amor e retuitada envolve a cliente Zaz Lamarr. Aparentemente, ela pediu diversos pares de sapatos para sua mãe, que estava com câncer terminal. Como ela havia perdido muito peso, Zaz recebeu uma variedade de tamanhos, mas apenas dois serviram. Ela então decidiu devolver os outros sete pares, mas não conseguiu fazê-lo em tempo hábil. Quando a Zappos a contatou por não ter recebido a mercadoria, Zaz relatou o ocorrido: sua mãe havia morrido, e ela devolveria os sapatos assim que possível. Zaz conta o que ocorreu então:

> Eles mandaram um *e-mail* pra mim dizendo que haviam tomado as devidas providências para que a UPS coletasse os sapatos; assim, eu não precisaria me preocupar com isso. Fiquei comovida. Mais tarde, recebi uma cesta com um lindo arranjo de lírios brancos, rosas e cravos. Grande, exuberante e perfumada. Ao abrir o cartão, percebi que era da Zappos, e então caí em prantos. Sou muito sensível a delicadezas.

Histórias como a de Zaz reúnem numerosos seguidores, mas outros *posts* simplesmente se misturam na rica conversa da comunicação social. Por exemplo, Jon Ferrara, fundador da *Nimble Software,* tuitou: "Meu filho escreveu uma carta para a Zappos, e eles lhe mandaram um livro sobre a Cultura da empresa assinado por toda a equipe administrativa". Num contato posterior, Jon revelou os detalhes: "Essa experiência quase me fez chorar. Ian, meu filho, tinha como tarefa escolar escrever uma carta de *feedback* para uma empresa. Escolheu a Zappos por amar essa empresa". E continua: "A Zappos me surpreendeu ao enviar para Ian o livro da cultura da Zappos, mas eles foram além ao pedir que toda a equipe assinasse. Mas não foi só isso: cada um escreveu uma pequena mensagem para meu filho. Quando ele me mostrou, fiquei espantado e não conseguia largá-lo, pois nunca havia passado por uma experiência como essa em todos os anos de trabalho".

TESTE ESTAS IDEIAS

1. Quais são os pequenos e épicos atos que fazem sua história de serviço?
2. Qual é a lembrança que as pessoas têm do contato com sua empresa?

3. Quais são as histórias que circulam sobre a lendária prestação de serviço de sua empresa?
4. Como você está captando e recontando os pequenos e grandes estímulos distribuídos por sua equipe?

De acordo com Jon, em uma das primeiras páginas do livro, havia uma citação modificada de Maya Angelou "compartilhada pelo CEO Tony Hsieh: 'Talvez as pessoas não se lembrem exatamente do que você fez ou disse, mas sempre lembrarão como você as fez sentir'. Sempre lembrarei como essa experiência me fez sentir. Sou um cliente da Zappos para sempre!" Esta é uma frase que a maioria dos empresários não escuta com frequência: "Sou seu cliente para sempre".

E QUAL É O DESTINO?

Certa vez, o educador Lawrence J. Peter disse: "Se você não sabe aonde vai, provavelmente acabará em outro lugar". Grande parte da capacidade de um zapponiano em fazer conexões fortes e pessoais com os clientes é a clareza com que toda a organização entende – e se move – em direção a um destino de serviço compartilhado.

Se você visitasse as unidades da Zappos em Nevada ou Kentucky e aleatoriamente parasse para perguntar a um zapponiano "como as pessoas deveriam sentir-se quando fazem contato com a Zappos?", você receberia respostas semelhantes. Normalmente, os funcionários diriam "entusiasmado", "feliz" ou "conectado emocionalmente em um nível pessoal". Essas respostas refletem um alinhamento quase religioso, principalmente quando você considera que, na verdade, as três respostas se referem ao mesmo resultado. De acordo com Tony Hsieh, CEO da Zappos, "a maioria das chamadas telefônicas que recebemos não acaba em vendas. Na verdade, as pessoas podem ligar porque estão devolvendo um produto pela primeira vez, por exemplo, e tudo o que elas querem é ajuda para realizar o processo. Entretanto, essa é a nossa chance de criar uma conexão emocional pessoal que as entusiasme e as deixe felizes".

UMA PAUSA *ZAPPIFICADA*

O termo "Declaração de nossa maneira de atender" surgiu alguns anos atrás quando eu trabalhava para ajudar os meus clientes a encontrar a essência da conexão emocional que eles desejavam criar com os seus clientes. Por exemplo, eu traduzo a 'declaração de nossa maneira de atender' do Ritz-Carlton como "criar a casa do pai amoroso", a do Pike Place Fish Market como "tratar os clientes como se fossem celebridades" e do Starbucks como "criar a sala de estar da comunidade". Em cada um desses casos, os membros da equipe são direcionados para obter um resultado emocional dos clientes.

> Sua empresa tem uma 'Declaração de nossa maneira de atender'? Caso não tenha, você pode acessar http://www.zappified.com/wwss ou direcionar o leitor QR de código de barras de seu celular para a imagem a seguir e chegar à ferramenta cortesia que vai ajudá-lo a desenvolver a sua declaração.

Apesar de não ser sua intenção formal, os líderes da Zappos criaram funcionalmente o que eu chamo de "Declaração de nossa maneira de atender™", a qual define e transmite uma experiência bem diferenciada da marca com o cliente. Essa declaração vai além do que os funcionários precisam fazer para atender bem, pois tal informação quase sempre pode ser encontrada em uma lista de verificação operacional; em vez disso, trata de como as pessoas devem se sentir ao serem atendidas pela Zappos. Os clientes deveriam experimentar conexões emocionais pessoais (também conhecidas como PECs – do inglês, *personal emotional connection*) que estão de acordo com a 'Declaração de nossa maneira de atender', afirmando que os zapponianos "distribuem uma felicidade entusiasmada".

Capacite-me e saia do meu caminho

Como o objetivo do serviço na Zappos é bem definido, os líderes da empresa projetam com cuidado as políticas necessárias para possibilitar que os funcionários "distribuam uma felicidade entusiasmada". Além disso, eles demonstram moderação quando se trata de políticas que podem interferir na distribuição de felicidade.

É fácil para os supervisores tornarem-se tão concentrados na consistência do serviço que, inadvertidamente, limitam a capacidade de sua equipe de criar conexões pessoais com os clientes. Quando uma empresa tem procedimentos previstos para tratar igualmente cada situação, o serviço dessa empresa será uniforme. Além disso, ao controlar a experiência do cliente e o que os funcionários podem fazer, uma empresa pode reduzir a complexidade de suas ofertas. Se o seu pessoal tem permissão de oferecer apenas um atendimento 'feijão com arroz' para todos, sua operação é muito menos complicada do que se os funcionários tiverem a alternativa de escolher diferentes opções, como 'feijão com arroz', 'filé' ou 'camarão', dependendo da avaliação das vontades, das necessidades ou dos desejos de cada cliente. Claro que, quanto mais o líder delega aos funcionários a tomada de decisões baseada nas necessidades pessoais dos clientes, menos consistente pode ser o serviço entregue e maior a complexidade do serviço.

A abordagem definitiva para garantir consistência no serviço é o uso de roteiros de atendimento ao cliente, os quais podem ser encontrados em muitos setores de serviço, inclusive assistência médica, bancos e ambientes de *call-centers*. Alguns roteiros são tão restritivos que não permitem que o funcionário varie seu discurso, tampouco permite que eles ofereçam soluções de serviço, a não ser aquelas que constam do roteiro. Muitos de nós já tivemos a experiência traumática de interagir com uma pessoa de uma equipe de *call-center* que está acorrentada a um roteiro. A cadência do fornecedor de serviço soa assustadoramente robótica, e você sabe que se a solução para sua necessidade não estiver no "roteiro" do *call-center*, você está condenado. Claro que há riscos associados ao fornecimento de uma "carta branca" aos funcionários, mas não menos do que a capacidade de fornecer qualidade no serviço, escalabilidade ou garantir a viabilidade do negócio.

Poucos negócios têm margem de lucro suficiente ou oportunidade de avaliação de preços para fornecer níveis ilimitados e não mensuráveis da personalização do cliente. Mesmo quando os líderes do Ritz-Carlton sugerem que vão "mover céus e terra por um cliente, desde que seja legal e ético", eles sabem que, caso seja necessário 'mover terra', podem ter de considerar custos adicionais no serviço. Em geral, a maioria dos líderes precisa lutar com a tensão entre as políticas rígidas para a consistência de serviço e as diretrizes de serviço autorizadas, que permitem soluções personalizadas viáveis.

Aqui é onde a Zappos alcança um equilíbrio estratégico, uma vez que seus líderes procuram criar as políticas necessárias caso a empresa precise garantir que todas as necessidades dos clientes devam ser atendidas de forma eficiente e consistente, mantendo, ao mesmo tempo, a flexibilidade de criar conexões emocionais pessoais com cada cliente atendido. Dylan Morris, líder da equipe de fidelização do cliente, reconhece: "Temos nossa cota de políticas e procedimentos aqui na Zappos, mas tentamos não criar diretrizes que fiquem no caminho do nosso pessoal. Vejo que estamos definindo processos ou procedimentos que permitem à empresa administrar o negócio tranquilamente para o bem de todos e ao mesmo tempo criar experiências para os clientes em nível individual. Por outro lado, nós, como líderes, precisamos deixar que o pessoal trate das situações e faça contato com os clientes por meio de uma genuína interação humana. Por exemplo, em muitas empresas, os funcionários de primeira linha teriam de buscar maneiras, por meio de seus supervisores ou gerentes, de entusiasmar aquela pequena percentagem de clientes que não estivessem satisfeitos. Mas aqui na Zappos todos têm o poder de fazer o que é necessário.

Um exemplo da política da Zappos, cujo objetivo é incentivar harmoniosas operações comerciais é a instrução sobre como lidar com clientes que querem falar com determinado representante da equipe de fidelização. Digamos que na segunda-feira você tenha uma conversa fabulosa com Bob, representante da equipe de fidelização e, na terça-feira, você liga outra vez e pede para falar com Bob. Para que o *call-center* da Zappos desempenhe sua função, e para que você não dependa de apenas uma pessoa para atender suas solicitações, as normas da Zappos estabelecem que os membros da equipe de fidelização não devem transferir a chamada para o representante solicitado. Essa política existe para evitar o impacto que essas transferências teriam na eficiência do *call-center*. Além disso, como os membros da equipe de fidelização podem ter acesso a todas as transações anteriores na tela de seu computador, e como cada membro da equipe é capaz de manter uma conexão pessoal, a preferência declarada do cliente não representa uma verdadeira necessidade para o serviço. Cada líder de negócio deve identificar áreas nas quais os desejos de um cliente não podem ser atendidos, pois o impacto dessa concessão seria a redução da qualidade do atendimento a todos os outros clientes.

As orientações políticas para melhorar o atendimento ao cliente Zappos incluem fatores como definir expectativas de que os funcionários da equipe de fidelização atenderão todas as promessas feitas a um cliente e criar expectativas de que os representantes fornecerão uma revisão completa do pedido antes de completar a chamada. Na arena das políticas de experiência do cliente, o mais importante são as orientações que *não* existem. Em muitas áreas importantes, os líderes da Zappos não interferem na capacidade dos funcionários em criar conexões emocionais com os clientes. Mary Teitsma, representante sênior da equipe de fidelização, observa: "Participo do mundo do varejo desde os 15 anos e estou acostumada a ouvir que os clientes estão em primeiro lugar. Isso, na verdade, são apenas palavras. Acho que eu não sabia realmente o que isso queria dizer até entrar na Zappos. Diferente de um *call-center* normal, onde as políticas limitavam a duração de minhas ligações em 1 minuto ou 90 segundos, eu posso ter todo o tempo necessário para fazer contato com o cliente. Também recebo recursos e autoridade para utilizar meus critérios para entusiasmar os clientes. Por exemplo, na área da equipe de fidelização do cliente temos fichas brancas que usamos quando queremos registrar um acontecimento especial do qual tivemos conhecimento durante uma chamada. Como as pessoas desenvolveram um sentimento de confiança no desejo legítimo de nossa equipe realmente dar atenção a eles, algumas pessoas nos ligam quando não tem acesso à Internet e querem saber quais filmes estão em cartaz em sua região. Assim, acessamos a Internet e os ajudamos como podemos. Ou, nos raros casos em que não temos em estoque o item que eles desejam, eu procuro o item em um *site* da concorrência e os encaminho para lá".

Inegavelmente, colocar as necessidades dos clientes no centro de nosso negócio (até, e inclusive, mandá-los para a concorrência) é o melhor para eles. Mas isso também poderia ser inexplicavelmente útil para sua empresa? Steve Downton, Hilbrand Rustema e Jan Van Veen, ao escrever o livro *Service Economics* (Economia de serviços), sugerem que as empresas que realmente permitem que seus funcionários deem atenção aos melhores interesses dos clientes usufruam, em média, lucros 20% maiores do que aquelas que trabalham com uma perspectiva menos centrada no cliente. Tratar os clientes como algo mais do que "carteiras ambulantes", em última análise, beneficia tanto aqueles que prestam o serviço como aqueles que o recebem.

TESTE ESTAS IDEIAS
1. Qual é a sua "Declaração de nossa maneira de atender"?
2. Se um grupo de pesquisadores andasse por sua empresa perguntando aos funcionários de que maneira os clientes deveriam sentir-se depois de fazer negócio com você, quais respostas eles receberiam?
3. Como você caracterizaria o equilíbrio alcançado por sua empresa quando se trata de consistência de serviços e customização?
4. Quando você olha para as políticas de sua empresa, elas sugerem operações comerciais mais estáveis e ricas experiências do cliente? Em caso negativo, quais delas poderiam ser eliminadas ou modificadas?
5. Como seu pessoal age para atender às necessidades dos clientes, mesmo quando essas necessidades parecem não atender aos interesses de curto prazo de seu negócio? Se fosse bom para o cliente, você o encaminharia para um concorrente?

Pessoal em todos os momentos, com uma generosa mistura de gentileza e gratidão

Mesmo em locais em que nada está à venda, os funcionários da Zappos sabem que não estão no ramo de sapatos ou mercadorias, mas no ramo de felicidade, entusiasmo e conexões emocionais com pessoas. Zack Davis, fã da

ONG Kan Du e motorista de ônibus da Zappos, observa: "Como todos na empresa, tenho um trabalho muito importante: estou na área de relacionamento e gentileza. Meus relacionamentos podem durar apenas o tempo que levo para pegar uma pessoa no aeroporto e trazê-la para um passeio na matriz, mas se eu aumentar minha atenção e escutar as pessoas, o relacionamento delas com a Zappos pode durar uma vida inteira". Quando os motoristas de seus ônibus se consideram mais do que transportadores, e quando pretendem criar fidelidade à marca por meio de gentileza, você tem uma empresa de serviço.

Seth Godin, autor de *best-selleres,* mostrou-nos interessantes *insights* sobre delicadeza, paixão e felicidade ao observar que "o melhor amigo da felicidade é a gentileza, e o melhor amigo da paixão é a generosidade. Daí em diante, eu acho muito difícil ser apaixonado, a não ser que você queira ser generoso com as pessoas, queira dar-lhes o presente emocional da conexão e queira influenciá-las de maneira interessante. E eu acho que, se você quer ser feliz, temos que descobrir maneiras de ser gentil".

Na Zappos, gentileza é uma palavra-chave, e ela pode desempenhar um papel cada vez mais importante na vida corporativa em todo o mundo. A organização internacional de tendência de consumo *Trendwatching.com* identificou "gentileza" e "generosidade" como megatendências necessárias no futuro dos negócios. Essa organização prevê que cada vez mais as pessoas irão procurar interações com empresas nas quais elas percebam generosidade e desprendimento. Um relatório sobre 'Tendências críticas do consumidor' incluía "O melhor investimento de uma marca é engajar-se em 'Aleatórios gestos de gentileza'... Os desejos dos consumidores por realismo, pelo toque humano, garantem que tudo – desde as marcas que selecionam etiquetas aleatoriamente até a remessa de uma surpresa – pode ser muito eficaz na conexão com potenciais clientes. Uma séria (e sincera) estratégia de 'Aleatórios gestos de gentileza' pode significar deixar de serem vistos como inflexíveis e desajeitados, e passarem a ser mais compassivos e carismáticos, algo que é, obviamente, de grande valor e realmente divertido".

Ao incentivar os funcionários a praticar aleatórios gestos de gentileza e adequados gestos de generosidade com os clientes, a Zappos criou excelentes experiências tanto para os funcionários quanto para os clientes. Ashley Perry, membro da equipe de fidelização, observa: "A família Zappos entende que há muito mais coisas para as empresas do que dinheiro, e um dos meus instrutores, Michael, é um exemplo clássico. Ele recebeu um pedido de botas de um soldado que servia no Iraque e, algumas semanas após a realização do pedido, fomos informados de que a mercadoria não havia sido recebida. O funcionário então rastreou o pedido e recolocou-o. Isso aconteceu diversas vezes, e a cada vez novas botas eram enviadas sem nenhum custo adicional. Felizmente, as botas do soldado foram localizadas – não apenas um par, mas os quatro que haviam sido enviados. Como em muitas outras empresas, três desses pares deveriam ser devolvidos, mas na Zappos, Michael tinha a autoridade de dizer: "Sabe de uma coisa, você está aí, servindo nosso país. Você esperou quatro meses para recebê-las; fique com todas as botas e dê um par extra para alguns de seus colegas soldados. 'Para mim, isso é que faz que o trabalho e a vida valham a pena – ajudar essas pessoas, especialmente aquelas que estão ajudando outras".

Derek Carder, supervisor da equipe de fidelização, alegra-se por ter a liberdade de prestar um serviço importante como o que ele prestou para uma cliente chamada Georgina. "Ela queria muito um par de sapatilhas para seu próximo casamento, mas, infelizmente, não tínhamos as sapatilhas em estoque, pois o modelo havia saído de linha." Derek se lembra de ter feito tudo o que podia para tentar encontrar outro modelo de que Georgina pudesse gostar. Ele pesquisou no *site* da Zappos e também nos *sites* dos concorrentes, mas Georgina queria exatamente aqueles. Conforme Derek: "Tornei a busca por aquelas sapatilhas minha missão pessoal. Quando tinha alguma folga nos telefonemas, contatava pequenas lojas de sapatos perto da casa de Georgina". No quarto dia de procura, Derek aumentou a área de pesquisa e localizou um par de sapatilhas, do tamanho de Georgina, mas em um local distante 200 quilômetros da casa dela. E ele continua: "Eu não gostaria que ela perdesse a oportunidade de comprar esse sapato, por isso dei o número do meu cartão de crédito pessoal para reservar a sapatilha. Precisávamos daquelas sapatilhas! Liguei para Georgina e ela ficou boquiaberta; praticamente gritando de alegria. Desculpei-me pela distância que ela teria de viajar para buscá-lo, mas ela não considerou isso um problema. O cartão de agradecimento que recebi incluía um convite para seu casamento. Pense bem, uma pessoa como eu, trabalhando na Zappos Nevada, receber um convite para seu casamento em Nova York. Por isso eu amo o que faço aqui". É difícil imaginar que a partir de então Georgina pensasse em comprar sapatos de outra empresa. Onde mais ela encontraria funcionários de *call-center* que não apenas se preocupam *com* ela, mas se preocupam muito *por* ela? Quando as pessoas fazem conexões genuínas, as marcas se tornam insubstituíveis, e os funcionários, capacitados e envolvidos, criam relacionamentos, lembranças e lealdade.

Mais com menos

Os líderes da Zappos confiam em seu processo de seleção, no treinamento e em sua cultura. Como resultado, eles permitem que os funcionários utilizem seus próprios critérios para "distribuir felicidade por meio de serviço" e, também, "fazer mais com menos". Por outro lado, os funcionários da Zappos entendem a importância de ser fiscalmente prudentes. Faby Guido-Romero, líder da equipe de fidelização, observa: "Na maioria das vezes, o entusiasmo do cliente chega sem custo. Na verdade, eu acho que é melhor quando não me concentro no que eu posso 'dar' aos clientes para entusiasmá-los, mas sim em como eu preciso "ser" para me tornar um estímulo para eles. Para mim, a maior felicidade chega para os clientes quando eu me coloco totalmente no seu lugar, e isso acontece quando eu digo, com sinceridade, 'Estou aqui para ajudá-lo e farei o que for preciso para que você se sinta bem quando finalizarmos a ligação', e também quando eu os deixo perceber que estou agradecido por seu tempo e por seu contato".

Os comentários de Faby são compatíveis com os dos funcionários da empresa. Não importa se é um membro da equipe da Central de Processamento de Pedidos que fala sobre "certificar-se de que uma caixa de sapatos esteja perfeita quando o cliente abrir a encomenda", um membro dos *chats* ao vivo da Zappos que expresse a importância de "usar a escrita para fazer uma conexão duradoura", ou os criadores de conteúdo do *site* que gostam de pensar que os clientes sorriem quando leem uma frase que eles criaram, como "sapatos: agora convenientemente vendidos em pares", todos os funcionários da empresa falam sobre a conexão emocional com as *pessoas*, e não se referem a elas como clientes, usuários do *website* ou compradores. Na verdade, eles falam sobre as pessoas que eles atendem e sobre a gratidão que sentem por serem capazes de fazer conexões emocionais.

Enfim, empresas de serviço lendárias não chegam a esse ponto por acaso; pelo contrário, elas são o resultado de líderes que têm paixão por realizar bem um negócio e entregar ao cliente um estado emocional desejado. Depois, essa paixão é compartilhada pelos membros capacitados da equipe, que, generosa e gentilmente, colocam-se na situação daqueles que atendem. Quando ocorrem transações de alta qualidade e são estabelecidas conexões emocionais, as histórias de experiência de clientes fluem, e é por meio dessa confluência de forças que as lendas prosperam.

CAPÍTULO 6 – IDEIAS PARA SEGUIR

— Cada vez mais os líderes de empresas precisam pensar sobre experiências de serviço que estabeleçam relacionamentos com o cliente por toda a vida.

— Marcas de serviço lendárias geralmente têm histórias de serviço peculiares, que se tornam parte de sua tradição.

— Além das histórias de serviço peculiares, que tendem a ser épicas por natureza, as marcas lendárias entrelaçam pequenos gestos de excelência de serviço com experiências.

— As grandes marcas de serviço geralmente chegam a esse ponto por causa de uma 'Declaração de nossa maneira de atender' que informa os funcionários sobre como os clientes devem sentir-se quando são atendidos.

— O sucesso no desenvolvimento de envolventes experiências do cliente surge dos funcionários que são claros quanto aos desejados resultados tangíveis e emocionais para os clientes.

— Antes de implementar políticas comerciais, os líderes devem considerar o provável impacto dessas políticas em sua conexão emocional com os clientes.

— No final, abdicar das vendas para atender às reais necessidades dos clientes é compensador para todos.

— Seus clientes preferem aleatórios gestos de gentileza e sinais de generosidade em vez de indicações de ganância.

— Nas extraordinárias organizações de serviço, todos os funcionários entendem que estão em um resultado emocional e em uma relação comercial.

— Funcionários criteriosamente selecionados e bem treinados podem prestar um atendimento excepcional com um custo mínimo para a organização.

Capítulo 7

CONEXÕES EM TODOS OS NÍVEIS

É fácil para os líderes incentivar os membros da equipe a criar conexões emocionais pessoais com os clientes. Ajudá-los a crescer continuamente na excelência do serviço é outra coisa. Na Zappos, o processo de desenvolver talento crescente no atendimento personalizado é incansável e abrangente.

Por exemplo, no *call-center* da empresa, um estagiário da equipe de fidelização do cliente é avaliado em todos os aspectos da prestação de serviço. Por meio de um formulário de inspeção de chamadas (com notas 1, 2 e 3), um novo funcionário será avaliado rotineiramente em várias dimensões de qualidade, inclusive o grau no qual o estagiário cria uma conexão emocional pessoal com o cliente. No passado, esse mesmo sistema de avaliação era usado para analisar a qualidade de atendimento de cada funcionário da equipe de fidelização. Esse processo de avaliação da qualidade, entretanto, foi alterado em resposta ao *feedback* da equipe, solicitado em pesquisa via *e-mail*.

De acordo com o zapponiano Tami Lemke, "uma das coisas que queremos fazer é distribuir felicidade dentro e fora da Zappos, mas o programa de garantia da qualidade estava criando um pouco de medo em nosso pessoal e levando-os a sentir que não tinham o controle. No entanto, ter um senso de controle está ligado à felicidade, e a nossa intenção era promover o crescimento, e não o medo. Por isso fizemos algumas alterações. Para reduzir a ansiedade, analisamos desde métricas de desempenho até *feedback* puro, e acabamos totalmente com notas para as equipes de fidelização do cliente. Agora, os supervisores e os funcionários falam apenas sobre as coisas que as equipes de fidelização gostaram nas ligações identificadas e sobre coisas que eles poderiam ter feito melhor. Basicamente, estamos analisando como podemos continuar a melhorar a Experiência Zappos enquanto ajudamos as equipes de fidelização a atingir suas metas". Tami também observa o seguinte: para que os funcionários tivessem mais controle, "implementamos diversos métodos para incluir as equipes de fidelização na escolha das chamadas a serem analisadas. Por exemplo, em nosso processo de autoavaliação, que realizamos pelo menos uma vez por mês, um líder da equipe de fidelização seleciona uma lista de chamadas recentes, outro membro da equipe olha essa lista e escolhe uma chamada, e ambos, o líder e o membro da equipe, escutam a gravação da ligação telefônica. Revisamos aquela ligação utilizando elementos-chave da Experiência Zappos, inclusive a força da conexão emocional pessoal atingida".

Para muitos líderes, seria um grande *gutcheck** mudar para um modelo de *feedback* real, principalmente abandonando o desejo de dar notas para o desempenho. Muitos líderes acreditam que a responsabilidade está ligada aos números e que o comportamento do funcionário deve ser avaliado quantitativamente, mas os líderes da Zappos encaram as conversas regulares, abertas e honestas como uma influência-chave na melhoria do desempenho. Na Zappos, substituir avaliações de cima para baixo por conversas participativas faz os funcionários mais felizes, torna o local de trabalho menos defensivo e cria um ambiente de estímulo para a melhoria do serviço.

COMUNICANDO A INFORMAÇÃO DE MELHORIA CONTÍNUA COM ALEGRIA

A ferramenta de avaliação revisada da Zappos, sem o sistema de pontos, é chamada de "Formulário da felicidade", porque no topo ela tem a frase "Distribuindo felicidade uma chamada por vez" escrita em negrito. A ferramenta é dividida em seções que abrangem a "saudação, conexões pessoais emocionais, serviço, busca/fornecimento de informação e conclusão" dos membros

---

* N. de T.: Teste de avaliação de coragem, caráter ou determinação.

da equipe de fidelização. Se você tiver interesse em um livro detalhado sobre o formulário de revisão das ligações ou sobre o Formulário da felicidade, você pode baixá-los integralmente associando-se à Zappos Insights. Para dar o sentido da singularidade dessa abordagem, vou resumir algumas expectativas de serviço demonstradas pelos líderes da Zappos para cada uma dessas categorias. Esse exemplo do Formulário da Felicidade possivelmente será útil nas definições de serviço:

Saudação. Espera-se que os membros da equipe de fidelização façam uma proposta de ajuda genuína e apresentem-se pelo nome. Eles devem identificar-se com um tom otimista e demonstrar um toque pessoal ou criatividade.

Conexão emocional pessoal. As ligações dos funcionários da equipe de fidelização são avaliadas em aspectos como utilidade, paciência, sinceridade, autenticidade e o nível no qual o membro da equipe se envolve em conversações sobre o cliente e/ou os produtos da Zappos.

Serviço. As avaliações de serviço contemplam áreas como a capacidade dos membros da equipe de fidelização de oferecer diferentes soluções para cada necessidade ou consulta do cliente; o nível em que o membro da equipe atende todas as necessidades declaradas do cliente e se ele cumpre todas as promessas feitas; a documentação clara e concisa dos aspectos-chave da experiência do cliente.

Buscando e fornecendo informação. As ligações são analisadas levando-se em consideração aspectos como a conferência do endereço completo do cliente e o nível em que informações exatas são fornecidas pelos membros da equipe de fidelização.

Conclusão. O estágio final da avaliação confirma se todo o pedido foi analisado, se o membro da equipe de fidelização esforçou-se para entusiasmar o cliente com um privilégio inesperado e se atraiu o cliente para um relacionamento permanente com a Zappos.

A beleza do processo de avaliação do Formulário da felicidade é que ele enfatiza tanto a qualidade na execução do serviço básico (o Princípio 2 foca na inteligência dos funcionários no que diz respeito a ajudar os clientes a ter suas necessidades atendidas na primeira vez e, em geral, fornecer um serviço oportuno e preciso), quanto em áreas voltadas para formar conexão emocional pessoal, distribuir entusiasmo e fazer que os clientes sintam-se bem. Ajudando os zapponianos a desenvolver metas ao longo dessas áreas de serviço e fornecendo um *feedback* natural, honesto e que não seja ameaçador, os supervisores permitem que os funcionários cresçam nessas áreas de excelência de serviço e em sua capacidade de oferecer um atendimento pessoal aos clientes. Os líderes, profissionais de garantia da qualidade, e os membros da equipe de fidelização trabalham juntos para um objetivo comum de "distribuir felicidade uma chamada por vez". Esse é um objetivo que resulta em reações no Twitter como esta de @davyjoneslock, que diz: "a Zappos é bem-sucedida porque proporciona conexões humanas e felicidade. Mais empresas deveriam fazer isso! Negócios são pessoas!".

Independentemente de seu ramo de negócios, o sucesso, o crescimento e o desenvolvimento da habilidade de seu serviço depende dos mecanismos de *feedback* normais e variados que seu pessoal tem à disposição. Na Zappos, além das ligações mensais de autoavaliação, os membros da equipe de fidelização também recebem um *feedback* completo por meio de "observações de serviço", "compartilhar as melhores chamadas" e Net Promoter Scores (NPS).

A observação de serviço ocorre quando a equipe de fidelização faz uma escuta discreta das ligações dos funcionários e apresenta um *feedback* após a chamada ao vivo. Os psicólogos especialistas em condicionamento e aprendizagem operante têm mostrado que o imediatismo é uma característica importante na modelagem de alteração de comportamento. Sendo assim, ao treinar os funcionários imediatamente após o final de uma ligação, os líderes da Zappos criam oportunidades imediatas para crescimento e reforçam comportamentos positivos de serviço.

Do ponto de vista do reforço e da modelagem das melhores práticas, "Compartilhar as melhores chamadas" é uma autodenominada estrutura de análise descrita por Christina Colligan. Christina, gerente da equipe de fidelização, observa: "O processo 'Compartilhar as melhores chamadas' ocorre quando os membros da equipe desligam o telefone e acreditam ter feito uma excelente conexão com um cliente e, em seguida, mandam a informação para sua liderança. O chefe faz um contato direto com o cliente, geralmente por *e-mail*, mas às vezes também por telefone, e na maioria das vezes recebe respostas dos *e-mails* desses clientes, muitos dos quais fazem elogios interessantes, detalhados e extraordinários sobre sua experiência com o atendente. Recebemos semanalmente mais de centenas de exemplos de 'Compartilhar as melhores chamadas' e os utilizamos não só para um *feedback* de qualidade, mas também para treinamento".

Compartilhar as melhores chamadas cria uma oportunidade para que a opinião do cliente volte para a Zappos, a fim de que a cultura de serviço possa ser reforçada. Este é um exemplo de uma troca de *e-mails* entre um chefe da equipe de fidelização da Zappos e um cliente muito satisfeito. O *e-mail* do chefe da equipe de fidelização para a cliente Barbara Friedman questionava apenas uma ligação, mas Barbara derramou-se em elogios para três membros da empresa. A comunicação começa com um *e-mail* de apresentação do chefe da Zappos:

Um dos membros da equipe comentou como foi bom conversar com você! Recentemente, começamos um programa especial para proporcionar um *feedback* adicional aos nossos colaboradores. Queremos dar-lhes um incentivo extra e, para isso, devo pedir-lhe um grande favor. Não tomaremos muito do seu tempo e isso vai nos ajudar bastante. Por favor, diga como foi o atendimento que você recebeu e qualquer informação sobre a conversação que você manteve com nosso funcionário.

E esta é a inédita resposta de Barbara:

Bem, eu nem sei por onde começar; mas meu segundo par de sapatos chegou em menos de 24 horas, e apesar de eu não ter a intenção de adquiri-los, sua maravilhosa equipe não me deixou outra escolha senão comprar outra cor de sapatos que vi na internet no sábado à noite. Aqueles sapatos chegaram de maneira mágica na segunda-feira de manhã! Isso é inédito.

Domingo à noite, quando descobri que faltava meu sobrenome na confirmação do pedido, liguei para corrigir e falei com CRISTAL, que foi gentil, interessada e bem informada (descobri que essa é uma característica comum a todos da Zappos) e, após corrigir o endereço, ela convidou-me a fazer parte da VIP.ZAPPOS! Os benefícios, agora eu sei, são embarques à noite, que realmente acontecem durante a noite, e um *site* separado, com muitos brindes! Fiquei muito agradecida pela distinção, agradeci Cristal, e esperava receber os sapatos na terça ou quarta-feira. Eles chegaram na madrugada de segunda-feira!

Por isso, assim que me recuperei do choque, liguei para a Zappos para falar de minha satisfação, e lá eu fui atendida por DAWN, que me contou sobre seu primeiro pedido noturno e de como sua reação havia sido parecida com a minha. Falamos sobre admiração e espanto, e eu fiz minha segunda amiga na Zappos, pois sua gentileza e suas boas vindas para mim foram como se eu estivesse voltando para casa, para minha família!

Após desligar o telefone, experimentei meus sapatos, que a Zappos vende em forma ESTREITA, o que é quase impossível de encontrar no sul da Flórida, e caminhei confortavelmente por alguns minutos antes de decidir presentear-me com o mesmo sapato, em uma cor diferente (apesar de já ter um sapato parecido na forma média) e liguei para a Zappos, onde KRYSTIN atendeu. Mais uma vez, aquela sensação incrível de fazer parte da família especial da Zappos! Ela rapidamente certificou-se de que tinha disponível o sapato que eu queria, garantiu que a Zappos e sua maravilhosa equipe estavam sempre à minha disposição, 24 horas por dia, 7 dias por semana ... e eu realmente tenho a sensação que todos eles vão estar ali para me ajudar em qualquer problema que surgir durante minha vida!!! Como a Zappos consegue isso?

Estou tão impressionada. Já contei isso para diversos amigos, inclusive meu filho, que perguntou: "Só agora você descobriu a Zappos?"... e contou-me que é o *site* de compras preferido de minha neta". Por isso, agora eu sei como presentear essa jovem especial sem ter que sair de casa!

Obrigada por me dar a oportunidade de compartilhar a satisfação recebida de meus novos amigos da Zappos!

Barbara Friedman, FL

(No Anexo A você encontra mais transcrições de "Compartilhar as melhores chamadas").

"Sua gentileza e suas boas vindas foram como se eu estivesse voltando para casa, para minha família!" e "eu realmente tenho a sensação que todos eles vão estar ali para me ajudar em qualquer problema que surgir durante minha vida" são ótimos indicadores de que os membros da Zappos fizeram a conexão emocional pessoal que distribuiu entusiasmo e felicidade. Para criar uma verdadeira cultura de serviço, os funcionários que têm contato com os clientes precisam saber do sucesso de seu atendimento, e que melhor maneira poderia haver para proporcionar *feedback* do que ter os gerentes pedindo a opinião dos clientes com quem possivelmente tenha havido uma conexão positiva? O atendimento ao cliente pode ser difícil, as interações negativas podem ser estressantes, e os clientes podem não demonstrar gratidão. Sendo assim, é muito importante que os chefes criem um estado de espírito em que procurem maneiras de compartilhar histórias de excelência de serviço. Além disso, as gravações dessas "maravilhosas" interações, quando acompanhadas pelos elogios dos clientes sobre como foram atendidos, geralmente resultam em poderosas ferramentas de ensino sobre o que é preciso para distribuir entusiasmo por meio de serviço.

A liderança da Zappos não restringe essas respostas de *feedback* às equipes dos *call-centers, chats* ao vivo ou *e-mails* da equipe de apoio. Por exemplo, os elogios dos clientes que se referem à rapidez na entrega e outras formas relacionadas de gratidão geralmente são compartilhados com os funcionários de distribuição, para que eles possam apreciar o impacto de seus esforços. Mary Johnson, guia de passeios da Central de Processamento de Pedidos, comenta: "Cerca de 30% de nossos pedidos são devolvidos aos à Central de Processamento de Pedidos, pois os clientes fazem pedido de diversos tamanhos e devolvem os que não serviram. Juntamente com essas devoluções, recebemos muitas coisas nas caixas que não nos pertencem – como chaves de carro, controles remotos e até mesmo facas de churrasco, usadas para abrir as caixas. Devolvemos tudo que podemos, e me lembro de ouvir elogios de uma cliente, que nos informou que havia responsabilizado seus filhos por terem pegado dinheiro de sua carteira. Ela estava muito aborrecida até receber um envelope da Zappos com uma considerável quantia de dinheiro que, acidentalmente, ela havia deixado cair na caixa com o item devolvido. A cliente ficou emocionada quando recebeu o dinheiro de volta, e nós ficamos emocionados por ela e orgulhosos pelo reconhecimento de termos feito a coisa certa". Os líderes da Zappos sabem que compartilhar histórias de excelência de atendimento é um aspecto importante da elaboração de uma cultura que cria relacionamentos com os clientes. Por isso, os chefes da

Zappos decidiram que os mecanismos de *feedback* qualitativo deveriam ser interligados a medidas mais objetivas, e isso os levou a implementar o Net Promoter Score. Essa ligação é exatamente o que analisaremos a seguir.

TESTE ESTAS IDEIAS
1. Como você está ajudando sua equipe de serviço a desenvolver maiores capacidades de "conexão emocional pessoal"?
2. Você está avaliando a capacidade de sua equipe de serviço com relação a criar conexões e participar de discussões pessoais relevantes e atraentes, ou sua avaliação se concentra apenas em coisas como "sorriso", "contato visual" e "exatidão nas transações"?
3. Seu programa de garantia da qualidade dos serviços é direcionado ao crescimento (definição de metas, *feedback* honesto sem classificação), ou é projetado como uma métrica de desempenho?
4. Qual a abrangência dos *feedbacks* dos mecanismos de serviço? Os funcionários têm *input* das informações solicitadas? Você efetivamente pede aos clientes para que compartilhem sua versão das histórias que provavelmente se tornarão histórias de entusiasmo?

ACRESCENTANDO CIÊNCIA À MISTURA

Além de proporcionar *feedback* sobre o impacto das melhores chamadas, os líderes da Zappos informam cada um dos membros da equipe de fidelização dos resultados das pesquisas de *e-mails* referentes ao fanatismo dos clientes. Um dos resultados dessas pesquisas é o Net Promoter Score (NPS), que reflete a proporção dos clientes capazes de demonstrar fidelidade e promover o seu negócio. Por meio de consultas, os clientes são classificados em uma das três categorias: promotores, passivos e detratores.

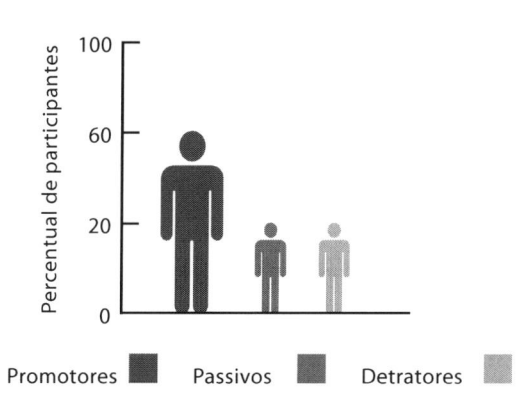

Em seguida, o NPS é calculado por meio da subtração do percentual de clientes que estão na categoria detratores do percentual de clientes que estão na categoria de promotores. Para determinar essas categorias, Fred Reichheld, autor do livro *A pergunta definitiva*, recomenda que você use uma escala de respostas de 10 pontos e pergunte aos clientes qual a possibilidade de eles recomendarem sua empresa para um amigo ou colega. Os que respondem de 9 a 10 são os promotores, aqueles que respondem 7 ou 8 são passivos, e os que respondem 6 ou menos são detratores.

Na Zappos, por exemplo, depois de um cliente falar com um membro da equipe de fidelização e/ou depois de fazer um pedido no *site*, a Zappos envia um *e-mail* que orienta o cálculo da NPS e reúne outras informações úteis sobre a opinião do cliente a respeito de sua experiência. Exemplos da amplitude das perguntas feitas nessa pesquisa incluem:

- Em uma escala de 0 a 10, sendo 10 a nota mais alta, qual a possibilidade de você recomendar a Zappos para um amigo ou familiar?
- Se você precisasse citar alguma coisa na qual poderíamos melhorar, o que seria?
- Você fez contato com nossa equipe de fidelização do cliente em sua última interação conosco. Em uma escala de 0 a 10, se você tivesse sua própria empresa, focada em atendimento, qual a possibilidade de você contratar essa pessoa para trabalhar com você?
- Acima de tudo, você descreveria o atendimento recebido de (insira o nome do representante da equipe de fidelização do cliente) como bom, ruim ou fantástico?
- O que, exatamente, se destacou como bom ou ruim em seu atendimento?

Todos os dias, a liderança da Zappos rastreia e posta o resultado agregado de todos os clientes da empresa que completaram a pesquisa. Os funcionários podem, então, facilmente visualizar os resultados do NPS, bem como outras informações da pesquisa por meio dos principais indicadores de desempenho, como o tempo de atendimento das chamadas e o volume destas. As notas do NPS da Zappos ficam constantemente na faixa de 80 a 90, classificação esta que Fred Reichheld descreve como "estratosférica". Apesar desse extraordinário nível de comprometimento, os líderes da Zappos procuram dar continuidade às conversas com os clientes no grande grupo de promotores e na pequena categoria de detratores. Além disso, do ponto de vista de *feedback* pessoal, cada membro da equipe de fidelização recebe dados úteis extraídos dos *e-mails* recebidos como resposta às ligações que eles atenderam.

Que grande conjunto de informações construtivas – *feedback* dos supervisores, *input* de um grupo identificado das melhores chamadas e dados não rastreados de voz de todos os clientes, obtidos por meio de métricas científicas. Em todos os níveis e por toda a organização, a liderança da Zappos escuta, compartilha, mede, ensina e estimula o aumento do profissionalismo no atendimento.

COMUNICAÇÃO PARA TODOS

Em seu clássico slogan, a Florida Orange Growers Association publicou a seguinte frase: "Suco de laranja não é mais só para o café da manhã". Alterando um pouco essas palavras, na Zappos, "Conexões pessoais não são mais só para os clientes". Na verdade, os líderes da Zappos têm paixão por utilizar uma comunicação aberta para promover conexões emocionais pessoais, para distribuir entusiasmo e para gerar felicidade aos funcionários, fornecedores e até mesmo àqueles que não são clientes.

Tony Hsieh usa a metáfora da estufa para demonstrar a importância de criar conversações abertas e de alimentar o crescimento: "Em algumas organizações, os líderes agem como se fossem as plantas mais fortes, as mais altas, e todas as outras deveriam admirá-las e desejar ser como elas. Eu me imagino mais como um arquiteto da estufa, uma vez que minha função é permitir que todas as plantas – nosso pessoal – se desenvolvam e alcancem seu potencial máximo. Como líderes, precisamos nos comunicar abertamente com nossas equipes e fazer todo o possível para proporcionar as condições ideais para que cada indivíduo possa crescer totalmente". O Princípio 4, "E S P A L H E", detalha as oportunidades educacionais oferecidas aos zapponianos para alimentar seu desenvolvimento, e o Princípio 5, "Jogue para vencer", explora como os líderes criam uma família Zappos incrivelmente coesa. Mas, por enquanto, vamos dedicar algum tempo para explorar a comunicação bidirecional e transparente que serve como base para conexões emocionais pessoais com funcionários e, no final das contas, cria confiança.

UMA PAUSA ZAPPIFICADA

Você sabia que os executivos da Zappos literalmente trabalham em uma selva? Tony Hsieh e outros líderes seniores da Zappos, chamados de os macacos, ocupam um conjunto de escrivaninhas no centro da matriz da empresa, uma área que exibe uma exuberante folhagem verde pendurada no teto, acima das cabines. Assim, essa área de escrivaninhas é apropriadamente chamada de "Ala dos Macacos". Pense no que isso significa em termos de humildade, acessibilidade e diversão quando os líderes corporativos trabalham em cabines centralizadas e alegremente decoradas. Os líderes da

Zappos estão muito além de uma política de portas abertas e eles se desenvolvem em um ambiente sem portas. Agora que você já sabe sobre a selva e os macacos... vá adiante!

Em todas as organizações, os líderes e os funcionários envolvem-se em conversações regulares, espontâneas e informais. A maioria das empresas vai um pouco além e formaliza um oportunidade anual de escutar o *feedback* dos funcionários por meio de uma pesquisa. A Zappos, ao contrário, transformou o *input* das equipes em um nível de atividade mensal chamado "Pesquisa de felicidade de cinco segundos". Todos os meses, os líderes da Zappos organizam uma pesquisa interna com os funcionários da empresa, dando-lhes a oportunidade de preencher uma avaliação na qual eles atribuem uma pontuação quantificável e fazem comentários. Enquanto os funcionários podem preencher a pesquisa de forma anônima, os líderes respondem a cada comentário pessoalmente, caso o membro da equipe decida se identificar, e todas as informações são divulgadas, tanto com pontuação numérica quanto com comentários escritos. Os zapponianos também são informados das mudanças que ocorrem como resultado dos dados coletados a cada mês e, de acordo com Rebecca Henry Ratner, diretora de RH da Zappos, "a participação dos funcionários na pesquisa mensal varia entre 60% e 85%. Nós analisamos essa tendência em uma semana e imediatamente a enviamos aos departamentos".

A Pesquisa de felicidade de cinco segundos pede que os funcionários respondam com 1 para certamente; 2, algumas vezes; ou 3, nunca, para as seguintes questões:

- Acredito que a empresa realmente tenha objetivos que vão além do lucro.
- Meu papel na Família Zappos tem um objetivo real, ou seja, é mais do que um emprego.
- Sinto que tenho controle de meu plano de carreira e que estou progredindo pessoal e profissionalmente dentro da Família Zappos.
- Considero meus colegas de trabalho minha família e meus amigos.
- Estou muito feliz com meu trabalho.

Forjar conexões emocionais com funcionários não está relacionado ao que você pede, mas para que você pede. Esse processo envolve uma vontade de buscar *input*, consultar regularmente, responder pessoalmente ao que é compartilhado, comunicar com transparência o *input* recebido e atuar nas sugestões. Além da Pesquisa de felicidade de cinco segundos mensal, a Zappos aperfeiçoou uma série de outros métodos de comunicação das equipes, incluindo:

- Blogs imparciais de liderança.
- Relatórios diários de vendas.
- Mensagens comunicadas por vídeo.
- Um fórum "pergunte o que quiser".
- Acesso total à Ala dos macacos.

A sinceridade do blog de Tony (blogs.zappos.com/blogs/ceo-and-coo-blog) se reflete na sua vontade de falar de maneira franca e emocional sobre assuntos delicados, porém importantes, ao longo de toda a história da empresa. Esses *posts* incluíram a lógica e a angústia sobre demissões em 2008, as ansiedades e incertezas da compra da empresa pela Amazon, as discussões das crescentes dores reais com que se depararam após a aquisição da empresa pela Amazon, uma retrospectiva de um ano sobre as previsões que Tony havia feito na época da aquisição e a divulgação dos planos preliminares para uma mudança da matriz da Zappos de Henderson, Nevada, para o centro de Las Vegas. Em todos os casos Tony permitiu que o público fizesse comentários em seu blog. Ele e outros líderes da Zappos não estão controlando uma mensagem de liderança ao fazer blogs "de cima para baixo", mas sim fazendo um convite para a conexão e o diálogo. Tony também pede *input* para *e-mails* e, muitas vezes, finaliza os blogs com perguntas aos funcionários. Essas perguntas tratam de assuntos como "O que você gostaria que fossem sua marca e seus valores pessoais? De que modo você pode usar o Twitter como uma ferramenta para ajudá-lo a crescer como pessoa e a ser mais feliz? Como você inspira pessoas para que prestem atenção ao que lhe interessa?" Além disso, o blog de Tony em geral começa discussões que continuam nos encontros de "perguntas e respostas" ou nas reuniões gerais.

Partindo da premissa de que informação demais é melhor do que pouca informação, além dos blogs, cada zapponiano recebe *e-mails* diários atualizados. Jamie Naughton, porta-voz da Zappos, diz: "Queremos que nossos funcionários tenham muita informação, e talvez até mais do que eles queiram, pois compartilhar informação dá aos funcionários a oportunidade de tomar decisões que beneficiam a todos nós. Nossa abordagem para comunicação é forjar parcerias com cada um dos funcionários, e não basta que apenas os 5% melhores da empresa tenham um conhecimento corporativo enquanto todos os outros trabalham no escuro". E ele explica: "Todos os dados de nossas vendas são enviados diariamente por e-mail aos nossos funcionários, para que eles saibam exatamente quanto estamos vendendo e quanto estamos deixando de vender".

Jamie acrescenta que o compartilhamento de informações tem aumentado e melhorado com o tempo: "Por exemplo, uma das coisas que acrescentamos foi nossa meta, pois, assim, os funcionários podem colocar em perspectiva as vendas e os pedidos. Essa informação ajuda nossa família a ver qual é a nossa tendência, quanto precisamos gerar diariamente para atingir nossos objetivos, e oferece projeções baseadas no nosso desempenho atual. Colocando todas essas informações nas mãos de nosso pessoal diariamente, sabemos se vamos perder, alcançar ou superar nossos objetivos, e isso nos ajuda a fazer mudanças e correções em nosso curso. Aqui na Zappos não há surpresas desagradáveis nas vendas". De acordo com o ex-diretor financeiro da empresa, Alfred Lin, "As atualizações diárias de vendas são apenas o outro lado da divulgação completa. Essa informação é muito detalhada, com mais de 1.200 marcas apresentadas, e é enviada para toda a empresa. Você pode recebê-la a cada hora, ou, se preferir, até mesmo a cada 15 minutos".

 Essa revigorante abordagem com relação à troca de informações honestas entre a liderança e a equipe destrói muitos paradigmas antigos, nos quais as equipes de comunicação corporativa se encontram em reuniões a portas fechadas, trabalhando para dar um giro positivo a pontos de discussão sancionados. Do ponto de vista da equipe, a abordagem de comunicação na Zappos leva a reações como as compartilhadas por Sheila Clinard, uma funcionária da área de renovação das centrais de processamento de pedidos: "Sinto que realmente sei o que está acontecendo aqui na Zappos, pois os líderes não escondem a verdade de nós, e eles também não querem que escondamos a verdade ou digamos apenas o que querem ouvir". Vanessa Lawson, treinadora sênior da Zappos, concorda com o sentimento de Sheila dizendo: "Se pensarmos no modo como muitas pessoas consideram seus funcionários nos dias de hoje, isso vai parecer estranho, mas eu confio 110% nesta empresa. Confio que eles estão me informando os fatos reais, que estão escutando, e que verdadeiramente se importam com o bem-estar de todos nós. É muito bom sentir isso. Também gosto de receber os dados financeiros da empresa, pois assim podemos ver para onde vão os lucros. Até ter conhecimento desses dados, a maioria de nossos funcionários não percebe quanto de nosso lucro é usado para administrar a empresa, e o treinamento nos ajuda a fazer um melhor julgamento dos números que normalmente vemos".

 Os líderes da Zappos entendem que, para que os funcionários criem relacionamentos com os clientes por meio de uma "comunicação aberta e honesta", eles precisam personificar o mesmo valor em seus relacionamentos com os funcionários. David Hinden, assistente de comercialização da Zappos, pode resumir melhor como a comunicação aberta cria relacionamentos para os funcionários da Zappos e para os clientes: "Acho que isso acontece com muitas pessoas – a maneira como você é tratado geralmente prenuncia como você trata os outros. Na Zappos, a comunicação flui dos líderes para o pessoal, e do pessoal para os líderes, e a confiança é construída a partir desse compartilhamento honesto. Depois, a confiança se estende aos nossos clientes, os quais, por sua vez, confiam em nós". Que grande fórmula para a criação de relacionamentos de equipe saudáveis e, por extensão, relacionamentos pessoais com os clientes – dizer a verdade, comunicar-se com frequência, acrescentar uma escuta ativa e autêntica, agir sobre as coisas que você ouve, admirar a confiança adquirida e ver essa confiança mover-se na direção dos clientes e de volta para sua marca.

TESTE ESTAS IDEIAS
1. Você está usando alguma variação do NPS? Você pode isolar os dados dos resultados do NPS e relacioná-los com os prestadores de serviço individuais? Você está compartilhando os resultados coletivos e individuais de suas pesquisas NPS como uma ferramenta para melhorar suas conexões emocionais com os clientes?
2. Você pode imaginar-se pedindo aos seus clientes para avaliar sua equipe e dar opinião como resposta às seguintes perguntas: "Se você tivesse sua própria empresa focada em serviço, qual a possibilidade de você contratar essa pessoa para trabalhar com você?" Como você imagina que seriam os resultados em sua empresa? Você também forneceria esses resultados para os seus funcionários como uma ferramenta para melhorar a excelência do serviço?
3. Você gostaria de perguntar mensalmente aos seus funcionários se eles estão felizes no trabalho? Que percentual dos seus funcionários você acredita que responderia à pesquisa todos os meses? O que você acha que esses resultados revelariam?
4. Se pesquisasse seus funcionários mensalmente, você divulgaria todos os resultados da pesquisa, inclusive com os comentários recebidos?
5. Qual a confiança que seus clientes têm em seu negócio? Quanto os seus funcionários confiam em seus líderes? Como você sabe?

O QUÊ? FORNECEDOR TAMBÉM É GENTE?

Como consultor, treinador e observador corporativo, sou um fornecedor e, com base em uma vasta experiência, posso garantir que há uma grande variação em como os diferentes clientes corporativos enxergam e tratam seus fornecedores. Algumas vezes, os fornecedores são tratados como '*commodities*'; outras vezes, somos "um mal necessário"; e em outras, ainda, os relacionamentos fornecedor/cliente são parcerias pessoais. Nos primeiros anos da Zappos, apesar das conexões profissionais de veteranos em sapatos como Fred Mossler, os fornecedores relutavam em ter seus produtos vendidos por meio de um *site* novo de loja de sapatos. Como diz Tony Hsieh: "Desde o início sabíamos que estávamos pedindo que os fornecedores fizessem um trabalho diferente. Para colocar seus produtos em nosso *site*, os fornecedores tinham que ver e sentir que os tratávamos de maneira diferente. Essencialmente, tratávamos nossos fornecedores como parceiros de verdade – o que não ocorria na indústria do calçado –, nos importávamos com seu sucesso e queríamos que nossas escolhas demonstrassem esse cuidado".

Um fornecedor da Zappos, Butch Hazlett, da New Balance, ratifica os comentários de Tony: "A Zappos é impressionante! Começa com a visão de Tony, e depois existe uma pessoa como Fred para liderar a mudança, mas toda a equipe da empresa se preocupou em conhecer nosso negócio e desenvolver relacionamentos mútuos benéficos conosco e com todos os seus fornecedores. A Zappos compartilha a informação de tal maneira que faz que tanto eles quanto nós tenhamos mais sucesso. Graças à cultura da empresa, a atenção dos fornecedores é realmente uma coisa inédita no setor, e terminamos por fazer negócio com amigos na Zappos – pessoas que verdadeiramente se preocupam conosco". Em vez de tentar esconder dos fornecedores as informações de vendas, na esperança de que isso dê à Zappos uma vantagem competitiva quando negocia compras para o estoque, a empresa permite que os fornecedores tenham acesso transparente aos dados de venda em tempo real. Essa transparência tem ajudado tanto a Zappos quanto seus fornecedores a trabalhar para melhorar o modo como seus produtos são colocados à venda no *site* da Zappos e aumentar o volume total de vendas.

Os fornecedores constantemente falam sobre o "diferencial Zappos". Miles Olson, representante independente de vendas da UGG Australia, comenta: "Desde o início, eu ia até a Zappos nas tardes de sexta-feira. Fred e eu analisávamos nosso negócio compartilhado e planejávamos nosso próximo trabalho juntos. Depois disso, íamos tomar uns drinques, e isso, quase imediatamente, tornou-se um hábito. Durante muitas tardes, encerrávamos nosso trabalho individual e nos reuníamos em uma *happy hour*. Desde o início, a Zappos tem tratado os fornecedores como pessoas, e isso gerou um companheirismo. Captamos a visão deles, e eles captaram a nossa. A Zappos também encontrou maneiras para que compartilhássemos objetivos de curto, médio e longo prazos, e permitiu que fizéssemos parcerias para alcançar objetivos comuns. Eles não nos viam como adversários que precisavam dominar a fim de prosperar". Em essência, a Zappos desenvolveu uma abordagem colaborativa "centrada no fornecedor", e em vez de tratar os fornecedores como se fossem *commodities* que poderiam ser descartadas facilmente, a empresa procurou atendê-los e entusiasmá-los visando a relacionamentos de longo prazo.

Tom Austin, representante da Clarks, diz: "A equipe da Zappos não mede esforços para entusiasmar os fornecedores por meio de serviço. De fato, um grupo da Zappos veio nos visitar em nosso depósito de Hanover, Pennsylvania, e planejávamos jantar juntos. Um dos funcionários da Zappos ligou para todos os restaurantes da redondeza a fim de descobrir qual deles tinha uma reserva para Clarks e informou à gerência do restaurante o número do cartão de crédito da Zappos para que a Clarks não tivesse de pagar a conta. Em minha opinião, trata-se menos de quem paga, e mais sobre o nível de cuidado e consideração com que a Zappos trata todos os aspectos do negócio e também como eles incorporam e colocam em prática a palavra *parceria*". E Tom acrescenta: "Na Zappos, o tratamento dado aos representantes dos fornecedores é verdadeiramente espetacular. Frequentemente, ouço outros fornecedores perguntarem: "Você não gostaria que todos os seus clientes fossem como eles?".

A maioria dos fornecedores aprecia o trabalho que lhes é oferecido e geralmente se esforça para oferecer soluções profissionais, independentemente de como são tratados, mas nem todos os clientes são iguais. Alguns recebem esse pequeno esforço extra. Quando dois clientes têm um perfil semelhante e ambos têm uma necessidade especial e urgente, clientes como a Zappos geralmente recebem um atendimento um pouco mais rápido do que aqueles que não tratam os fornecedores como parceiros ou não têm tanto respeito.

TODOS SÃO CLIENTES

Ok, então a Zappos tem conexões pessoais com seus clientes, funcionários e fornecedores. Poderia haver outro nível de relacionamento com a marca? E o que dizer das pessoas que simplesmente têm interesse na sua empresa? Enquanto muitas das pessoas que decidem fazer uma visita, de cortesia ou atualização, à matriz da Zappos já são clientes, algumas apenas querem conhecer melhor uma empresa que tem acumulado atenção positiva da mídia. A Zappos recebe bem a todos. Em minha opinião, é difícil imaginar que uma visita a um escritório de *call-center* tenha se tornado uma atividade muito desejada pelos visitantes, principalmente em uma cidade tão dinâmica como Las Vegas. Mas estamos falando da Zappos. Na verdade, não é de se estranhar que a empresa receba 1.200 visitantes por mês em sua matriz, e muitas vezes essas pessoas são apanhadas e levadas do aeroporto e/ou de seu hotel.

> Para entender o que você pode sentir em um passeio na Zappos, junte-se a mim em http://www.zappified.com/tour ou direcione seu leitor QR para a imagem a seguir.
>
> [QR code]

Para começar, como a Zappos iniciou seu serviço *shuttle** e os passeios na Matriz? E por que uma empresa comprometeria recursos para proporcionar visitas a pessoas que talvez nem fossem clientes?

Vamos ouvir uma breve história do "Prefeito da Zappos", Jerry Tidmore. Jerry lembra: "No início, nosso call-center se localizava bem perto do aeroporto, e os fornecedores sempre desejavam encontrar-se conosco. Eles vinham até nós de táxi, e nós os levávamos de volta ao aeroporto. Fred decidiu que precisávamos de um transporte exclusivo para os fornecedores nos dois trajetos, por isso acabamos tendo um veículo de passageiros. Cerca de seis meses depois, compramos um maior, e um ano depois precisamos de nosso primeiro ônibus de 14 lugares para levar e trazer os fornecedores. Também tínhamos um programa mensal para ensinar os fornecedores a acessar os dados de que necessitavam para acompanhar as vendas de seus produtos no *site*. Naqueles dias, muitos deles costumavam vender apenas para lojas como Nordstrom e, por isso, se interessavam por ver todos os nossos call-centers em ação. Por isso, Fred disse: 'Jerry, você pode levá-los em um *tour*?' E foi assim que começaram os *tours*". Por fim, o transporte exclusivo e os *tours* foram estendidos para todas as pessoas que se interessem pela Zappos.

Como os convidados para o *tour* são tratados como reis, inclusive com uma lembrança do tempo que passam no "trono", a popularidade dos *tours* da Zappos cresceu de boca em boca e proporcionou uma excelente propaganda para a empresa. Embora a Las Vegas Convention and

---

* N. de T.: Transporte de ida e volta.

Visitors Authority tenha popularizado o *slogan* "o que acontece em Vegas, permanece em Vegas", ele não se aplica aos *tours* da Zappos. De fato, a busca da frase "Zappos *tour*" no Google produz milhares de resultados, e há centenas de vídeos do YouTube relatando um passeio pela empresa.

Além das histórias das visitas, também há amplas conversações *on-line* e *off-line* sobre o serviço de transporte da Zappos. Roz Searcy, promotor do Kan Du da Zappos, conta uma dessas histórias: "Um funcionário de nosso departamento foi ao aeroporto para buscar um fornecedor que estava um pouco atrasado. O motorista do micro-ônibus começou a conversar com duas senhoras que estavam no aeroporto aguardando pelo seu transporte. Ficamos sabendo que elas tinham levado mais de duas horas até chegar ao hotel para assistir a uma conferência, e quando quiseram saber o que havia acontecido com seu transporte, foram tratadas com rispidez, por isso nosso funcionário levou-as até onde precisavam". Roz observa: "A história continua. Essas senhoras mandaram notas de agradecimento para nosso funcionário. Uma delas inclusive deixou a atividade para vir até a Zappos e fazer um *tour* enquanto estava na cidade".

Que relacionamentos são importantes para seu negócio? Apenas os que se referem aos clientes? Talvez sejam aqueles entre seus líderes e os funcionários. E os relacionamentos entre os funcionários e os fornecedores? Quanto você está investindo na criação de experiências que o conecte pessoalmente com todos que entram em contato com sua marca? Muitas empresas gastam muito em publicidade, mas decepcionam a publicidade quando as interações com a marca falham na demonstração da verdadeira atenção. Na Zappos, como na maioria das grandes empresas de serviço, os relacionamentos autênticos são formulados nos níveis mais altos da organização. Hoje em dia, para que os negócios durem, os líderes precisam entender que as pessoas (clientes, funcionários, partes com interesse casual e até vendedores) têm acesso a informações instantâneas e a um vasto leque de opções. Como resultado, elas não querem ser tratadas como uma *commodity*, um adversário ou um objeto de desejo. O patrimônio de uma marca geralmente está ligado à sinceridade da comunicação de seus líderes e à prioridade que esses líderes colocam em um relacionamento de longo prazo. Buscando conexões em todos os níveis, você vai sentir os duradouros benefícios de vendas, fidelidade e, possivelmente, até mesmo o fanatismo de clientes, funcionários, vendedores e não clientes.

CAPÍTULO 7 – IDEIAS PARA SEGUIR

— Os líderes são responsáveis por ajudar os membros da equipe a desenvolver seu talento para o serviço.

— Os membros da equipe geralmente estão mais dispostos a receber treinamento se itens de controle e avaliação de desempenho não estiverem incluídos no processo.

— Histórias de serviço entusiasmantes devem ser solicitadas aos clientes.

— A existência de metas e de fontes diversas de *feedback* ajudam no aprimoramento de habilidades complexas, tais como as que são exigidas se você quiser garantir a conexão e a fidelidade do cliente.

— O ditado "você recebe o que você mede" também é verdadeiro para a criação de conexões emocionais pessoais, entusiasmo e felicidade do cliente.

— Grandes líderes buscam *input*, procuram constantemente, escutam, põe em prática o que escutam e voltam ao que haviam escutado e posto em prática.

— É mais provável que haja falta de comunicação do que excesso de comunicação.

— Os vendedores e os não clientes também são pessoas e também desejam relacionamentos autênticos.

— Os vendedores que são tratados como verdadeiros parceiros criam metas compartilhadas com os clientes e fazem um esforço extra para atingir essas metas.

— Você pode gastar dinheiro com propaganda para criar uma promessa de marca e/ou gastar para fazer conexões pessoais por meio de experiências de marca enriquecidas.

PRINCÍPIO 4

ESPALHE

Se você quer ser feliz, defina um objetivo
que comande seus pensamentos, libere sua
energia e inspire suas esperanças.
 Andrew Carnegie

Talvez o ágil espírito da Zappos reflita a natureza iconoclástica de sua liderança, ou a personalidade de um CEO que era um empreendedor na escola primária. Possivelmente a natureza variável da Zappos seja o resultado do fato de os oponentes estarem constantemente dizendo aos seus líderes que eles provavelmente não teriam sucesso. De qualquer maneira, a rápida evolução da Zappos é prova do que as empresas podem conseguir por estarem insatisfeitas, buscando conhecimento e incapazes de se apaixonar pela maneira como as coisas são ou como sempre foram.

O Capítulo 8, "A Universidade Zappos", concentra-se na maneira que a Zappos desafia os funcionários a serem especialistas no assunto, pessoas melhores e futuros líderes organizacionais. Demonstra até onde uma empresa pode ir para desenvolver talentos internos e realmente criar o plano, muitas vezes comentado, de sucessão e progressão. O capítulo também inclui *insights* de como alcançar objetivos de desenvolvimento pessoais e profissionais que sustentam a fidelidade e o comprometimento da equipe. O Capítulo 9, "Muito além dos sapatos", examina como a Zappos ampliou o alcance de sua marca bem além de sua linha original de produtos em uma comercialização maior e até mesmo em treinamento de liderança corporativa. Esse capítulo também vai examinar como a Zappos inova os processos, as tecnologias e os canais, inclusive o pensamento de liderança da empresa na mídia social. É hora de relaxar, levantar os braços e ter o máximo alcance.

CAPÍTULO 8

A UNIVERSIDADE ZAPPOS

Por melhor que a Zappos seja atualmente, os funcionários e os líderes sempre dirão que precisam ser melhores. Rebecca Henry Ratner, diretora de RH da empresa, capta o constante sentimento de luta e inquietação quando diz: "A Zappos é um lugar onde há tensão todos os dias. Nunca sei o que vai acontecer, mas sei que vou gostar. Sou constantemente desafiada e colocada em situações em que preciso sair de minha zona de conforto; na verdade, fora de minha zona de conforto está começando a tornar-se minha zona de conforto. Felizmente, a Zappos entende que o segredo para reter as boas pessoas é mantê-las desafiadas e aprendendo, e é aí que entra nossa equipe Pipeline".

Mesmo que eu tenha intitulado este capítulo de "Universidade Zappos", na verdade não há uma universidade na Zappos. Ou há? Embora tecnicamente a resposta à minha pergunta fosse não; funcionalmente, a resposta seria sim. A Zappos não possui uma universidade propriamente dita, mas a estrutura da equipe Pipeline é mais parecida com uma universidade do que com um departamento tradicional de treinamento corporativo. Em vez de os zapponianos terem de enfrentar ofertas de seminários obrigatórios, geralmente chatos, previsíveis e marginalmente relevantes, a equipe

Pipeline criou um amplo catálogo de cursos dinâmicos e interativos. Esse currículo foi desenvolvido na Zappos para responder a duas perguntas comerciais globais: (1) Quais são os conjuntos de conhecimento e comportamentos necessários para produzir departamentos e líderes fortes na Zappos? e (2) O que deveria ser oferecido para cultivar a cultura e aumentar a felicidade dos zapponianos? Na verdade, a Pipeline da Zappos trabalha para facilitar o crescimento pessoal da equipe, da liderança e da empresa. Considerando a amplitude dos objetivos do programa Pipeline, vamos concentrar nossa análise dos processos e das ofertas do programa no que dizem respeito ao conhecimento essencial, ao desenvolvimento de liderança e ao crescimento pessoal.

CONHECIMENTO ESSENCIAL

Nos últimos anos, organizações como Conference Board, Corporate Voices for Working Families, Partnership for 21st Century Skills e Society for Human Resource Management pediram aos empregadores para classificar o conhecimento e as habilidades dos funcionários que eles contrataram diretamente saídos do ensino médio, de escolas profissionalizantes e de universidades. As descobertas desses estudos, geralmente chamados de relatórios de qualidade da força de trabalho, usualmente concluem com declarações como "há 'deficiências' significativas entre os participantes em todos os níveis educacionais" ou "a qualidade da força de trabalho é um dos principais problemas que o país enfrenta".

Enquanto os debates sociais se preocupam em como alinhar a educação formal com as necessidades das empresas, a Pipeline da Zappos oferece sua própria solução para objetivos de curto e longo prazo na empresa. Em vez de falar sobre a falta de qualidade de seus novos contratados, a Zappos desenvolveu um currículo que garante o sucesso de qualquer pessoa que se enquadre na cultura da Zappos e, portanto, queira viver os valores da empresa na "busca de crescimento e aprendizado". Como o sucesso é diferente nos vários departamentos da Zappos, a equipe Pipeline cria conteúdos específicos para cada departamento a fim de ajudar no desenvolvimento da carreira. Por exemplo, os zapponianos que têm muito contato com os fornecedores, como os compradores, terão aulas de relacionamento, ao passo que os funcionários que trabalham nas centrais de processamento de pedidos da Zappos, receberão cursos como "otimização do armazém". De várias formas, essas áreas de currículo podem ser vistas como departamentos na Universidade Zappos, os quais têm seus próprios currículos específicos criados sobre as ofertas básicas (educação geral) fornecidos pela equipe Pipeline. Na verdade, o catálogo cada vez maior de disciplinas oferecidas pela Pipeline Zappos se divide em três categorias: essencial, liderança e eletivo. Todos os funcionários que terminaram seu treinamento de novos contratados podem assistir às aulas dos níveis essencial e eletivo, e as aulas em nível de liderança são ministradas para qualquer zapponiano que tenha subordinados diretos ou para aqueles que não têm subordinados diretos, mas que tenham a aprovação de seu supervisor.

Os funcionários da Pipeline ministram a maioria dos cursos, com aulas ocasionais dadas por um especialista do assunto do departamento. Por exemplo, um membro da equipe de finanças da Zappos geralmente dá aulas de "Introdução a finanças". Devlyn Torres, supervisora da equipe Pipeline da Zappos, observa: "Criar nossas próprias disciplinas permite que as façamos totalmente voltadas para a família Zappos. Também permite infundir nossos valores essenciais em cada uma das aulas e garantir que elas ajudem a solucionar problemas reais de treinamento". A natureza única das ofertas específicas da família Zappos pode ser encontrada nas pequenas amostras de descrição das aulas do currículo principal da Pipeline Nevada dada a seguir.

NÍVEL ESSENCIAL 1

A história da família Zappos

Duração: Oito horas. Este é um *tour* guiado da história da família Zappos, desde as primeiras lembranças de nosso fundador até os acontecimentos mais recentes, contados em vídeo por pessoas que estavam lá. Após essa aula, você será capaz de discutir com exatidão a história das empresas Zappos, bem como incorporar ideias e fundamentos que vêm desde o início até os dias de hoje.

Comunicação 1:
Comunicando-se com eficiência em qualquer situação

Duração: Três horas. Esse curso interativo, que é baseado em debates e inclui atividades, analisa o ciclo básico de comunicação e identifica as áreas mais fortes, como aquelas que precisam de melhorias em meio à comunicação com os colegas.

NÍVEL ESSENCIAL 2

Comunicação 2:
Superando barreiras e resolvendo conflitos

Duração: Duas horas. Em uma equipe há diferentes personalidades e opiniões. Esta aula vai concentrar-se nas barreiras que podem estar impedindo um diálogo melhor com seus colegas. Vamos ver também como incentivar "boas disputas". Traga suas histórias de situações difíceis para discutirmos. Pré-requisito: Comunicação 1: Comunicando-se com eficiência em qualquer situação.

A ciência da felicidade

Duração: Duas horas. A visão das empresas Zappos é distribuir felicidade. Você sabia que felicidade não está relacionada à sorte, mas sim à ciência? Quer saber mais? Junte-se a nós para uma discussão sobre a ciência da felicidade!

Fred Factor e *FISH:*
Vá pescar com o carteiro

Duração: Duas horas. Você já teve vontade de ir pescar com um carteiro? Aqui está a sua chance! Reserve seu lugar em *Fred Factor* e *FISH*! "Barco de inspiração"! O objetivo é estimular a criatividade, entrar no nosso espírito e fazer um *brainstorming* para levar os princípios FISH! para o próximo nível.

Os dois são livros pequenos e agradáveis, portanto, leia-os antes de participar da aula. Nos encontramos a bordo!

NÍVEL ESSENCIAL 3

Cultura

Duração: Cinco horas. A aula de cultura reacende, inspira e o desafia a levar o seu papel dentro da cultura para o próximo nível. Esta aula é extremamente interativa e conta com atividades baseadas em debates. Por meio dessas atividades e desafios, a aula de cultura se destina a apresentá-lo a oportunidades nas quais você pode fazer a diferença.

Finanças 1: Entendendo relatórios de finanças

Duração: Três horas. Nesta aula, abrangemos os três relatórios básicos de finanças: balanço, demonstração de resultados do exercício e demonstração do fluxo de caixa.

Reproduzido com permissão da Zappos.com.Inc.

Uma análise desse exemplo típico de ofertas de disciplinas retrata claramente os múltiplos níveis de classes essenciais fornecidas na Zappos, bem como a diversidade de currículos. Quer seja um enriquecimento de cultura, educação comercial básica ou aumento do comprometimento pessoal, o currículo principal da Zappos reflete um conteúdo que tem amplo valor para todos os zapponianos e que proporciona desenvolvimento de habilidades em todos os departamentos. Mark Sanborn, autor de *The Fred Factor* [O fator Fred], um livro utilizado no curso do Nível essencial 2 da Zappos "Fred Factor e FISH", comenta "É gratificante ver meu trabalho usado pela Zappos, porque mostra como uma organização com cultura para o crescimento pode trazer ideias de fora da organização e adequá-las para o sucesso de sua empresa. Os tipos de princípios de liderança que eu abordo têm aplicação em qualquer tempo, local e ambiente de negócios, e a Zappos tomou esses princípios e os adotou para maximizar sua eficácia. Praticamente qualquer empresa se beneficiaria se adotasse essa mesma abordagem". Os comentários de Mark ilustram o segredo da criatividade do treinamento da Zappos. Procure saber o que as pessoas em sua empresa precisam saber; vasculhe a literatura pessoal e da empresa na busca dos melhores livros, artigos, conceitos e tecnologias; e transforme esse material de ponta em aulas atraentes e interativas que sejam relevantes para seu ambiente de trabalho e para os valores de sua empresa. Assim, você desfrutará de uma vantagem competitiva sobre empresas que não possuem essa base comum de conhecimento.

Além das aulas essenciais, a equipe da Pipeline da Zappos trabalha com vários segmentos, tais como comercialização ou a equipe de fidelização do cliente (EFC), para desenvolver currículos de treinamento específicos para os departamentos. Loren Becker, supervisor da Pipeline Zappos, sugere: "O sucesso do treinamento Pipeline é a parceria com os líderes de departamento para identificar o conhecimento e os comportamentos que esses líderes consideram importantes em suas áreas. Trata-se de um exercício um pouco estranho, mas fundamentalmente esses líderes precisam imaginar o que aconteceria se todos os líderes de departamento desaparecessem de uma hora para a outra. Seus departamentos seriam capazes de funcionar sem interrupção? Em caso negativo, quais os conjuntos de conhecimento e comportamentos que eles deveriam desenvolver e em que sequência?". Loren observa que a equipe Pipeline auxilia os líderes de departamento a desenvolver o trabalho de conclusão do curso que ajuda os zapponianos a, sistematicamente, alcançar o próximo nível em seus respectivos departamentos. Ele também enfatiza que somente a conclusão do trabalho não é uma base suficiente para avanço na Zappos. Como resultado, os gerentes trabalham com funcionários para criar planos de progressão individualizados que se dividem na conclusão do treinamento formal e acrescentam coisas como comportamentos e atividades que precisam estar implementadas para que um funcionário justifique uma promoção.

Para aqueles que querem progredir na Zappos, os planos de carreira geralmente envolvem uma quantidade mínima de tempo em um departamento, a conclusão das aulas Pipeline exigidas (tanto as essenciais quanto as específicas do departamento) e uma variedade de outros treinamentos, cultura e elementos da comunidade.

Para termos uma ideia da amplitude das aulas específicas dos departamentos que foram, e estão sendo, criadas nos planos de carreira, vamos dar uma olhada na comercialização Pipeline. A partir do cargo de assistente comercial, uma classificação de emprego para um comprador Zappos em nível inicial, um papel avançado na área de negociação, há mais de 40 classes de treinamento específicas para o departamento, tais como matemática de varejo, planejamento de fornecimento e previsão. Os planos de carreira para os assistentes comerciais também se entrelaçam com 20 ofertas Pipeline adicionais, não específicas a um departamento, para ajudar os funcionários no seu progresso para a posição de comprador. Cada promoção na jornada de um funcionário na Zappos depende não apenas de ter aulas Pipeline definidas, mas também da demonstração de domínio desse conhecimento no desempenho de sua função. Além disso, os zapponianos precisam completar todos os outros aspectos de seu plano de carreira específico, tais como acompanhar outros funcionários, ler material adicional, contribuir para a cultura Zappos e desempenhar funções voluntárias adequadas. Para avançar dentro da empresa, os zapponianos devem estar ativamente envolvidos em projetos dedicados ao fortalecimento da cultura da empresa, tais como a criação de eventos por todo o departamento ou toda a empresa. Eles também devem participar de projetos corporativos de responsabilidade social, como Zappos Holiday Gift Drive ou LIVESTRONG Day. Alesha Giles, compradora de sapatos infantis da Zappos, diz: "A Pipeline nos ajudou a definir claramente quais habilidades, atividades e comportamentos precisamos observar para saber se uma pessoa está pronta para o próximo nível de responsabilidade, o que também serve como um roteiro para o desenvolvimento de talento e liderança".

Enquanto muitas organizações falam sobre desenvolvimento de talentos, a Zappos criou uma plataforma de treinamento cada vez melhor para transferir o conhecimento corporativo e aperfeiçoar ainda mais o crescimento específico da carreira. De muitas formas, a Zappos está fazendo o que disse o ex-presidente e diretor financeiro da General Electric, Jack Welch, quando sugeriu: "A capacidade que uma empresa tem de aprender e de traduzir esse aprendizado em ações rápidas é a vantagem competitiva mais importante".

TESTE ESTAS IDEIAS

1. O que aconteceria se todos os líderes de um setor de sua empresa saíssem amanhã? Você desenvolveu outros funcionários que pudessem assumir essas posições de liderança sem problemas?
2. Se você contratar novos funcionários recém-saídos do ensino médio, de uma escola profissionalizante ou de universidade, como eles estariam preparados para o trabalho? Que estratégias você desenvolveu para complementar qualquer déficit na qualidade da sua força de trabalho em áreas de conhecimento essenciais para seu negócio?
3. Além do tempo que estão no trabalho e do bom desempenho na posição atual, que outras habilidades, conhecimentos e comportamentos os funcionários de nível inicial precisam ter antes de poder progredir em sua organização?
4. Você desenvolveu um roteiro de vias de progressão típicas em sua empresa, com metas de atendimento? Você identificou as habilidades, conhecimentos e comportamentos exigidos em cada etapa?
5. Você discute com sua equipe os planos de carreira personalizados?
6. Você desenvolveu conjuntos de ferramentas, leitura recomendada ou exigida, atividades de treinamento interno ou estratégias de treinamento cruzado para ajudar no progresso de sua equipe?

TREINAMENTO DE LIDERANÇA

Certa vez, o lendário treinador de futebol da NFL, Vince Lombardi, disse: "Ao contrário do que muitos pensam, os líderes não nascem, são feitos. E eles são feitos com muito esforço". Na Zappos, o desenvolvimento da liderança é levado a sério, e a equipe Pipeline oferece oportunidades para os líderes fazerem o trabalho árduo necessário para obter os melhores resultados da sua equipe. Antes de vermos um exemplo do trabalho baseado em atividades de treinamento em nível de liderança na Zappos (certo, eles também se divertem nas aulas), é bom ver um exemplo de descrição de aula. A lista a seguir reflete as ofertas de liderança e os níveis de aulas oferecidos aos funcionários da Zappos com responsabilidade de supervisão.

LIDERANÇA NÍVEL 1

Orientação gerencial

Duração: Uma hora. Esta é uma introdução sobre a filosofia de gestão da Família Zappos baseada em debates com Tony e Fred. Os debates se concentrarão em seu papel como orientador, mentor e líder para os seus funcionários, o que o ajudará a entender o todo e sua responsabilidade como gerente.

Melhoria do desempenho/Gestão

Duração: Três horas. Tópicos clássicos incluem dar *feedback*, orientação e tratar de assuntos de desempenho com os funcionários.

Fundamentos de liderança

Duração: Três horas. Ferramentas e dicas para ajudar os líderes a atingir seu potencial máximo.

LIDERANÇA NÍVEL 2

Made to Stick e Peak

Duração: Duas horas. Este NÃO é um livro-texto típico. Este curso utiliza jogos e atividades para ensinar alguns dos principais temas nos livros *Peak* e *Made to Stick*. O objetivo é oferecer informações práticas que você poderá usar para disseminar suas ideias como mais "grudentas" e ajudar seus funcionários a chegar ao auge! Além disso, você sairá da aula com muitas ideias divertidas para a próxima reunião de equipe. Embora recomendemos que você leia os dois livros antes de inscrever-se, isso não é indispensável. Após sua inscrição, enviaremos por *e-mail* um "Guia de estudo" para que você saiba que tópicos abordaremos!

Finanças 2: entendendo o processo de planejamento

Duração: Três horas. Em que devemos gastar dinheiro? Quanto devemos gastar? Como estamos? Para onde vamos? A disciplina Finanças 2 não apenas responderá essas perguntas, mas explicará como responder a elas. A primeira metade da aula o ajudará a entender o ciclo comercial e como ele se relaciona às projeções financeiras e ao acompanhamento de desempenho. Já a segunda metade é um jogo no qual você será o diretor financeiro de sua própria empresa e fará projeções, gastará dinheiro, lutará contra a concorrência e, no fim do ano, responderá ao conselho de administração.

> **LIDERANÇA NÍVEL 3 – Workshops**
>
> **Workshop sobre valores essenciais: 21 dias de inspiração**
>
> Duração do *workshop*: Três horas. Durante este *workshop*, os participantes são levados a um caminho que induz à redescoberta do que significa viver nossos "valores essenciais". Não apenas fazemos um mergulho profundo em cada um dos valores, mas os participantes também recebem informações para mostrar como seus colegas percebem sua incorporação desses valores essenciais. Se sua cultura e esses valores são importantes para você, você saberá apreciar detalhadamente a experiência dessa jornada.

Reproduzido com permissão da Zappos.com, Inc.

Esses exemplos das aulas de liderança Zappos demonstram o envolvimento ativo de líderes como Tony Hsieh e Fred Mossler, que participam pessoalmente das aulas como orientadores de gerentes. A descrição dos cursos também mantém um equilíbrio entre a educação em "habilidades interpessoais" (como fatores interpessoais e eficiência na liderança) e em "competências técnicas" (como planejamento financeiro e acompanhamento de desempenho). E o mais importante, a descrição reflete a natureza interativa e experimental do ambiente de treinamento. Para entender melhor como são realizados os cursos de liderança, imagine que você está assistindo à aula de liderança da Zappos com o livro *Peak*, de Chip Conley. Embora o livro esteja focado nas pirâmides de transformação para os funcionários, clientes e investidores, você vai explorar apenas a pirâmide dos funcionários e seus três níveis: dinheiro, reconhecimento e significado.

Como Chip Conley observa no livro *Peak:* "As empresas muitas vezes avaliam mal as reais motivações de seus funcionários, imaginando que a remuneração é sua primeira ambição... Dinheiro (ou, de forma mais ampla, o pacote completo de remuneração) é uma necessidade básica, mas também uma motivação básica para a maioria dos funcionários". Chip entende que no nível médio da pirâmide estão a criação de fidelidade e inspiração por meio do reconhecimento de talentos, metas e sonhos dos funcionários, e culmina com uma discussão do nível mais alto da pirâmide. "No topo da pirâmide está um conceito que poucos falam, ou mesmo pensam, por ser menos perceptível do que o assunto dinheiro. Encontrar sentido no seu trabalho – tanto naquilo que você faz diariamente, quanto no sentido de missão da empresa – torna um funcionário mais inspirado."

> Passe algum tempo com Chip Conley enquanto ele avalia como ajudar seus funcionários a encontrar motivos e descrever suas atividades diárias acessando http://www.zappified.com/chip ou direcionando seu leitor QR code para a imagem a seguir:

Além de ler *Peak,* você receberia planilhas e contaria com a orientação de um treinador Pipeline Zappos nos debates entre você e gerentes de diferentes áreas da empresa. Esses debates permitiriam que você e seus colegas compartilhassem desafios, vitórias e melhores práticas, ajudando todos os a experimentar níveis de pico importantes no local de trabalho. Você receberia *insights* sobre o papel que desempenha na compreensão dos talentos e objetivos de sua equipe e veria como se cria uma linha de visão das funções do trabalho de seus funcionários até os abrangentes objetivos e a missão de sua empresa. Na verdade, você faria muito mais do que ler um livro: discutiria abertamente e desenvolveria maneiras de absorver os conhecimentos do livro e traduzi-los para imediatas ações de liderança. O treinamento de liderança na Zappos exige que os participantes trabalhem percepção, estratégia e habilidades, e isso acontece de maneira que resulte em liderança departamental melhorada, oportunidades de divertidas conexões com os colegas e crescimento tanto em nível pessoal quanto profissional.

UMA PAUSA *ZAPPIFICADA*

Imagine que o tema final de *Jeopardy** esteja tocando e a categoria seja Zappos. Você é solicitado a dar uma resposta à charada "Algo que a Zappos disponibiliza gratuitamente a cada funcionário, vendedor e convidado". Seu tempo acabou e você revela sua resposta "Os livros!" Parabéns, você é o vencedor!

Na Zappos não há pré-requisitos para receber um livro grátis. Na verdade, há uma expectativa de que você leia o livro (apesar de, mais tarde, ninguém segui-lo até sua casa ou questioná-lo a respeito).

Então vamos supor que você faça um *tour* de cortesia na Zappos. Ao final dessa

---

* N. de R.: Jeopardy é um *game show* de perguntas muito popular nos EUA.

experiência, você é presenteado com um livro sobre liderança. Como funcionário, você pode pegar qualquer livro na biblioteca, a qualquer momento; além disso, os funcionários também têm acesso a uma sinopse de todas as obras disponíveis na biblioteca para que possam fazer escolhas bem informadas sobre o livro que gostariam de ler na próxima vez.

Ainda que seja apenas para seus funcionários, o que lhe parece a ideia de uma biblioteca ou um programa de livros gratuitos na sua empresa?

DESENVOLVIMENTO PESSOAL

Em nossa exploração do princípio "E S P A L H E", analisamos o conceito de "Universidade Zappos" em relação aos princípios essenciais, às habilidades específicas de trabalho e ao desenvolvimento de liderança, mas o que a Zappos faz para ajudar as pessoas em seu crescimento pessoal? Para responder a essa pergunta, primeiramente vamos ver uma amostra dos treinamentos eletivos da equipe Zappos; depois, vamos examinar como o treinamento eletivo está ligado aos resultados pessoais e organizacionais; e, por fim, vamos examinar como a Zappos incorpora o treinamento ao estabelecimento de metas pessoais.

A lista a seguir dá uma ideia das aulas eletivas para a aquisição de habilidades profissionais e pessoais. Além das aulas listadas, há programas de habilidades de escrita avançadas, diversas aulas na criação de apresentações em PowerPoint, cursos de administração de tempo e estresse, aulas sobre o uso de planilhas eletrônicas, cursos de reciclagem nos treinamentos de orientação da equipe de fidelização, e muito mais.

As descrições dos cursos eletivos exemplificam a interseção dos recursos de desenvolvimento pessoais e profissionais e oferecem *insights* sobre como projetar um currículo que seja uma vitória tanto para o participante quanto para sua empresa. Uma aula de redação comercial proporciona uma importante habilidade para os participantes, bem além dos benefícios práticos para a Zappos. O tema "O entusiasmo por meio de *tours*" fornece o conhecimento e as habilidades necessárias para aqueles funcionários que se interessam em monitorar as visitas. Apesar desse treinamento para *tours* ser opcional, a fim de serem realmente "certificados", os participantes também precisam fazer um dos cursos essenciais, "História da família Zappos", e passar por uma avaliação de certificação. O crescimento e o desenvolvimento ocorrem tanto no treinamento necessário para se tornar certificado, quanto nas experiências que acontecem mais tarde, quando a pessoa efetivamente conduz essas visitas.

"Usando seus superpoderes" pode ser uma aula geral individual ou um *workshop* para as atuais equipes. Em ambos os casos, a aula se baseia no livro e nas tecnologias descritas no livro *StrengthsFinder 2.0*, de Tom Rath. Ao chegar à sala de aula, os participantes recebem o livro com um código para anotar a pontuação de sua avaliação *on-line*. Após finalizar a ferramenta *StrengthsFinder*, os participantes registram seus resultados para encontrar seus cinco melhores atributos (de uma lista de 34 possíveis).

GRAMÁTICA 1: ESCREVA MAIS E MELHOR!

Duração: Três horas. Muitas pessoas pensam que têm uma boa gramática, quando isso não é verdade. Assim, quando mandam um *e-mail* para alguém, elas não têm ideia de que esse *e-mail* pode fazer com que ele/ela não pareça profissional. Esta aula vai ensinar algumas dicas e truques para que você possa ter certeza de que não está passando uma má impressão com sua escrita. Esta aula de redação comercial vai ensinar alguns truques novos e lembrar algumas noções básicas. Talvez você não pense em redação e gramática como instrumentos de ENTUSIASMO, mas são! Abordamos alguns dos erros mais comuns na redação. Você vai aprender a lembrar algumas dessas regras gramaticais importantes e a não se atrapalhar com palavras confusas. Também falamos sobre os componentes de uma boa mensagem eletrônica.

USANDO SEUS SUPERPODERES

Duração: Três horas. Com que frequência você pensa sobre seus poderes? Você sabe quais são seus talentos inatos? Quais são os benefícios de aumentar seus poderes em vez de suas fraquezas? Como você pode fazer mais aquelas coisas que você faz melhor? Se deseja as respostas para qualquer uma dessas perguntas, esta aula é para você. POR FAVOR, PRESTE ATENÇÃO AOS SEGUINTES PONTOS: (1) Os primeiros 45 minutos da aula são reservados para que você faça o teste *StrengthsFinder 2.0;* (2) forneceremos seu código de acesso individual quando você entrar na sala; e (3) você não precisa ler o livro antes da aula.

ENTUSIASMANDO POR MEIO DE *TOURS*

Duração: Quatro horas. Este curso é projetado para ajudá-lo a guiar um *tour* de modo que ENTUSIASME os participantes. Ele aborda pontos importantes que incluem os valores, as crenças e a atitude da família Zappos. Uma vez certificado, você será capaz de fazer um *tour* inspirador de olhos fechados. Mas fique atento, pois neste curso você terá de ser autodidata. Pré-requisito: Antes de tornar-se um guia certificado, você precisa finalizar a História da Família Zappos.

Reproduzido com permissão de Zappos.com, Inc.

As atividades variam bastante, dependendo se é um *workshop* para uma equipe da Zappos, ou uma aula normal para os zapponianos da empresa. Entretanto, em todos os casos, o aprendizado interativo inclui distribuir as pessoas em grupos e pedir para que avaliem seus talentos coletivos a fim de determinar que tipo de negócio seu grupo estaria mais apto a executar. A aula descreve os benefícios de conhecer e trabalhar sob o ponto de vista de uma equipe baseada nos poderes, e os participantes precisam refletir sobre quantos de seus poderes são usados diariamente no trabalho e também como eles podem comunicar esses atributos pessoalmente aos seus colegas, de modo a permitir que suas equipes se dediquem mais. O ponto culminante da aula é o desenvolvimento de um plano de ação focado em um poder específico de cada participante. Em essência, que atitude cada participante terá após o treinamento (tanto no trabalho quanto fora dele) para compartilhar esse talento-chave ou usá-lo de maneira mais eficaz?

O escopo, a escala e a matriz exata das disciplinas eletivas oferecidas na Zappos talvez não sejam boas para sua empresa, assim como os valores da Zappos não seriam adequados a todos os ambientes de negócio. O importante sobre as ofertas eletivas da Zappos é como cada curso apresenta um resultado de desenvolvimento tanto pessoal quanto profissional. Se você ajuda os seus funcionários a entender melhor suas competências por meio do uso de cursos do tipo superpoderes, você os ajuda a serem melhores membros de suas comunidades, famílias e equipes de trabalho. Quando você ajuda alguém a escrever *e-mails* melhores, esse treinamento beneficia tanto sua empresa quanto a pessoa. Como o treinamento ajuda as pessoas a se tornarem mais eficientes em todas as áreas de suas vidas, os funcionários ficam mais fiéis aos líderes que os ajudaram a crescer.

ORIENTE-ME NA DIREÇÃO DOS MEUS SONHOS

Em 2007, Matthew Kelly lançou um livro intitulado *The Dream Manager*. Nele, contava a história de uma empresa fictícia que lutava para combater a baixa moral e a alta rotatividade. Quando as abordagens tradicionais baseadas em remuneração e programas de reconhecimento falharam, a empresa mudou para uma estratégia de um "administrador dos sonhos". Como administrador dos sonhos, os líderes da empresa exploraram os sonhos e as aspirações pessoais de seus funcionários e ajudaram seu pessoal a realizar esses sonhos. O livro chega à conclusão de que a realização de sonhos pessoais motiva mais as pessoas do que dinheiro. Agora, se você quiser, pule comigo da empresa fictícia de Matthew Kelly para a empresa real, embora rara, Zappos.

Muito antes do livro de Matthew ser publicado, a Zappos tinha seu próprio administrador dos sonhos, conhecido na Zappos como "o instrutor". O instrutor ajudava a determinar o estabelecimento de metas profissionais e pessoais como parte da mentalidade dos gerentes de toda a organização. O primeiro gerente, Dr. David Vik, foi apresentado a Tony Hsieh pelo fundador da Zappos, Nick Swinmurn. Durante o tempo em que esteve na Zappos, o Dr. Vik ministrou uma "Introdução a *workshops* de treinamento" e, depois, ofereceu treinamentos opcionais individuais aos funcionários, sendo essas sessões focadas no crescimento e desenvolvimento pessoal. Dr. Vik tinha um grande "trono" em seu escritório e, em suas palavras, "as pessoas entravam, sentavam no trono e contavam sua história – onde nasceram, informações sobre suas famílias, o que aconteceu depois da escola, e assim por diante. Depois de conhecê-los e estabelecer um relacionamento, os membros da família Zappos definiam uma meta de 30 dias para tornar suas vidas ou as vidas dos que o rodeavam melhores. Não importava se a meta estava relacionada à profissão ou à vida pessoal; na maioria das vezes era pessoal. Conversei com algumas empresas que começaram a definir objetivos, mas faziam isso com relação à empresa, e isso não funcionava porque, se a vida pessoal do funcionário não vai bem, o objetivo da empresa não tem a menor chance". A sala do trono do Dr. Vik era chamada de "Suíça" e todas as conversas eram confidenciais.

Dr. Vik acrescenta: "Uma vez definido um objetivo, eu fazia um acompanhamento após 30 dias, e havia uma comemoração entre os colegas, onde o membro da equipe recebia um 'certificado de conclusão' por ter levado a vida ao "próximo nível". Ao ser questionado sobre como uma empresa justificaria o pagamento de um "instrutor", o Dr. Vik diria: "Os tempos mudaram. Na Era Industrial, as máquinas eram os maiores ativos de uma empresa, mas na Era de Informação, os maiores ativos são os funcionários; sendo assim, garantir que seus funcionários estejam bem e crescendo em suas vidas pessoais cria líderes individuais e pessoas com a mentalidade certa para vencer. Essas pessoas levam a capacitação para seu trabalho e, junto com ela, levam a empresa, porque é assim que funciona".

Em 2010 o Dr. Vik saiu da Zappos para "dar prosseguimento" ao seu sonhado negócio de consultoria, o Culture King, mas a Zappos continua a valer-se do programa de *coaching*. Augusta Scott, *coach* da Zappos, sugere: "Estamos mantendo nosso compromisso de ajudar as pessoas a viver a da melhor maneira possível tanto no trabalho quanto fora dele. Quando trabalho com pessoas, procuro entender o que elas estão tentando realizar, o que realmente querem, por que querem e o que estão querendo fazer a fim de atingir seus objetivos".

Na Zappos, os líderes entendem que, quando as pessoas buscam e alcançam seus objetivos, eles sentem o poder do domínio pessoal. O psicólogo Albert Bandura se refere a esse domínio como "autoeficiência". Do ponto de vista do Dr. Bandura, a eficiência é um componente fundamental de autoestima e forma a base sobre a qual as pessoas se organizam e agem em todas as situações novas. Ao ajudar as pessoas a encontrar a competência para realizar seus sonhos e suas ambições, você basicamente os ajuda a enfrentar futuros obstáculos com uma atitude de confiança e otimismo.

Enquanto eu passeava pela Zappos, no início de meu processo de pesquisa, Jon Wolske, o guia de cultura, contou uma história pessoal sobre o significado do treinamento e realização de objetivos. "Sou um músico, mas estava bloqueado como compositor. Fiz uma sessão de treinamento com Dr. Vik e decidi definir uma meta de 30 dias para escrever apenas uma música. Quando terminei aquela música, escrevi outra, e mais uma, e antes de perceber eu já tinha músicas originais suficientes para gravar um CD, o que aconteceu. Agradeço muito pelo treinamento da Zappos e por uma empresa que investe verdadeiramente no meu crescimento. Estou satisfeito com meu progresso na autoria de canções e trago essa felicidade comigo neste *tour*, hoje e todos os dias. Acho que é por isso que eu precisava contar para você". Basicamente, a Zappos tornou invisível a linha entre os objetivos pessoais e profissionais. Se uma pessoa está crescendo, a Zappos vê esse crescimento como benéfico para toda a vida dessa pessoa, e enquanto algumas empresas discutem o equilíbrio trabalho/vida, a Zappos fala sobre a integração trabalho/vida. As aulas de desenvolvimento pessoal e a orientação apoiam a fundamental verdade humana de que, se seu pessoal não estiver feliz e crescendo, sua empresa não manterá seu sucesso e crescimento. Agora, com que firmeza você definiu a linha entre as vidas pessoal e profissional de seu pessoal?

TER CRESCIMENTO E APRENDIZAGEM

Quando você combina os valores Zappos de perseguir crescimento e aprendizado com os valores de adotar e provocar mudança, você tem uma sinergia de forças, e temos esperança de que as pessoas cresçam pessoalmente e ajudem a Zappos a mudar e crescer no processo. Excelência e aceitação de mudanças não são suficientes, pois as pessoas precisam crescer, aprender e administrar a si próprias e a empresa. Rob Siefker, diretor da equipe de fidelização do cliente, observa: "Na Zappos, eu preciso me perguntar todos os dias: o que eu fiz hoje para me tornar melhor? E o que eu fiz para melhorar a Zappos? Mas além dessas perguntas, eu também preciso aceitar a responsabilidade de ajudar meus colegas em seu crescimento e na busca de aprendizado. Tony diz que o serviço não deve se limitar a um único departamento, tampouco o treinamento e o crescimento".

TESTE ESTAS IDEIAS
1. Qual a natureza do treinamento em nível de líderes em seu local de trabalho? Ele reflete um equilíbrio de desenvolvimento de habilidades simples e complexas?
2. Você aceita a premissa do falecido treinador Lombardi de que os líderes não nascem, mas são feitos por meio de esforço e muito trabalho? Se afirmativo, que "trabalho" está envolvido em seu programa de treinamento de habilidade de liderança?
3. Como você estimula o crescimento pessoal e profissional em sua empresa?
4. Você imagina contar com um "administrador de sonhos" em sua empresa? Esse cargo seria uma despesa desnecessária ou um investimento justificável?
5. Qual sua meta de 30 dias? Quais são as metas de 30 dias da sua equipe? Quem faz o acompanhamento para responsabilizá-lo e para comemorar seu crescimento para o "próximo nível"? Quem faz o acompanhamento e comemora as metas de 30 dias da sua equipe?

Um exemplo desse comprometimento na facilitação do crescimento e do aprendizado de colegas veio quando um funcionário se aproximou de Tony Hsieh e perguntou se a Zappos tinha um clube de leitura. Tony respondeu que não e imediatamente esse funcionário deu início a um. Como resultado da ênfase da Zappos no aprendizado, o clube de leitura da Zappos é o mais antigo e um dos maiores clubes da empresa, com representantes de todos os departamentos. Todos os meses o clube mergulha em um novo livro, alternando entre aqueles que estão na biblioteca Zappos e obras de ficção. Como tudo na Zappos, o clube de leitura tem um forte componente social e mistura aprendizado com diversão.

Um clube de leitura certamente não é algo único na Zappos, mas sua popularidade e a ampla participação de toda a empresa são compatíveis com a prioridade que a cultura coloca no crescimento e aprendizado. John Yokoyama, proprietário do mundialmente famoso Pike Place Fish Market e coautor do meu livro *When Fish Fly,* diz: "Diga-me que resultados você está tendo em sua vida e eu lhe direi quem você está sendo". Aplicando a sabedoria de Johnny no contexto da Zappos, quando algo surge das raízes de um negócio e gera uma comunidade dinâmica de alunos por toda a vida (como o clube de leitura da Zappos), isso lhe diz que a empresa está sendo uma

Universidade Zappos e produzindo pessoas que dão seu máximo.

Em sua empresa, quanto há de esforço, crescimento e aprendizado? O que isso lhe diz sobre quem você está sendo como líder?

CAPÍTULO 8 – IDEIAS PARA SEGUIR

— Os grandes líderes estão preocupados, buscando conhecimento e insatisfeitos por aceitarem o modo como as coisas estão ou o modo como sempre estiveram.

— Em vez de concentrar-se em problemas como qualidade na força de trabalho, crie soluções para alcançar sucesso na força de trabalho.

— Avalie a abrangência de seu currículo de treinamento nas áreas de conhecimento, treinamento de liderança e desenvolvimento pessoal e profissional.

— Independentemente do tamanho da empresa, seus líderes devem determinar o que é preciso para garantir a continuação do negócio se seus principais líderes fossem afastados.

— O plano de carreira envolve um entendimento das habilidades, conhecimento, atividades e comportamentos necessários para progredir em uma organização.

— O treinamento pode ser tão simples quanto definir o conhecimento necessário em sua organização, encontrar e modificar os recursos existentes, e envolver-se em discussões e planos de ação baseados nesses recursos.

— As pessoas estão menos motivadas pela remuneração e mais pelo reconhecimento, pelo interesse real em suas aspirações e por um trabalho significativo.

— Pense na integração trabalho/vida, e não no equilíbrio trabalho/vida.

— A definição e a realização dos objetivos levam a um sentido de autoeficiência que se traduz em benefícios pessoais e profissionais.

— Os grandes líderes ajudam seu pessoal a dar o seu máximo e a ter um comprometimento de longo alcance para o crescimento e o aprendizado.

CAPÍTULO 9

MUITO ALÉM DOS SAPATOS

Especialistas em posicionamento de marca entendem que os consumidores dão "permissão" às empresas no que diz respeito a extensão da oferta de seus produtos e serviços. Por exemplo, nos anos 1990, a Clorox pensou em aumentar sua bem estabelecida marca de alvejante para incluir sapão em pó para roupas, sabão para máquina de lavar louça e outras aplicações de limpeza doméstica. A pesquisa de consumidores, entretanto, mostrou que, na cabeça do público comprador, Clorox era sinônimo de alvejante, e os consumidores hesitariam na compra de qualquer produto da marca que tocasse suas mãos e seus pratos. Como resultado, a Clorox concentrou a extensão de sua marca na direção de produtos de limpeza de vasos sanitários, banheiras e azulejos e ralos. Assim como a Clorox, o posicionamento inicial da Zappos correu o risco de ter negada a permissão para crescer fora de uma caixa de sapatos. Entretanto, uma ampla visão do futuro, uma cuidadosa escuta das exigências dos clientes e um crescente nível de confiança do consumidor deu à marca Zappos amplas oportunidades para se espalhar.

Se você digitar http://www.shoesite.com em seu navegador, será direcionado para o *site* da Zappos. Em 1999, Nick Swinmurn garantiu o endereço shoesite.com para sua loja de sapatos e, mais tarde, nesse mesmo ano, o nome foi alterado para Zappos. Os líderes da empresa entenderam que um nome inventado, como Zappos, teria uma identidade única, que poderia ser pesquisado na Internet e permitiria que a empresa aumentasse sua oferta de produtos se, alguma vez, a extensão da marca fosse julgada apropriada. Em consonância com a sabedoria dos líderes na decisão de recriar a marca inicial, o nome Zappos permitiu que a empresa fosse além de sua missão original de "tornar-se o destino principal para sapatos *on-line*", aventurando-se em um mundo mais amplo de mercadorias e serviços.

MALAS, ACESSÓRIOS, ROUPAS, UTILIDADES DOMÉSTICAS, BELEZA, ARTIGOS ESPORTIVOS E MUITO MAIS

A Zappos fez sua primeira extensão de marca para categorias intimamente relacionadas com sua linha de produtos de sapatos. Assim como a Clorox, a Zappos inicialmente se transferiu para áreas similares aos calçados (malas, acessórios e roupas); depois a oferta de produtos naturalmente se ramificou para utilidades domésticas, artigos de beleza, artigos esportivos e muito mais. A partir da perspectiva de produto, Tony Hsieh atribui essa expansão da marca ao "nosso sucesso com serviço. Assim que descobrirmos que serviço era nossa marca, também percebemos que todos os produtos eram apenas veículos por meio dos quais podíamos entregar serviço. Espero que algum dia, em um futuro não muito distante, as pessoas nem se lembrem que começamos vendendo sapatos. Estamos pensando muito além de *e-commerce* e nossos clientes nos dirão onde querem receber os serviços Zappos. Talvez um dia tenhamos uma companhia aérea Zappos, por exemplo. Além disso, queremos transformar Las Vegas em uma nova Austin, Texas, como um centro de cultura, inovação e comunidade".

Alfred Lin, ex-diretor financeiro da Zappos, foi rápido ao interpor, rindo: "Desencorajei Tony a entrar nesse negócio de empresa aérea, pois isso requer grandes investimentos, mas é desnecessário dizer que modelo atual de negócios da Zappos também exige grandes investimentos, Então, quem sabe? Está claro que o céu não é o limite para a Zappos". A amplitude da elasticidade da marca Zappos muitas vezes é comparada com o Virgin Group.*A Virgin alavancou seu poder de atração e o carisma de seu fundador,

---

* N. de T.: Conjunto de empresas ligadas aos mais diversos setores da sociedade, presente em inúmeros países – aviação, transporte ferroviário, música, telecomunicações e mídia, alimentação e bebidas, aluguel de carros,

Sir Richard Branson, para criar mais de 300 empresas com a marca Virgin em todo o mundo, em variados empreendimentos envolvendo música, comunicação móvel, dinheiro e, claro, uma companhia aérea. Na verdade, a Virgin criou uma imagem com a qual as pessoas queriam se associar, por isso foi capaz de ampliar sua marca baseada em tendências. Ao contrário, a Zappos é uma marca pela qual as pessoas querem ser atendidas e, como tal, pode ampliar sua plataforma de serviços. As primeiras incursões da Zappos nas vendas de vestuário foram resultado direto do interesse do consumidor. De acordo com Alfred Lin, "nossos clientes viviam pedindo que fornecêssemos roupas e outros acessórios que combinassem com os sapatos que compravam, e seguimos nessa direção por causa da paixão dos clientes por nossos serviços e por causa da paixão das pessoas na empresa. Percebemos como o vestuário aumentaria a experiência de compras de nossos clientes e também vimos uma oportunidade, pois as roupas significavam um mercado quatro vezes maior que o de sapatos. Imagino que ao longo do tempo a participação dos sapatos nas vendas totais da Zappos vá cair de aproximadamente 80 para algo em torno de 20%".

Nesta fase de expansão da marca, os líderes da Zappos têm procurado capitalizar a infraestrutura desenvolvida para dominar a venda de sapatos *on-line*, além de aprender as nuances de categorias de comercialização mais amplas. De acordo com Fred Mossler, conhecido na Zappos apenas por Fred: "Hoje enfrentamos uma situação totalmente diferente na venda de roupas se comparada com a época em que começamos a vender sapatos, quando ninguém vendia sapatos pela Internet. Precisávamos ter nossa coleção à venda e, então, adicionar camadas de serviço e conexões emocionais pessoais. Avançamos para nossa realidade atual, na qual estamos experimentando um crescimento muito rápido nessa categoria de vestuário, mas também em que a roupa pela Internet é um negócio de mais de US$ 20 bilhões e nós temos uma parcela muito pequena". Fred explica que muitas empresas que vendem sapatos por catálogos aprenderam com a Zappos. Como resultado, elas pegaram os sapatos vendidos por meio de catálogos e os levaram para as vendas pela Internet. Ao mesmo tempo em que a Zappos adquiria um domínio na categoria de sapatos, alguns fornecedores de roupas bem estabelecidos, tanto na venda convencional quanto por catálogo, estavam entrando na Internet. Algumas dessas lojas estavam adaptando suas estratégias de acordo com o que a Zappos fazia na categoria de sapatos. Basicamente, a empresa agora está tentando avançar em mercados de vestuário existentes na Internet, ao contrário

---

agências de viagens, cartões de crédito etc.

de inovar e tentar ganhar o domínio de uma categoria emergente. Fred observa: "Isso realmente tem sido um desafio para nós, e também um tipo diferente de cenário competitivo. Também tivemos que dominar a apresentação de um produto diferente. Até nosso centro de distribuição está levemente mais otimizado para coleta, embalagem e envio de muitos itens em caixas, como sapatos, em vez de itens em cabides ou sacos de polietileno. Essas foram as áreas das quais tivemos de cuidar ao fazer a transição para melhorar constantemente a experiência do cliente comprador de roupas".

O sucesso do negócio depende da avaliação de suas principais competências e de escutar as necessidades dos clientes e, ao mesmo tempo, também exige uma vontade de correr riscos calculados na direção do crescimento. A Zappos escutou o crescente coro das vozes dos clientes tuitando, escrevendo para a empresa e postando em blogs pedindo uma gama mais ampla de opções de produtos, ou uma oportunidade de comprar um traje completo no conforto de sua casa. Como Fred diz: "Muitas vezes, o maior risco que você pode correr quando há um turbilhão de interesses do cliente é deixar de tentar novas ideias e ficar satisfeito com o que faz. Vestuário, por exemplo, é algo que começamos em 2007. Vimos esse segmento como uma grande parte de nosso negócio no futuro, e ele já cresceu para ser um importante componente para nós. Fizemos até alterações no *marketing* para incluir o foco no atendimento ao cliente, na cultura e no vestuário. Queremos que cada novo cliente pense em nós como uma alternativa para a compra de roupas. Ao mesmo tempo em que muitos consumidores queriam que nos aventurássemos em vestuário, ainda temos o desafio de mudar a mentalidade de uma grande parte da base de nossos clientes atuais para que vejam em nós muito mais do que sapatos".

Fred e outros líderes enfatizam que, para mudar percepções externas de marca de maneira eficiente, primeiro a mudança precisa acontecer dentro da empresa. Galen Hardy, czar de roupas da Zappos, observa: "Temos de nos concentrar na comunicação interna. Quando seu navio está navegando por sete anos em uma única direção, na direção de sapatos, são necessárias conversas consistentes dentro da empresa para lembrar as pessoas de que não estamos no negócio de sapatos, mas sim no negócio de serviços, e, por esse motivo, oferecemos tudo que os clientes querem". Por meio de blogs como o do Tony e de outros líderes Zappos, de debates em reuniões gerais da empresa, de debates entre os líderes sobre valores essenciais, como "distribuir entusiasmo por meio de serviço", e de ênfase nas oportunidades empresa/serviço que surgem da expansão de categorias de mercadorias, os líderes da Zappos mudaram o diálogo interno – distante de sapatos e na direção de vestuário e serviços. Além da mudança nas percepções da equipe, a Zappos teve de desenvolver um novo conjunto de relacionamentos dos vendedores e teve que alavancar as habilidades aprendidas no início, quando cortejava os fornecedores.

Jeanne Markel, Diretora da Casual Lifestyle, observa que, enquanto muitas marcas de roupas têm uma forte presença *on-line*, outras relutam em deixar a Zappos representá-las na Internet. De acordo com Jeanne: "Algumas dessas marcas preferem o controle do modelo de entrega direta ao cliente, e a maioria delas têm grande necessidade de proteger a apresentação de sua marca. As marcas de alta-costura, por exemplo, têm preocupações que às vezes surgem por meio de perguntas como, 'e se nós não gostarmos da maneira como as mercadorias são apresentadas? E se nós não gostarmos da imagem? Como isso pode afetar a percepção de nossa marca?' Acredito que, com o progresso de nossa linha de roupas, essas preocupações diminuam, mas ainda existem áreas e divisões que lutam para fazer as pazes com as vendas *on-line*".

Especialistas em roupas da Zappos também se defrontam com fornecedores que temem que as compras pela Internet façam que sua marca seja vista como uma *"commodity"*. Galen observa: "Muitas pessoas pensam que a Internet é apenas para produtos com desconto ou para comparação de preços. Temos de vender aos fornecedores e consumidores nossa bem-sucedida proposta de valor de serviço, e eles precisam entender que nossos clientes não são tão conscientes de preços quanto são de serviço e de escolha". De maneira eloquente, Jeanne resume o maior desafio de esforço para a Zappos quando avança para outros setores, como vestuário: "Eu não finjo que há uma grande parte dos consumidores, e muito menos a base de clientes Zappos, dizendo: 'Meu Deus, preciso de um processador de alimentos. Vou na Zappos'. Mas esse é o nosso desafio: pessoas que têm um desejo ou uma vontade automaticamente correm para a Zappos para ver se podemos atendê-las". A criação e a expansão de uma marca são posicionamentos desafiadores, e os aspectos mais marcantes da identidade de sua marca podem impulsioná-lo ou restringi-lo. No caso da Zappos, sua forte identificação com sapatos torna mais difícil para os clientes e fornecedores lembrarem-se dela quando se trata de itens de outras categorias. Ao contrário, a força da identidade de serviço na Zappos permite que os líderes levem a acuidade do serviço para outras áreas de produtos. Quais os aspectos mais fortes na identidade de sua marca? Como essas forças ajudam ou dificultam os esforços de expansão de sua marca? Quais as vontades e os desejos dos clientes que se enquadram nas extensões da marca em que você está pensando.

Com certeza os clientes estão deixando a Zappos saber o que

eles querem, como demonstram nos exemplos de fluxos de *blogs* e tuítes. O blogueiro Tim Sanchez colocou esta observação no seu popular blog *Deliver Bliss* (Entregar alegria): "Enquanto o valor entregue pelas companhias aéreas continua a diminuir, a Zappos está sempre lutando para melhorar gradativamente. Quando se torna mais eficiente e recusa sucumbir à síndrome do 'suficientemente bom' que assola a concorrência, a Zappos serve de exemplo por ser não apenas uma grande empresa de sapatos, mas uma grande empresa de serviço. Eu não sei o que você pensa, mas estarei esperando na fila para comprar minha passagem na Zappos Airlines".

Aqui estão alguns exemplos da expansão da marca Zappos retirados do Twitter:

@scheduleflyin

Ei, Zappos, se você vendesse seguros de saúde, eu os compraria. É só dizer.

@Jayfromma1

Se a Zappos se envolvesse no governo, a política seria mais divertida.

@micahyost

Precisamos que a Zappos dirija o negócio de construção personalizada de casas. Eles não fazem ideia do serviço após a venda!

@bizshrink

Imagina a empresa aérea Zappos – distribuindo felicidade com um surpreendente *upgrade* para a 1ª classe sem nenhum custo. Estou lá, viajante feliz e com chegada antecipada!

Mencione um segmento de nossa economia em que falta serviço e onde você provavelmente encontrará clientes insatisfeitos pedindo, ou até implorando, para que a Zappos entre nesse mercado.

UMA PAUSA *ZAPPIFICADA*

Você acreditaria que a Zappos ofereceu uma camiseta de US$ 50 mil com benefícios inéditos? A camiseta "Cease and Desist" não era uma peça do outro mundo. Era de algodão tradicional, mas os componentes de valor agregado eram notáveis, divertidos e inusitados. A oferta, por tempo limitado, tinha como alvo os membros das famílias dos melhores clientes da Zappos. A camiseta estava disponível em cinco cores, com escolhas próprias para a mulher, o marido, o namorado ou o "rolo". A camiseta era entregue em mãos por um membro de equipe de fidelização, mas essa entrega especial era apenas uma pequena parte do que tornava o negócio realmente extraordinário. A camiseta vinha acompanhada de uma garantia de bloqueio definitivo da conta do parceiro na Zappos.com. Brincando, Tony Hsieh sugeriu que a camiseta era um bom negócio para todos: o comprador, a Zappos e a relação. "Acreditamos que qualquer comprador da camiseta e do serviço ficará 100% satisfeito. E, mais importante, nós ficaremos satisfeitos com os US$ 50 mil que recebemos e os relacionamentos que preservamos". As camisetas 'Cease and Desist' foram anunciadas em tom de brincadeira, mas a empresa pretendia produzi-las se recebesse pedidos. Talvez algumas pessoas tenham pensado em comprá-la: os melhores clientes da Zappos gastam bem mais do que US$ 10 mil por ano.

PRODUTOS, – MAS TREINAMENTO CORPORATIVO?

Se a expansão em um setor adicional de produto como vestuário é uma coisa, lançar um negócio de divisão de treinamento de serviço comercial, como a Zappos Insights, é algo completamente diferente. Alguns dos mais notáveis ingredientes nessa arrojada extensão de marca incluíam o desejo de Tony Hsieh de promover uma revolução ou um movimento comercial, um considerável interesse nas práticas comerciais da marca e uma comunidade de fãs da marca muito conectada que querem entender como a Zappos alcançou sucesso.

Ao longo dos anos, um número considerável de pessoas que solicitaram uma visita na Zappos fez isso simplesmente para entender melhor como essa empresa atípica pôde se tornar tanto uma sobrevivente da crise 'ponto com' quanto líder no fornecimento de produtos *on-line*. Essas visitas ofereciam uma rápida visão da cultura Zappos e uma visão geral das práticas comerciais da empresa, e muitos dos visitantes queriam mais. Como a empresa recebia cada vez mais atenção do público, mais líderes comerciais, chefes de departamentos, associações e proprietários de pequenos negócios se esforçavam para ver se a Zappos poderia compartilhar com eles suas ideias de melhores práticas. Cada vez mais a Zappos era definida como líder, e algo precisava ser feito para atender a demanda. Sendo assim, entra em cena a divisão comercial Zappos Insights!

A missão da Zappos Insights pode ser descrita em termos táticos e transcendentais. Donavan Roberson, evangelista cultural da Zappos Insights, observa: "Estamos aqui para ajudar as pessoas em todos os níveis de negócio. Quer seja um diretor financeiro, proprietário, gerente ou funcionário de linha de frente, as pessoas vêm até nós para receber ferramentas e ideias, e também pela oportunidade de conexão com pessoas com a mesma mentalidade. Servimos como um recurso para aqueles que estão comprometidos com a criação de cultura e a excelência do serviço". Robert Richman, gerente de produto da Zappos Insights, acrescenta o aspecto transformacional da missão dessa equipe: "Nosso objetivo principal é fazer que o local de trabalho e o mundo em geral sejam lugares mais felizes. Queremos distribuir felicidade para aqueles que querem criar locais de trabalho mais felizes, e como as pessoas passam muito tempo no trabalho, acreditamos que trabalhadores felizes são melhores parceiros e pais, o que faz que as crianças sejam mais felizes. Vimos aqui na Zappos o poder de um local de trabalho comprometido, e queremos apoiar esse movimento, uma empresa por vez".

Como na maioria dos produtos Zappos, uma abordagem de tentativa e melhoria foi usada para a divisão da Zappos Insights. Por meio de suas várias interações, a Zappos Insights primeiramente oferece uma gama de serviços que está ancorada em um *site* com uma mensalidade a preços razoáveis. Caso você não tenha aproveitado os 30 dias de cortesia apresentados na última página deste livro, segue uma visão geral da plataforma que oferece os seguintes serviços:

- **Ferramentas.** Esta seção do *site* fornece conjuntos de ferramentas atualizados constantemente, como o completo Zappos Family Core Values Interview Assessment Guide, mencionado no Capítulo 2, bem como os formulários de análise de ligações e o de felicidade, mencionados no Capítulo 7.
- **Laboratório de cultura.** Nesta seção, os membros da Zappos Insights têm a oportunidade de aprender com pessoas que estão no mercado e que promoveram mudanças nos processos de entrega de cultura e serviço em suas empresas. Esse vídeo demonstra o poder dos conceitos de liderança da Zappos, em especial aqueles que são adaptados para suprir as várias necessidades de outros setores empresariais
- **Especialistas.** A equipe da Zappos Insight conduz entrevistas em vídeo com autores de *best-sellers* e especialistas em liderança que inspiram e dão conselhos práticos.
- **Eventos.** A equipe da Zappos Insight está envolvida no planejamento de eventos de treinamento internos, desde visitas básicas, visitas mais prolongadas, até treinamento da cultura Zappos sem acampamentos comuns ou dois dias de duração.
- **Comunidade.** A Zappos Insights incentiva e desenvolve comunidades de membros que estão lutando para melhorar a cultura do local de trabalho e a prestação de serviço.

Rachel Cosgrove, da Result Fitness, no sul da Califórnia, participou do acampamento de treinamento da cultura Zappos e observa: "Eu conheci a cultura Zappos quando ouvi Tony falar durante uma conferência em Las Vegas e, depois disso, decidi que precisava conhecer melhor essa empresa. Eu achava que tínhamos uma boa cultura em nossa academia, mas não havíamos introduzido nossos valores essenciais. Quando Tony falou sobre a necessidade de os líderes criarem algo maior do que eles mesmos, eu fiquei totalmente interessada e soube que precisava aprender tudo o que pudesse sobre a Zappos. Enviei um e-mail para Tony sobre um possível treinamento e imediatamente recebi um e-mail pessoal como resposta. O diretor financeiro da Zappos respondeu pessoalmente e ainda incluiu um livro surpresa. Depois, entrei no website da Zappos Insights e recebi outro presente surpresa. Para mim, aquilo foi uma série de UAUs, um atrás do outro!!!".

Rachel relata que participou do treinamento de cultura e depois diz o seguinte: "Voltei para nossa academia, fiz uma reunião com a equipe e refizemos nossos valores essenciais. Todos passaram a perceber que eu havia sido 'zappeada'. Eu falava muito sobre a Zappos, e as pessoas na indústria de *fitness* passaram a me perguntar: 'Por que você está aprendendo com a Zappos? Você administra uma academia'. Mas, definitivamente, aprendemos muito com Zappos Insights e implementamos esse aprendizado em nossa academia, e isso levou nossa cultura para um outro nível". Rachel e seu marido, Alwyn, incorporaram seus próprios valores essenciais nas conversas diárias de seu negócio. Eles fizeram alterações nos processos de admissão de funcionários e nas estratégias de prestação de serviço aos clientes, e até mesmo convidaram sua equipe para criar o *Livro da Cultura* da academia. Rachel considera que a Zappos Insights provocou um "impacto duradouro, de longo prazo e profundo na cultura da Results Fitness".

Além de incutir muitos aspectos da cultura Zappos em sua empresa, Deryl Sweeney, Presidente da DormBuys.com, participou dos treinamentos da Zappos Insights e concentrou-se em aumentar seu comprometimento com a rapidez na prestação de serviço: "Um dos nossos grandes clientes "takeaways" estava nos questionando sobre qual era o nosso comprometimento com a boa prestação de serviço. Ele nos ensinou que não vamos encontrar uma empresa que diga que tem um mau atendimento ao cliente. Tivemos de nos preocupar com a melhora do serviço ao nível da Zappos e, depois do treinamento, nos preocupamos com a possibilidade de oferecer transporte noturno gratuito; ainda que não pudéssemos, desenvolvemos sistemas para garantir que os pedidos recebidos até às 15h seriam enviados no mesmo dia. Ao fazer essa alteração, e considerando que estamos localizados em Louisville, Kentucky, somos capazes de fazer a entrega de nossos produtos para a maioria de nossos clientes em um ou dois dias. O treinamento da

Zappos Insights nos inspirou a agilizar a entrega dos produtos para nossos clientes. Da mesma forma, instalamos sistemas para nos certificar de que estamos respondendo pessoalmente às chamadas telefônicas, pois percebemos que as pessoas não querem passar por muitos atendimentos robóticos – elas querem falar com alguém. Isso pode parecer bobagem, mas as pessoas gostaram mais quando passamos a ter um serviço em um nível mais urgente e mais pessoal". As experiências de Rachel e Deryl no treinamento ressaltam a importância de fazer *benchmark* das grandes empresas de serviço. Eles também identificam uma abordagem para maximizar os benefícios que surgem quando se observa as melhores práticas dos outros, e após passar algum tempo na Zappos, Rachel e Deryl inspiraram-se em aprimorar sua cultura e melhorar a agilidade na prestação de serviço. Em vez de tentar copiar a abordagem de serviço geral da Zappos, elas avaliaram o que era bom para sua empresa e definiram metas de melhoria de serviço coerentes com suas circunstâncias específicas.

A Zappos Insights proporciona uma visão transparente sobre o que faz da Zappos uma organização baseada em valor. Mas, em última análise, a Zappos é apenas o começo. Como o diretor financeiro Tony Hsieh imagina, "espero que a Zappos possa inspirar outras empresas a adotar a felicidade como um modelo de negócio – fazendo que clientes e os funcionários satisfeitos tenham lucros e crescimento de longo prazo. No fim das contas, tudo trata de distribuição de felicidade".

Este pensamento naturalmente explica a criação da empresa Delivering Happiness que Tony Hsieh e Jenn Lim fundaram para realizar essa visão de aplicar a felicidade como uma moldura não só nos negócios, mas também nas organizações e comunidades em todo o mundo. Há uma crença de que a Zappos é apenas a primeira de muitas organizações que irão incorporar a felicidade como um modelo comercial para afetar positivamente questões como produtividade, lucros, atendimento ao cliente, cultura e – como resultado – o nível geral de felicidade no mundo. Delivering Happiness surgiu como uma empresa para realizar isso.

JennLim, diretor financeiro e diretor de felicidade da empresa Delivering Happiness, observa: "Delivering Happiness trata de divulgar e inspirar a felicidade nas empresas, do modo que a Zappos mostrou que isso pode ser feito tanto nos setores não comerciais (por exemplo, educação, entidades sem fins lucrativos) quanto na vida diária (por exemplo, alunos e famílias). Receber o *feedback* de pessoas que leram o livro é tão espetacular quanto simples. Considerando tudo isso, vimos surgir um fio condutor: independentemente de idade, formação, história ou cultura, cada vez mais as pessoas acreditam que a ciência da felicidade pode tornar nosso mundo um lugar melhor, e essa foi a resposta que nos levou a criar uma empresa e, mais tarde, o Movimento de Distribuição de Felicidade".

Jenn continua: "A resposta inesperada vem de lugares variados:

- Um incipiente bar/salão em Austin que se tornou o local número 1 após a leitura do livro de cultura e do redirecionamento do foco nos funcionários.
- Um diretor de um parque de diversões na Coreia a quem lembraram da razão de estar no negócio (cultura e felicidade corporativa).
- Uma aluna da Universidade de Iowa que abandonou a graduação que seus pais lhe aconselharam (medicina) porque sempre quis ser uma professora de arte.
- Um comerciante à beira do suicídio que voltou a ter esperança quando leu sobre os fracassos que Tony Hsieh precisou superar antes de alcançar o sucesso.
- Um empreendedor da área de marketing do Uzbequistão que se inspirou a seguir sua paixão mesmo quando todos lhe diziam que "o céu [econômico] está caindo".
- Uma mãe que se entusiasmou em ser uma pessoa responsável em sua casa, pois apesar de saber que era uma boa mãe, acreditava que poderia ser melhor.

"Apesar da resposta ao livro ser inesperada", acrescenta Jenn, "tudo começou a fazer sentido depois da análise da pesquisa que foi feita em torno dela. Conforme a hierarquia das necessidades de Maslow, uma vez atendidas as necessidades básicas de alimentação, segurança e abrigo, as pessoas procuram buscar seus objetivos maiores e sua felicidade na vida. Você entende isso quando pergunta: 'Quais são seus objetivos na vida e por quê?'. Quer o objetivo seja ter filhos, viajar o mundo ou dirigir carros de corrida como profissão, a razão geralmente é a mesma – encontrar sentido e felicidade. Estamos apenas falando sobre diferentes caminhos para chegar lá. Uma descoberta interessante destacada no livro *Delivering Happiness* é que estudos mostram que os humanos não sabem fazer previsões do que pode trazer uma felicidade sustentável, por isso essa foi uma grande revelação. Quanto mais pessoas nos diziam que foram inspiradas a fazer uma mudança em suas vidas – grande ou pequena – para serem felizes, mais parecia fazer sentido a transformação desse livro em algo a mais. O livro parece haver cutucado as pessoas e as empresas na direção da felicidade, e nosso objetivo é apoiar e alimentar isso da melhor maneira possível.O livro também explora outras estruturas de felicidade que enquadram a natureza subjetiva da 'felicidade' com a natureza objetiva da ciência.Como destacado nesse livro, a pesquisa mostra que a felicidade pode ser descrita por meio de quatro coisas fundamentais: controle percebido, progresso percebido, conectividade (a quantidade e profundidade de seus relacionamentos) e visão/significado (ser parte de algo maior do que você). O interessante, como Tony Hsieh explica na narrativa, é que esses conceitos podem ser aplicados tanto nos negócios quanto na vida".

Outra estrutura descreve a felicidade em um gráfico onde os dois eixos são Tempo e Nível de Felicidade. Nele, há três tipos de felicidade: Prazer, Paixão e Objetivo Maior. Tony Hsieh diz: "O interessante é que muitas pessoas passam pela vida procurando a felicidade do tipo Prazer, achando que, se forem capazes de manter isso se preocuparão com a Paixão, e se tiverem isso, passarão a se preocupar com seu Objetivo Maior. Com base nas descobertas da pesquisa, entretanto, a estratégia adequada seria descobrir e perseguir primeiro o objetivo maior (pois este é o tipo de felicidade mais duradouro), depois colocar a paixão e, por fim, a felicidade do tipo prazer".

De mesma forma que outras empresas que se baseiam em razões, como a TOMS Shoes, Delivering Happiness funciona como um empreendimento social, implementando maneiras de gerar lucro a fim de alimentar o Movimento de Distribuição de Felicidade. Alguns dos caminhos para esse lucro são:

- Serviços de criação de Livros de Cultura (como mencionado no Capítulo 3).
- *Workshops* customizados, internos, para empresas e organizações que querem aumentar a produtividade e a felicidade no local de trabalho (como um complemento do treinamento da Zappos Insights).
- A Delivering Happiness Store, que vende mercadorias inspiradoras e, ao longo do caminho, experiências (como exemplos, aulas de helicóptero e viagens em grupo para a Antártica) para incutir a ideia de que a felicidade, em última análise, vem de nossas memórias e experiências coletivas, e não do material que compramos.
- Livros de acompanhamento para atingir os diferentes públicos que surgiram desde que o primeiro foi publicado.

Exatamente como a Zappos, Delivering Happiness vê os lucros como um meio para alcançar seus objetivos maiores. Com "Inspire e seja inspirado" como um de seus lemas, se Delivering Happiness continuar a inspirar-se por histórias de jornadas de pessoas na busca da felicidade, seu motivo de inspirar os outros com certeza seguirá adiante.

Quer por meio da Zappos Insights ou do surgimento de Delivering Happiness, a Zappos tem demonstrado grande liderança na excelência de negócios e social, e muitas vezes essa excelência é alimentada pela vontade de fornecer ferramentas que proporcionem oportunidades a pessoas interessadas em aprender, adaptar e pôr em prática algumas dicas extraídas de empresas como a Zappos.

TESTE ESTAS IDEIAS

1. Qual a flexibilidade de sua marca? Quais são os limites das ofertas de produto ou de serviços que você poderia oferecer para seus clientes?
2. Se consultados, seus clientes o veriam como um fornecedor de experiências tão boas que gostariam de vê-lo se aventurando em outros setores? Se sim, em que outras indústrias eles poderiam sugerir seu envolvimento? Se não, o que você teria que fazer para ser assim considerado?
3. Você poderia imaginar-se oferecendo experiências de cliente ou treinamento de liderança para outras empresas? Em caso afirmativo, o que vale a pena estudar em sua empresa?
4. Que lições você poderia aprender com a Zappos? Você está ativamente envolvido em fazer *benchmark* de outras empresas e/ou em participar de uma comunidade de líderes empresariais que compartilham seu interesse na excelência de serviço?

LIDERANDO UMA REVOLUÇÃO SOCIAL

A Zappos ampliou sua gama de produtos, e também empurrou seus limites de marketing nas "novas mídias". Indiscutivelmente, a Zappos desbravou um caminho em interatividade social que é muito falado, mas raramente igualado com eficiência. Essa posição *top-of-mind* levou David Meerman Scott, estrategista de liderança/marketing e escritor do blog Webink Now, a sugerir que a Zappos pode estar sufocando o crescimento da inovação da mídia social. David diz: "Centenas de 'especialistas em mídia social' mencionam a empresa em seus livros, blogs, palestras, webconferências e afins. Como resultado, a disciplina de marketing não vai adiante porque não conhecemos outras empresas e seus sucessos... Meu problema não é com a Zappos, mas com aqueles que incessantemente usam esse exemplo como "prova" de que o novo marketing funciona". David observa que a Zappos realmente ganhou o posto de definidora de tendências na mídia social, como comprovado por seus extraordinários resultados. O diretor Tony Hsieh, por exemplo, tem mais de "1,75 milhão de seguidores no Twitter" e seu brilhantismo na mídia social... é citado 5,8 milhões de vezes na web".

Como mais uma evidência desse domínio na mídia social, um chat de atendimento ao cliente no Twitter criou um "jogo de pseudo beberrões". Geoff Snyder, facilitador de rede e membro do grupo de atendimento, observa: "Conduzimos nossos debates no Twitter, e os exemplos da Zappos aparecem tanto que decidimos criar um jogo com as referências à empresa, pois ela definiu um padrão que almejamos. Por isso, sempre que alguém menciona a Zappos, bebemos um gole de nossas bebidas (simbolicamente)". Quando seu nome aparece tantas vezes que os grupos de chat do Twitter festejam essas referências com um brinde real ou simbólico, significa que você saturou funcionalmente o mundo da rede social. Em 2010, quando a Zappos anunciou que estava abrindo um escritório em São Francisco e contratando 2 mil funcionários para atender a demanda de 2011, cada uma dessas mensagens era retuítada (ou reenviada) milhares de vezes.

Então, o que é que a Zappos faz para alavancar a mídia social de maneira tão eficiente? Em minha opinião, o sucesso na rede social da Zappos pode estar vinculado à colocação de mais ênfase no "social" e menos na "rede". Colocando de maneira mais simples, a Zappos cria conexões autênticas e distribui um conteúdo enriquecido.

Ouvir para se conectar de maneira autêntica

Os líderes empresariais precisam adaptar-se sempre às tecnologias, e isso é particularmente verdade quando se trata de valer-se do poder da Internet. Nas primeiras interações, muitas empresas simplesmente engoliram endereços web e desenvolveram páginas que serviam quase como folhetos *on-line*. Para entender a evolução da apresentação da marca pela Internet e a interatividade, é necessário explorar a "way back machine" (www.waybackmachine.org) um arquivo histórico de 150 bilhões de páginas web que remontam a 1996.

Conexões discadas deram lugar à banda larga, e a Web 2.0 abriu o mundo para aplicações que permitiram uma mudança de páginas web estáticas para uma rede social com conteúdo compartilhado. Embora muitas pessoas soubessem que "precisavam" mergulhar na nova mídia, algumas empresas não entenderam como se beneficiar da tecnologia em rápido crescimento. Não foi o que aconteceu com a Zappos!

A incursão de algumas empresas em mídias sociais refletia abordagens de marketing tradicional, publicidade ou "venda". A Zappos, por outro lado, compreendeu que a rede social era apenas mais uma maneira (bem barata) de criar e manter relacionamentos com clientes e não clientes. C. B. Whittemore, simplificador chefe da Simple Marketing Now, observa: "Em vez de usar ferramentas de mídia social para vender produtos, a Zappos deliberadamente as utiliza para se conectar de modo mais pessoal tanto com os funcionários quanto com os clientes... Mas preste atenção, essa é a empresa que considera o telefone como a melhor mídia social... Na Zappos, o uso liberal da mídia social facilita a rede que conecta os funcionários entre si e com os clientes da empresa".

Mashable, um *site* que está no centro do fenômeno da mídia social, sugere que "a Zappos definiu o limite para a mídia social do atendimento ao cliente, uma vez que sua abordagem foca em fazer conexões autênticas via redes sociais, em vez de vender ou promover produtos... O diretor Tony Hsieh reconhece que a Web permite que todos falem – inclusive os clientes da Zappos –, e o que os clientes dizem nos blogs ou em suas redes sociais pode atingir milhões de pessoas. Por isso é que a Zappos trata cada interação como uma oportunidade... para lançar uma luz positiva sobre a marca. Os funcionários são incentivados a serem transparentes em seus tuítes, o que ajuda os clientes a sentir como se os conhecessem e pudessem ser contatados com facilidade. A interação é autêntica, deixando o cliente satisfeito e com possibilidade de contar aos outros sua experiência". Em vez de comunicar-se apenas por meio da conta de Twitter de Tony Hsieh (@zappos), a personalidade da empresa aparece nas mensagens de Twitter dos funcionários da Zappos de suas contas pessoais. Para ver sobre o que os zapponianos estão tuitando, você pode acessar http://twitter.zappos.com/employee_tweets.

Quando alguém fora da Zappos envia um tuíte sobre a empresa (por exemplo, uma referência à classificação da Zappos na pesquisa da revista *Fortune* na seção as *Melhores Empresas para Trabalhar*), é comum ver alguns funcionários da Zappos se engajarem espontaneamente em um debate sobre esse tuíte. Se um tuíte envolve um assunto ou uma pergunta sobre atendimento ao cliente, os líderes da Zappos designam membros do pessoal da mesa de recursos da equipe de fidelização para estarem disponíveis 24 horas por dia para responder por meio da conta @Zappos_Service no Twitter, respondendo a centenas de perguntas dos clientes diariamente. Os *posts* espontâneos dos zapponianos no Twitter, a natureza pessoal imediata das respostas do atendimento ao cliente e as interações demonstram a eficiência com que a Zappos alavanca a mídia social para se comparar com as conexões pessoais criadas quando os clientes ligam para a equipe de fidelização da empresa ou entram em contato com seus clientes por meio de um chat ao vivo.

Do ponto de vista dos blogs, a página inicial Zappos.com tem um *link* que leva os clientes para uma ampla variedade de páginas de produtos ou páginas blog da cultura Zappos, bem como para a página da empresa no Facebook. Vídeos que mostram a cultura Zappos são frequentemente postados nos blogs da Família Zappos e depois transferidos para uma variedade de canais da empresa no YouTube.

Graham Kahr, um cientista de engajamento social da Zappos, explica como os zapponianos integram e envolvem mídias sociais: "Se eu achar divertido um vídeo feito pela minha equipe na Zappos, vou colocá-lo na minha conta do Twitter, mas não coloco nada que eu ache que meus seguidores não vão gostar. Antes de postar qualquer coisa no Twitter, eu penso sobre os posts, exatamente como eu penso sobre falar em público. Na Zappos, centenas de membros de nossa equipe estão no Twitter e o veem praticamente da mesma maneira, portanto, se o *post* é algo que não diríamos na frente de todos, provavelmente não vamos tuitar a respeito. Quando uma empresa o trata bem e confia que você aja com responsabilidade, as pessoas se aproximam e se comunicam com honestidade e respeito".

Os comentários de Graham destacam o entendimento na Zappos de que a mídia social precisa ser "crua", autêntica e responsável, sem promoção, retoque e extravagância das propagandas produzidas. Algumas marcas bem estabelecidas têm lutado para apreciar a natureza orgânica e honesta da mídia social e têm tentado controlar a conversação, e, algumas vezes, seus esforços fracassaram. Um dos exemplos clássicos desse erro de cálculo foi o blog falso "Walmarting Across America" (algumas vezes chamado de 'flog'), que apresentou artigos muito favoráveis à Walmart. O hipotético blog era de um casal, Jim e Laura, que supostamente atravessaram o país em um *motor home*. Em meio a especulações de que Jim e Laura não eram pessoas reais, a Businessweek.com forneceu uma série de revelações sobre o blog. Esses artigos identificaram Laura como Laura St. Claire, uma escritora *freelancer*, e Jim, como Jim Thresher, um fotógrafo do jornal *Washington Post* – ambos pagos pela Walmart para criar o blog. Diferente de mensagens distribuídas por meio de propaganda tradicional, a mídia social atrai uma audiência de pessoas que estão procurando por opiniões genuínas e sem remuneração. Na verdade, elas buscam transparência.

A transparência se enquadra bem com o valor essencial da Zappos de "criar relacionamentos abertos e honestos com a comunicação", e a cultura Zappos de "alegria e esquisitice" se enquadra no contexto de mídia social. No Open Mic, blog da SAS Publishing Blog, Bernie Brennan e Lori Schafer sugerem: "A mídia social está enraizada na cultura Zappos, pois a empresa acredita que eles sequer precisam de uma estratégia de mídia social – visto que os funcionários constantemente postam vídeos, tuítes e blogs sobre sua cultura – porque não vendem ou comercializam diretamente. Visite a Zappos.com Family Blogs, seu canal no YouTube ou sua página de Facebook e você vai se entreter por horas assistindo vídeos de funcionários se envolvendo em atividades como o Crazy Fat Sandwich Eating Contest, Halloween na Zappos, além de vídeos mais sérios de Fashion Culture and Cause. A mídia social definitivamente é pessoal, e a propensão da Zappos por esquisitice se traduz bem em tuítes curtos e autênticos, e em vídeos divertidos altamente motivadores.

Entrega de conteúdo enriquecido

Dada a natureza visual da Internet, a Zappos assumiu o compromisso de fornecer conteúdos de vídeo enriquecidos não apenas de sua marca em ação, mas também de seus produtos. No Capítulo 4, examinamos como a Zappos ajuda os clientes a fazer escolhas certas por meio de ricas exposições fotográficas. Sendo essa uma abordagem mais do que suficiente para a descrição do produto, a Zappos aproveitou as oportunidades apresentadas em um ambiente Web 2.0 para integrar vídeos que mostram produtos e simulam conexões com os clientes. A adoção precoce da representação de produtos em vídeos na Zappos é uma história de difusão em dois níveis – como o pessoal da empresa inovou na apresentação de produtos em vídeos e como a própria empresa está mudando o futuro da apresentação de produtos *on-line*.

> Para uma amostra de um vídeo musical Família Zappos, vá em http://zappified.com/mvid ou direcione seu leitor QR para a imagem a seguir.

Jason Lee Menard, gerente de produção de vídeo na Zappos, destaca o início infeliz dos vídeos de produtos da empresa: "Eu trabalhava na matriz em Las Vegas e estava na equipe de moda, escrevendo conteúdos para as páginas de descrição dos produtos e para a marca. Sou formado em comunicação e havia assistido a muitas aulas de vídeo, mas depois de trabalhar na empresa por cerca de um ano, o gerente da equipe de conteúdo pediu que eu fizesse dez amostras de como imaginava um vídeo de produto. Recebi total liberdade de criação, e meu gerente mostrou as amostras para Tony, Alfred e Fred, e me disse que eles haviam aprovado. Em menos de duas semanas me deram o título de coordenador líder de conteúdo de vídeo. Eu trabalhava sozinho, fazendo seis vídeos por mês em uma pequena sala sem iluminação profissional, uma câmera ruim e um improvisado *sound boom*– um microfone preso a um cabo de vassoura".

A partir desse início improvisado, a equipe de vídeo da Zappos, atualmente localizada na Central de Processamento de Pedidos de Kentucky, está ativamente envolvida na gravação de pequenos vídeos de produtos. Basicamente, um usuário Zappos.com que clica no *site* tem a oportunidade de ver uma ampla gama de fotos dos produtos e, em muitas das páginas, ele também pode ver vídeos hospedados por um zapponiano. O membro da equipe da Zappos analisa a descrição do produto, acrescenta informações além dos atributos do produto e geralmente descreve o uso e o desgaste deste. Jason observa: "Esses vídeos permitem que a personalidade dos membros de nossa equipe e nossa cultura se destaquem, pois esse era o conceito original dos vídeos. Em um minuto ou menos, queremos mostrar o produto, fazer uma conexão com a personalidade de nossa equipe e compartilhar nossa cultura. Esses vídeos deveriam aprimorar a conexão pessoal com os clientes por meio de nossa apresentação humana do produto".

Considerando que isso demanda um grande esforço, envolvimento da equipe e recursos para criar vídeos de produtos, precisamos perguntar: "Os vídeos estão funcionando? Têm o impacto desejado?". De acordo com Jason, "temos recebido muitos *feedbacks* positivos. Fizemos um teste de experiência do usuário no qual trouxemos modelos profissionais para demonstrar os produtos e comparamos isso com as apresentações de nossa própria equipe. Na maioria das vezes, nossos usuários não gostaram dos modelos, pois achavam que não podiam ter afinidade com eles. Recebemos muitos *feedbacks* sobre nosso pessoal, observando como eles eram 'simples' e como eles 'podiam ser nossos vizinhos'". Jason observa que a "realidade" das pessoas da Zappos falando sobre os produtos se equipara ao que está naturalmente acontecendo na mídia social. "Dê uma olhada no YouTube. As pessoas compram um novo par de sapatos e mostram um vídeo dele, e elas podem se relacionar com isso porque é a essência da vida." A realidade e a natureza convincente dos vídeos de produtos levaram a Zappos a expandir os esforços individuais de Jason na produção de vídeos, que podia criar seis vídeos por mês, para uma equipe de aproximadamente 20 videoperadores, editores e outros membros da equipe que produzia mais de 50 mil vídeos por ano, uma abordagem agressiva para o fluxo de conteúdo *on-line* que está expandindo a indústria de varejo eletrônico. Apesar de o uso de vídeo de produtos não ser uma coisa nova, ainda em formação, a aceitação certamente aumentou, pois os empresários apreciam as belas taxas de conversão depois que compradores veem um vídeo do produto. Mas como diz Mark R. Robertson, especialista em vídeo de varejo, "o mais interessante é o fato de que até mesmo esses compradores que *não* assistem ao vídeo estão mudando a uma proporção significativamente maior do que os que veem a mesma página do produto sem a opção de visualização de vídeo".

A Zappos está convertendo vídeos de produtos em vendas ao fazer conexões emocionais por meio desses vídeos, pois a empresa entende que os vídeos, como todos os outros conteúdos compartilhados *on-line* ou *off-line*, precisam ser trabalhados em alta qualidade. O material precisa ser bem produzido, mas não deve ser excessivamente sofisticado, e também deve ser coerente, engajado e consistente com todos os padrões de marca. Diferentemente da propaganda tradicional, a nova mídia visual pede um sentido de espontaneidade, intimidade e franqueza sem pruridos.

A Zappos alcançou retornos maximizados a partir de seu comprometimento com a mídia social e com a produção de conteúdo *on-line* rico e de alta qualidade. Ao envolver seus membros de equipe em conversações autênticas por meio do Twitter, de blogs, de divertidos vídeos culturais da Zappos e de conteúdos pessoais de produto, a empresa criou uma posição de liderança na mídia social com um alto grau de referência de desempenho que, na opinião do especialista em mídia social Jeff Bullas, cria links de entrada, faz que seus funcionários criem muitos links internos da web, melhora a classificação da página Google, permite um fórum de atendimento ao cliente, estimula as relações com o público, promove a marca e fornece uma plataforma de pesquisa, criando ímãs para atividades de busca.

Quem não gostaria desse conjunto de resultados para uma estratégia de mídia social? No final das contas, assim como em muitos outros aspectos da Zappos, esses benefícios resultam menos de estratégia e mais de experiências humanas enriquecedoras e com conexões autênticas. Como observa o cientista de envolvimento social da Zappos, Graham Kahr: "Somos apenas pessoas tentando nos conectar com outras pessoas em toda a gama de experiências humanas. Algumas vezes essas conexões envolvem o fornecimento de informações úteis, e outras vezes fazem uma enquete sobre personagens animados favoritos. Isso não é uma estratégia. Isso é ser completamente humano".

TESTAR OS LIMITES É TAMBÉM UM RISCO

Não pense que a Zappos não pode errar quando se trata de usar tecnologia, pois alguns esforços para envolver clientes provocaram controvérsias. Por exemplo, o *Wall Street Journal* e outras publicações questionaram uma estratégia chamada "alvo comportamental", que a Zappos e muitos outros varejistas *on-line* usam. Meghan Keane, editor norte-americano de *Econsultancy*, observa: "A Zappos sabe o que você fez no verão passado. Ou talvez o que você fez na última vez que visitou seu *site*. A loja de sapatos é apenas uma das muitas empresas que acompanham a atividade do cliente *on-line* para fins publicitários mais relevantes. Essas ferramentas têm a capacidade de tornarem mais fáceis as buscas *on-line* por produtos, mas também arrastam algumas pessoas para fora. As propagandas da Zappos são tão inteligentes que se lembram das pesquisas anteriores e oferecem aos consumidores imagens de produtos semelhantes quando eles navegam na Web. Por exemplo, se você buscar escarpins pretos na Zappos, ela irá levá-lo a vários *sites* com propagandas de sapatos de salto alto que você provavelmente não iria comprar nesse momento (digo isso por experiência pessoal). "O uso do alvo comportamental da Zappos é coerente com a abordagem de *marketing on-line* "faça mais com menos". Darrin Shamo, diretor do marketing *on-line* da Zappos, informa que a ideia era "fornecer valor aos consumidores, dadas as limitações das condições de vida, e fazer isso da maneira mais eficiente possível. O redirecionamento personalizado foi impulsionado a partir desta ideia e do sentimento de que, se os usuários serão expostos à propaganda, isso deve ser relevante e facilmente controlado". Em vez de gastar dinheiro para colocar a propaganda em locais que se imagina que os clientes visitarão, a Zappos pegou itens específicos de interesse de um cliente e colocou-os em lugares que eles realmente os veem.

TESTE ESTAS IDEIAS

1. Com que eficiência você alavancou a mídia social em sua empresa?
2. Você incentivou uma grande percentagem de sua força de trabalho para se comunicar ativa e autenticamente por meio da mídia social?
3. Sua abordagem para a mídia social é criada em torno de conversação e conexão?
4. Você aproveitou o poder dos vídeos em blogs e apresentação de produtos?
5. O conteúdo de seus vídeos e blogs *on-line* reflete a escrita e a produção de alta qualidade? Seus vídeos estão sendo convertidos em vendas e na construção de relacionamentos entre seus clientes e sua marca?

Michael Learmonth escreveu no *AdAge*: "Abandonei uma pesquisa [por um par de bermudas, na Zappos] e fiz outra coisa. E aí começou uma coisa louca. Nos cinco dias seguintes, essas recomendações começaram a aparecer em quase todos os *sites* que visitei na Web, inclusive MSNBC, Salon, CNN. com e *The Guardian*. A propaganda percorre minhas recomendações da Zappos... Nesse ponto, eu passei a realmente pensar que nunca precisarei voltar à Zappos para comprar as bermudas, pois elas estão me seguindo".

Embora outras empresas usem as mesmas tecnologias, alguns comentaristas como Meghan previnem: "Com essas propagandas, a Zappos está testando os limites dos alvos, uma vez que, nesses anúncios, a empresa não está usando informações pessoais. E ela tem enviado e-mails personalizados semelhantes... Um forte argumento para anúncios *on-line* com alvo comportamental é que os anúncios mais relevantes são melhores para os consumidores e as marcas, mas e se os consumidores não quiserem anúncios personalizados – mesmo quando eles são relevantes?" *Posts* no Twitter sobre essa prática sugerem diferentes resultados para a Zappos. Eis aqui alguns exemplos representativos:

@grumpymartian

Preciso admitir que os anúncios da Zappos dirigidos diretamente a mim, relacionados com o que eu procurei anteriormente em seu *site*, me assustam um pouco.

@shoppinlover

Fico tão tentada. *Sites* como o da Zappos têm anúncios que eu dificilmente resisto na primeira vez. Droga, cadê meu cartão?

É óbvio que nem todos os esforços de "crescimento" serão bem recebidos, e não há consenso sobre o uso e alvos comportamentais entre os clientes Zappos. A empresa colocou um *link* no *banner* do anúncio que diz: "Por que você está recebendo esse *banner*?" e oferece aos clientes uma opção de autoexclusão para impedir os anúncios de segmentação comportamental. O diretor de marketing *on-line* da Zappos, Darrin Shamo, observa: "Tivemos um início difícil, quando rapidamente percebemos que alguns usuários eram totalmente contra esses anúncios. Com o *feedback* de nossos usuários, percebemos que precisávamos trabalhar rapidamente para solucionar essas questões por meio de otimização ou interromper totalmente esse tipo de veículo. Como esses anúncios são baseados em *cookies* e todo o estoque é comprado em tempo real, sem que nenhum dado seja transmitido aos editores, nosso desafio era lidar com um problema de percepção de privacidade em vez de uma verdadeira violação de privacidade. Infelizmente, esse veículo era tão variado e tão novo na indústria que a única maneira de resolvê-lo era por meio de educação".

As grandes marcas sempre escutam seus clientes, os educam e fazem as correções de rumo que são coerentes com a essência da empresa. Essas marcas compreendem os limites da permissão que os seus clientes ampliam e até mesmo as áreas de necessidade que seus clientes querem que eles ocupem. Essa permissão ou extensão da marca é limitada, e aquelas que se estendem demais ou vão além do que é autêntico ou honesto quebram!

CAPÍTULO 9— IDEIAS PARA SEGUIR

— Desde o início, o posicionamento da marca deve permitir uma ampla elasticidade de conceito, serviço e produto.
— Além de ampliar a gama de produtos, a *expertise* no negócio pode também se tornar uma linha de produto.
— As marcas podem ampliar a eficácia de sua mídia social se entenderem que a nova mídia é uma oportunidade de manter e melhorar os relacionamentos tanto com os clientes quanto com os não clientes.
— A eficácia da mídia social depende da priorização da comunicação, conexão e autenticidade.
— Venda ostensiva, controle de mensagem e a apresentação pobre são áreas perigosas na nova mídia.
— As empresas eficientes em mídia social incentivaram seus funcionários a envolver seus seguidores em debates sobre sua empresa de maneira autêntica e responsável.
— Vídeos de produtos bem produzidos podem acrescentar uma dimensão pessoal à apresentação do item.
— Vídeos de produtos aprimoram a conversão de vendas mesmo quando não são vistos.
— Se você ampliar demais sua marca, os clientes darão *feedback* dizendo que você precisa mudar o rumo.
— Se você não prestar atenção ao *feedback* de seus clientes, a elasticidade de sua marca vai quebrar!

PRINCÍPIO 5

JOGUE PARA GANHAR

O mestre na arte de viver faz pouca distinção entre seu trabalho e sua diversão, sua ocupação e seu lazer, sua mente e seu corpo, sua informação e seu divertimento... Ele simplesmente persegue sua visão de excelência em tudo o que faz, deixando que os outros decidam se ele está trabalhando ou brincando. Em sua opinião, ele está sempre fazendo as duas coisas.
 JAMES MICHENER

No meu livro *Humor, Play and Laughter,* sugeri que diversão é uma ferramenta poderosa para alinhamento e coesão social, mas, infelizmente, muitos líderes empresariais não aceitaram essa premissa. Se consultados, muitos gerentes responderiam que o contrário de preto é branco, e o contrário de trabalho é diversão. Na Zappos, entretanto, os líderes veem trabalho e diversão de modo interligado. O Capítulo 10, "Jogue bem", se concentra na maneira com que a Zappos imprime um espírito de diversão em cronogramas diários e mensais e em calendários espalhados pelo local de trabalho. Além disso, coloca o conceito de "diversão" ou "brincadeira" em um contexto mais amplo de prazer pessoal e vínculo social. O Capítulo 11, "Morrendo de rir." examina como a Zappos transformou a diversão em uma cultura que está longe de ser fútil e, também, os benefícios sustentáveis que goza em termos de engajamento do funcionário, inovação e rentabilidade. É hora de ir por um bom motivo – o combustível da Experiência Zappos.

CAPÍTULO 10

DIVIRTA-SE

Brincadeiras e diversões são muito benéficas para a Zappos, pois sem dúvida a diversão mantém a rica e colaborativa cultura Zappos. Mas, como veremos, se a Zappos se dedicasse exclusivamente à diversão, hoje a empresa não estaria crescendo. Todavia, a genialidade dos líderes da Zappos está no modo como mesclam a diversão e o trabalho, uma vez que a liderança visionária da empresa entende que, com alegria, o trabalho é mais bem realizado. Além disso, o trabalho alegre cria equipes motivadas, felizes e coesas.

Embora eu esteja deixando a maioria dos ganhos específicos que a Zappos desfruta por criar uma cultura de ligação entre diversão e família para o Capítulo 11, de modo geral os benefícios globais para a Zappos são muito coerentes com as correlações positivas encontradas pelos pesquisadores. Por exemplo, o professor de administração, Dr. David Abramis, da Cal State Long Beach, entre outros, mostrou que altos níveis de diversão no local de trabalho são consistentemente associados com maior criatividade e produtividade. Os funcionários que encontram um prazer lúdico no trabalho têm relacionamentos mais positivos com os colegas, tomam melhores decisões, atrasam-se ou faltam ao trabalho com menos frequência do que os funcionários que não se divertem. Na verdade, a diversão é um negócio sério na Zappos, uma vez que essa diversão produz importantes resultados comerciais. Este capítulo aborda a maneira como a Zappos nutre um ambiente de trabalho positivo e atraente, ao passo que o próximo capítulo aborda como a empresa se beneficia disso.

Diversão no trabalho não é algo que pode ser deixado ao acaso ou uma iniciativa opcional que desaparece quando a situação fica difícil. Os líderes da Zappos nunca vacilaram no apoio a uma cultura lúdica, e os benefícios dessa abordagem são amparados por pesquisas da *Hewitt and Associates,* que mostram que vale a pena investir em uma cultura de trabalho positiva, especialmente em tempos de incerteza nos negócios. Ted Marusarz, líder de envolvimento e cultura global da Hewitt, observa: "O esforço extra que as empresas colocam nos momentos difíceis faz a diferença na forma como elas são bem-sucedidas em elevar o moral e reter os melhores talentos em uma economia forte".

Ainda que os valores essenciais da Zappos mencionem expressamente a diversão ("criar diversão e um pouco de excentricidade"), Robert Richman, gerente de produto da Zappos Insights, observa que a diversão é vista mais amplamente no contexto de alegria ou felicidade do funcionário. De acordo com ele, "o que estamos fazendo é criar para nossos funcionários fontes de alegria de curto, médio e longo prazos. O dia do *cupcake*, por exemplo, é uma satisfação de curto prazo. Uma fonte de prazer de médio prazo poderia ser algo como sair para um passeio com um gerente por meio dia. E uma felicidade e objetividade de longo prazo surge da investigação da educação pessoal, da ajuda às pessoas para atingirem seus objetivos e de sentir orgulho do sucesso na empresa". Vamos usar a estrutura de Robert para examinar o envolvimento com a diversão e com o funcionário na Zappos, observando como essas abordagens podem ser implementadas em sua empresa.

ALEGRIA DE CURTO PRAZO

Assim que você chega às Centrais de Processamento de Pedidos ou na matriz da Zappos, você percebe que "não está mais no Kansas". Quer seja pelos murais do super-herói e as decorações em Kentucky, ou pela máquina de *pinball* na entrada da matriz da Zappos, é fácil observar que a empresa é diferente. De fato, um aspecto da diversão que se reconhece imediatamente irrompe na natureza visual rica e em constante mudança dos prédios da Zappos. As salas de reuniões, por exemplo, não são aquelas clássicas salas enfadonhas, mas seguem temas como os seguintes:

- **"Elvis"**, que inclui uma escultura em tamanho real do Rei do Rock sacudindo seus quadris enquanto segura um microfone, juntamente com representações ampliadas de discos de 45 rotações de Elvis pendurados nas paredes.
- **"Betty White"**, com uma base sustentando uma "torta de cereja", uma fotografia de seu falecido marido, Allen Ludden, e uma estante de canto com uma placa que diz "Betty White é minha menina!"
- **"Up"**, baseado no filme homônimo, com balões coloridos pintados nas paredes, uma caixa de correio com os nomes "Carl" e "Ellie", uma faixa cheia de crachás de mérito de escoteiro e bolas de tênis debaixo da mesa e nos pés das cadeiras.
- **"James Bond"**, com uma parede pintada com a bandeira do Reino Unido, fotografias de diversos atores representando Bond e vitrines com copos de Martini e uma coqueteleira.

Como grande parte dos funcionários passa muito tempo nas salas de reunião, suas vidas diárias (prazer de curto prazo, se preferir) são afetadas pela natureza do ambiente das salas de reunião. Como resultado, as equipes Zappos recebem recursos e autorização para assumir o controle e infundir brincadeiras e um pouco de excentricidade. Essa abordagem casual de escolher um escritório pode não ser para todos, mas reflete a vontade da Zappos ao perguntar: "Por que não podemos nos divertir com isso? Por que não podemos criar divertimento no modo como uma sala de reuniões é projetada?" Os líderes na Zappos percebem que todos os aspectos do trabalho são oportunidades de distribuir felicidade para o pessoal e que equipes felizes, por sua vez, fazem clientes felizes. Steve Hill, vice-presidente de produto, sugere: "Quando as pessoas estão em casa, elas fazem escolhas sobre a diversão e elementos significativos em seus ambientes. Aqui, somos uma família, por isso todos nós também precisamos nos envolver nessas escolhas".

O grau de personalização e alegria dos espaços de reunião na Zappos é transferido para as baias dos funcionários em níveis muito maiores do que você vai ver na maioria das culturas de pequenos compartimentos. Grande parte desses espaços é enfeitada com brinquedos, jogos e decorações alegres, e estão em constante mudança. Embora esse rico ambiente seja fonte de prazer para os zapponianos (por exemplo, uma mesa de reunião também funciona como uma mesa de pingue-pongue, permitindo uma mistura de brincadeira e trabalho), uma mostra fotográfica de uma sala de reuniões/cor da baia e diversidade, apresentada no *OfficeSnapshot.com* (um blog criado para mostrar o projeto do espaço do escritório primeiramente na Web 2.0 e de empresas de tecnologia) levou os observadores às seguintes reações:

- "Ei! Aposto que o comandante dos bombeiros adora esse lugar!"
- "Como alguém pode trabalhar ali? Parece um monte de lixo".
- "Adorei! É melhor do que um lugar sem nenhuma personalidade. Mais uma vez fui picado pelo mosquito da inveja".

E a seguinte reação de um zapponiano:

- "Adoro trabalhar entre tantas exposições de individualismo. O escritório é exatamente o que você faz dele, e dá àqueles que não fizeram isso em empregos anteriores a chance de nos conhecermos melhor por meio da atmosfera que criamos para trabalhar. Alguns vão longe com a decoração, enquanto outros são mais espartanos. De qualquer maneira, é você e é seu".

> Você pode dar uma olhada em algumas das salas de reunião acessando o *site zappified.com* ou direcionando o leitor QR de seu dispositivo móvel para o código a seguir.

Grande parte da liberdade que é dada ao pessoal da Zappos para assumir o controle de seu ambiente de trabalho, decorar alegremente suas áreas e mudar continuamente seu ambiente, combina com um espaço de trabalho vibrante, dinâmico e inovador. Malcolm Gladwell, autor de *The Tipping Point*, capta a sabedoria por trás do projeto coletivo da Zappos quando sugere: "O escritório costumava ser considerado um lugar onde os funcionários marcam seus cartões de ponto e os chefes perambulam pelos corredores como diretores de escola procurando por vilões. Mas quando os funcionários sentam-se acorrentados às mesas, quietos e diligentes no que devem fazer, a empresa não está funcionando como deveria. Isso porque a inovação – o centro da economia do conhecimento – é fundamentalmente social, e ideias surgem tanto a partir de conversas casuais quanto de reuniões formais. Mais precisamente, como ficou demonstrado por diversos estudos, as melhores ideias em qualquer local de trabalho surgem a partir de contatos casuais entre diferentes grupos dentro da mesma empresa".

Os líderes da Zappos não apenas facilitam esse contato casual por meio de projetos e de incentivo em locais de trabalho personalizados, mas muitos desafios interdepartamentais da Zappos reúnem as pessoas em busca de metas de formação de equipes. Jennifer Van Orman, engenheira de *software* da Zappos, dá uma ideia do contato interdepartamental cordial ao comentar: "O grande barato no meu departamento são as guerras com armas Nerf. Não sei como começou o ritual, mas no dia que começa a trabalhar na engenharia de *software*, você recebe uma arma Nerf. Outro dia fizemos um pequeno ataque ao departamento financeiro. Tínhamos tática e descemos em seu prédio, bombardeando-os com disparos. Você não acha que essa é uma boa maneira de envolver um departamento com o qual você não tem contato frequente? É nossa maneira de dizer: 'Ei, somos da engenharia de *software* e há muito não nos vemos'. Nessa situação, outros departamentos não só lembram de você, mas planejam maneiras de voltar para você, ou conhecê-lo melhor".

Mark Madej, engenheiro de *software* da Zappos, acrescenta: "Fizemos uma reunião para planejar esse ataque. Mapeamos toda a área financeira; comprei 16 pacotes de dardos Nerf 35 e trouxemos lâmpadas estroboscópicas. Nosso plano básico era chegar ao financeiro em um momento que fosse menos prejudicial ao seu fluxo de trabalho, desligar as luzes do teto, ligar o flash e iniciar nosso assalto pela porta dos fundos. Nossa equipe do blog fez um vídeo de nossa reunião de planejamento e de nossa preparação. Fiz um discurso motivacional baseado em uma fala de Mel Gibson no filme *Coração Valente*. Todo o evento foi extremamente divertido e estamos prontos para o contra-ataque". Quando os líderes compartilham o controle do ambiente de trabalho físico e incentivam os grupos de trabalho a se organizar (prestando atenção a como e quando o trabalho deve ser feito), as empresas se beneficiam. Essas organizações afetam a satisfação individual do funcionário, fomentam a colaboração das equipes e quebram os silos organizacionais. Podemos imaginar a solidariedade criada entre os companheiros de equipe de Mark enquanto escutavam seu discurso estilo *Coração Valente*. Além disso, é fácil ver os benefícios de formação de cultura de duas unidades empresariais que raramente interagem quando se envolvem mutuamente (com ou sem as armas Nerf).

> Para entrar numa batalha épica Nerf na Zappos, visite *zappified.com/nerf* ou direcione seu dispositivo móvel para cá.

UMA PAUSA ZAPPIFICADA

Uma tarefa rotineira pode ser divertida? Na Zappos, experiências rotineiras, como simulações de incêndio, muitas vezes têm um toque lúdico. Leah Morris, gerente de segurança e risco nas Centrais de Processamento de Pedidos da Zappos, comenta: "Quando chega a hora dos exercícios de evacuação, tentamos torná-los divertidos. Certa vez alugamos máquinas de raspadinhas de gelo e, após o exercício de evacuação, todos saímos para comer as raspadinhas na rua. Outra vez compramos 800 pistolas de água e, depois que todos foram contados e o prédio estava seguro, fizemos uma batalha de pistolas de água em nosso estacionamento". Da mesma forma, enquanto algumas empresas fazem uma festa bastante monótona após uma fusão ou aquisição, os zapponianos fizeram uma festança de casamento quando a Amazon adquiriu a Zappos. Como diz um zapponiano: "Fomos incentivados a nos vestir como se fôssemos para um casamento ou como se fossemos casar. Por isso, eu disse à minha esposa que deveríamos usar nossos trajes de casamento e ela perguntou se eu estava louco. De maneira persuasiva, eu perguntei-lhe quando ela teria uma oportunidade em sua vida de usar seu vestido de noiva outra vez. Então, vestimos nossas roupas de casamento para uma festa da empresa, e eu acho que isso é o que faz a Experiência Zappos – fazer coisas que você sabe que nunca mais fará, em nenhuma outra empresa". Por que não fazer uma lista de tarefas comuns em seu local de trabalho? Como você pode acrescentar casquinhas de raspadinhas de gelo, pistolas de água ou um casamento para animar essas tarefas ou eventos?

Reduzindo barreiras e aumentando conexões

Geralmente, o maior benefício do divertimento no trabalho é que ele permite que as pessoas se conheçam verdadeiramente. Se, como na Zappos, você busca conexões pessoais com seus clientes, e se você acredita que o atendimento eficiente ao cliente é um esporte de equipe, você precisa encontrar maneiras para que os funcionários se relacionem pessoalmente uns com os outros a fim de criar uma equipe de atendimento ao cliente. Um exemplo de como a Zappos facilita as conexões pessoais entre os funcionários é o *face game*. Na verdade, o jogo começa cada vez que um funcionário se conecta à intranet da Zappos. Após o login, antes que um funcionário comece a trabalhar, ele recebe a fotografia de um companheiro zapponiano qualquer. A pessoa então recebe quatro nomes de funcionários e uma opção "não sei". Depois de escolher um nome, a seta mostra se essa escolha foi correta, e então aparece toda a biografia da pessoa real. Para experimentar o *face game*, vá em http://www.zappified.com/face. Nenhum código QR é fornecido porque o jogo tem funções interativas que podem não ser confirmadas em seu dispositivo móvel.

Noel Cusimano, um comprador do 6pm.com, *site* associado da Zappos. com especializado em descontos, comenta o valor da informação biográfica no *face game*: "As pessoas podem clicar em você e ver sua carreira na empresa, o que lhes dá algo ao qual podem se referir ou sobre o que podem conversar. Você também pode selecionar coisas como 'Eu gostaria de ter uma sombra no trabalho' ou 'Estou realmente interessado neste assunto' para que você possa procurar pessoas na empresa que tenham os mesmos interesses que você. Essa ideia surgiu com nosso porta-voz, que queria uma base de dados na qual ele pudesse rotular pessoas e identificar cada uma delas: por exemplo, quem gosta de fazer pinturas faciais ou quem é um artista".

O *face game* também foi levado para outro nível graças a um projeto final completado pelos participantes da aula de cultura Zappos. A turma desenvolveu um projeto "você tem um rosto" para apoiar a coragem da Zappos em criar uma equipe positiva e um espírito de família. De acordo com Rachael Brown, gerente da Zappos Pipeline, "o projeto 'Você tem um rosto' incentiva os zapponianos a enviar um *e-mail* para alguém cujo rosto apareceu em suas telas, mas que eles não conhecem suficientemente para identificá-los. A turma sugeriu que o *e-mail* tivesse como título 'você tem um rosto' e que incluísse um convite para almoçar ou para fazer alguma coisa onde pudessem se conhecer. A aula de cultura sugeriu a campanha 'você tem um rosto', e divulgou-a em toda a empresa. Esse é um exemplo de como estamos sempre buscando oportunidades para criar uma conexão da família Zappos".

Esse tipo de entusiasmo em conhecer um ao outro promove um ambiente no qual as pessoas são sempre cumprimentadas, as portas são mantidas abertas para os colegas e os funcionários chamam um ao outro pelo nome. Roz Searcy, promotor da equipe Kan Du da Zappos, sugere: "Realmente, este é um lugar totalmente diferente quando eu comparo com qualquer outro onde já trabalhei. Em alguns lugares, as pessoas podem, ocasionalmente, falar com outras fora de seu grupo de trabalho, mas aqui é raro que não o façam. Eu costumo sentar na recepção e ser cumprimentado por todos pelo meu nome, e isso ocorre durante todo o dia! Claro que isso faz que eu adore meus dias no trabalho".

Os zapponianos vivem esse ambiente de trabalho totalmente engajado e interativo. Na verdade, muitas das brincadeiras na Zappos estão ali para definir um tom para as tarefas diárias. Na Central de Processamento de Pedidos, por exemplo, Dan Campbell, supervisor de fotos, observa: "No início de nosso expediente, passamos alguns minutos nos divertindo e recordando mensagens comerciais. Em nosso departamento, uma das atividades mais populares no aquecimento da manhã surgiu de um funcionário, como uma modificação do programa de TV *Minute to Win It*, um jogo no qual os participantes têm um minuto para completar algum tipo de desafio. Nossas atividades se comprovaram fantásticas e realizamos esses desafios semanalmente. Um deles, por exemplo, pede que um membro da equipe coloque três biscoitos recheados na testa do membro de outra equipe. A pessoa que tem os biscoitos na testa precisa colocá-los na boca e comê-los em 60 segundos. O jogo é realizado com voluntários, porque algumas pessoas gostam mais de assistir do que de participar, mas todos se envolvem, mesmo que seja somente para torcer". O comentário de Dan aborda uma interpretação errada de que todos na Zappos são extrovertidos e barulhentos. Tony Hsieh reconhece que não se adaptaria à Zappos caso a extroversão fosse um critério de seleção e que a diversidade nas maneiras com que as pessoas se envolvem e apoiam uma cultura lúdica, porém excêntrica, é bem-vinda. Líderes como Dan sabem da importância dessa diversidade e organizam as atividades lúdicas adequadamente.

Os divertidos acontecimentos diários revelam-se não somente rápidos, como no caso da atividade modificada do *Minute to Win It*, mas também baratos. Cody Britton, do equipe de atendimento ao consumidor, observa: "Normalmente temos o karaokê *Zappos Idol* acontecendo em nossa sala de descanso. No carnaval de um dos anos anteriores, cada departamento recebeu uma grande cartolina e US$ 25 e solicitou-se que se fizesse um carro alegórico. Recebemos uma folga do trabalho para nos divertirmos e fazer nossa obra de arte. Pegamos emprestado no departamento de treinamento as roupas das meninas da cerveja alemã, usadas na parada anual da Oktoberfest, e um dos membros da equipe comprou um tecido de leopardo no valor de US$ 1 e fez um colete. Reencenamos *Curtindo a vida adoidado* e ficamos orgulhosos do nosso carro alegórico que custou US$ 1,26, bem abaixo do orçamento. Eu gosto muito, porque a diversão não é complicada, mas sim imediata e continuamente presente".

A espontaneidade e o imediatismo da diversão na Zappos é mais bem explicada por Shawna Macias, membro do Clube de Fidelização do Cliente, que comenta: "No treinamento, fizemos nossos desfiles. Nos fantasiamos e atravessamos o *call-center* fazendo uma grande algazarra. Participamos de *happy hours* em que realmente gostamos de nos reunir com os colegas de trabalho fora do escritório. Recentemente tivemos um concurso de *cupcakes* no National Junk Food Day. Eu e a pessoa que estava sentada ao meu lado entramos no concurso e fizemos *cupcakes* do tipo *sushi*". E Shawn acrescenta: "Aqui sempre está acontecendo alguma coisa rápida e divertida. Fizemos uma formatura da equipe de fidelização na qual todos nos fantasiamos com os piores trajes de formatura possíveis, e registramos essas lembranças divertidas em fotografias do evento. Fizemos uma festa no estacionamento da empresa, com várias equipes decorando suas áreas e trazendo pratos para compartilhar. Pudemos provar diferentes receitas. O pessoal aqui sugere muita diversão para manter os espíritos em alta. Você nunca se aborrece, e muitas vezes sinto como se passasse oito horas de trabalho/diversão".

A conclusão de Shawna de que a Zappos é um lugar onde os membros da equipe "nunca se aborrecem" se enquadra com a mentalidade dos líderes para um local de trabalho divertido. Os líderes da Zappos entendem que o tédio é o centro da redução de produtividade no local de trabalho. William Balzer, Patricia Smith e Jennifer Burnfield, ao escreverem a *Encyclopedia of Applied Psychology*, sugerem: "As consequências do tédio nas empresas e organizações incluem maiores custos de emprego... problemas de desempenho... e reduzida eficiência organizacional... O tédio nas empresas também pode ter consequências para a sociedade como um todo, incluindo a perda de produtividade, redução da qualidade de vida e redução na segurança do consumidor". Esses autores também observam que o tédio é excessivo nos ambientes de trabalho em que os funcionários estão "infelizes" e em que as políticas da empresa restringem intervalos e interações sociais. Os líderes na Zappos estão continuamente agitando o local de trabalho para mantê-lo animado e, além disso, eles incentivam todos os funcionários a assumir responsabilidades por uma cultura de diversão dinâmica. Você está criando dias que seu pessoal descreveria como "sem tédio" ou "oito horas de trabalho/diversão?"

Os gestores das tradicionais provavelmente estão frustrados com o foco da Zappos na diversão diária de curto prazo. Alguns podem até dizer: "Sou um gerente, não um diretor de atividades, e os funcionários podem se preocupar com a diversão em seu tempo livre". Cada vez mais os cientistas, os líderes inspiradores e os funcionários concordam que, para as pessoas criarem e produzirem, elas precisam ter espaço e oportunidades para recriar, re-energizar e encontrar alegria no próprio ambiente onde passam a maior parte de seu tempo.

TESTE ESTAS IDEIAS
1. Você está verdadeiramente comprometido com o prazer e a diversão no seu local de trabalho?
2. Seu comprometimento com o local de trabalho tem se mantido em meio aos altos e baixos da economia, em razão do seu "um ambiente focado nos elementos-chave do capital humano"?

3. Qual o nível de inovação e interatividade em seu ambiente de trabalho? Você concorda com Malcolm Gladwell de que "as melhores ideias em qualquer lugar de trabalho surgem a partir de contatos casuais entre diferentes grupos dentro da mesma empresa"? Se você concorda, como está incentivando os contatos casuais?
4. Você pensa em diversão no local de trabalho no contexto de alegria e felicidade do funcionário em curto, médio e longo prazos?
5. Como você incentiva os funcionários a, de maneira alegre, conhecer outras pessoas, além de sua equipe imediata de trabalho? Você tem um processo parecido com o *face game*?
6. Você tem atividades diárias e ritualizadas (como o exemplo do *Minute to Win It*), que motivam os funcionários em seu trabalho?

DIVERSÃO E PRAZER DE MÉDIO PRAZO

Grande parte da diversão na Zappos acontece na celebração de pequenas conquistas. Chad Boehne, gerente de processos na Central de Processamentos de Pedidos da Zappos, dá um exemplo: "Nossa equipe definiu uma meta de desempenho, e como eu administro a equipe, perguntei a eles o que gostariam que acontecesse se atingíssemos a meta. Por esse motivo, na segunda-feira, preciso me fantasiar de um anão de jardim". De acordo com Chad, sua fantasia de anão de jardim é a recompensa pelo esforço positivo da equipe que gerou um aumento de 20% no total de unidades. Ele explica como surgiu a ideia do anão de jardim: "Eu não sou a pessoa mais alta do mundo e tenho uma barba, por isso um dos membros de nossa equipe sugeriu que, se eles alcançassem a meta, eu deveria me vestir como um anão de jardim. Por que não? Ficarei envergonhado? Provavelmente. Isso fará que minha equipe se divirta, sorria e receba a recompensa que escolheu? Exatamente. Então, por que eu não faria isso? Agora toda a administração sabe que eu vou me vestir como um anão de jardim, por isso terei de ir a todos os departamentos da Zappos para que me vejam e posso garantir que o nosso fotógrafo estará me seguindo. Honestamente, recompensar as pessoas com um crédito para gasolina de US$ 20 ou em dinheiro não vai motivar tanto minha equipe quanto atingir a meta e vestir-me como um bobo. Por isso eu sou totalmente a favor de incentivos fora do convencional. A criação de uma diversão tola para atingir as metas distribui felicidade aos zapponianos e é uma bênção para qualquer empresa. Como você está envolvendo sua equipe para a produção de incentivos engraçados, sociais e poderosos?

Grande parte da alegria de médio prazo da Zappos vem de prêmios e do reconhecimento dos colegas. Um exemplo de reconhecimento intermitente é o prêmio COW, que é fornecido para selecionar membros da equipe de fidelização. COW significa Cultivators of Wow (Cultivadores de entusiasmo) e é concedido aos membros da equipe de fidelização que foram escolhidos por seus colegas como a representação definitiva da cultura Zappos. Pamela Griggs, vencedora do prêmio COW por três vezes, observa: "Ser um COW é realmente importante. Muitas pessoas indicam colegas de trabalho que os entusiasmaram. Por exemplo, alguém como Jenn Pike nos entusiasma habitualmente com bolhas de sabão. Ela está constantemente enchendo o ar com bolhas utilizando uma pistola, ou apenas agitando uma varinha de bolhas. Ela está sempre esbanjando alegria. Nós, COWs, temos orgulho de nosso prêmio, e o grupo organizador oferece um certificado, um broche e um bolo. Quando o vencedor não está ocupado com ligações dos clientes, o grupo o rodeia e grita "Ei, todos da equipe de fidelização, queremos comunicar que Crystal é um COW!".

Apesar da oportunidade de ser um COW limitar-se aos membros da equipe de fidelização, outros prêmios semelhantes estão disponíveis para todos da Zappos. Um exemplo disso é o prêmio de estacionamento Mestre de entusiasmo Mark Madej, engenheiro de *software*, explica: "Você pode indicar qualquer pessoa para ser mestre de entusiasmo caso ela o tenha entusiasmado, e o estacionamento VIP é um benefício interessante, assim como a lavagem gratuita de carros, mas o bombardeio de *e-mails* que anuncia o vencedor inclui sua fotografia e uma descrição completa do que você fez para receber o prêmio. Só isso já é uma honra!". Os prêmios mestre de entusiasmo são dados desde a pequenos atos que entusiasmaram um colega, como a visita a um colega zapponiano que estava doente, até a iniciativas maiores, como ajudar um colega a alcançar uma meta urgente. De acordo com Aaron Magness, diretor-geral da *Brand Marketing & Business Development*, "a Zappos é um ambiente de reconhecimento. Isso significa que temos todos os zapponianos envolvidos em dizer... obrigado, hoje você fez algo grande. Uma de nossas ferramentas não tão secretas é que todos nós na Zappos somos uma fonte de apoio e reconhecimento".

Pode ser comum desenvolver um prêmio que celebra as pessoas em uma equipe, ou que normalmente solicita recomendações sobre os colegas, mas é especialmente raro criar reconhecimentos divertidos como o prêmio *Happy Hooter*. Esse prêmio, que é uma coruja de pelúcia, foi criado intencionalmente para ultrapassar os limites das equipes. De acordo com Rafael Mojica, arquiteto sênior de experiência do cliente, "a equipe de tecnologia da felicidade foi a primeira a conceder o *Happy Hooter*, e a partir de então cada beneficiário escolhe o próximo. A única condição do prêmio é que a próxima pessoa a quem vai ser outorgado precisa ser de um departamento diferente. Eu tive a sorte de recebê-lo e, para transmiti-lo, tive de escrever e dizer: 'Eu concedo este prêmio porque...' e então o prêmio é oficialmente apresentado pela equipe de felicidade". Rafael observa: "Esses prêmios divertidos fazem a diferença e mantém o moral alto. Estamos sempre à procura de colegas extraordinários na distribuição de felicidade ou vivendo valores e encontrando pequenas, porém significativas, maneiras de reconhecer um ao outro periodicamente".

Dizem que você se torna aquilo que busca. Algumas organizações encontraram maneiras de rastrear fofocas e reclamações – produzindo uma ampla caça aos dois. Na Zappos, os líderes desenvolveram maneiras de rastrear amplamente o reconhecimento positivo e ampliá-lo para além do nível supervisor-funcionário. Na verdade, eles criaram mecanismos por meio dos quais os funcionários em toda a organização podem surpreender-se (um ao outro) alegremente com atos que demonstram bem a cultura e refletem a bondade dos colegas.

O conceito de reconhecimentos dos colegas recebeu uma virada monetária por meio do programa de bônus do funcionário da Zappos. Todos os meses, todos os funcionários da Zappos recebem a oportunidade de escolher um colega para receber um bônus de US$ 50 como reconhecimento por sua excelente contribuição para a Zappos, e os zapponianos adotam na íntegra essa oportunidade de reconhecimento de colegas. De fato, em 2010 foram concedidos mais de 2.800 bônus, em um total de US$ 140.100. Bryce Murry, engenheiro de *software* da Zappos, observa: "Quando você escolhe alguém para o bônus do funcionário, precisa explicar por que o escolheu. Maior do que o bônus é o anúncio do vencedor que os líderes fazem, pois a escolha do colega e o reconhecimento público são tão importantes quanto o dinheiro".

Posso imaginar alguns líderes dizendo: "Que pesadelo controlar esse programa contra os abusos. Isso não pode resultar em amigos dando US$ 50 a amigos todos os meses?" A resposta de Bryce a essa pergunta é muito simples: "Um dos nossos valores é fazer mais com menos, portanto, eu não concedo o bônus a não ser que mereça. É dinheiro que não precisamos gastar, dinheiro que está lá para situações nas quais as pessoas devem ser reconhecidas. Por exemplo, a programação e o desenvolvimento que nossa equipe realiza podem afetar outros programadores de linha de frente. Às vezes, esses programadores trabalham durante os fins de semana ou chegam mais cedo para fazer as coisas e tornar mais fáceis os nossos trabalhos. Como resultado, concedi bônus às pessoas da linha de frente, porque estou exigindo muito deles, e, além de não fazerem parte de minha equipe, têm seus próprios projetos para realizar. Estou interrompendo o que eles fazem". Os líderes das empresas que não têm uma cultura baseada em valores e uma base de confiança em seus funcionários muitas vezes criam políticas complexas que restringem 99% da força de trabalho por causa dos abusos de 1%. A Zappos é branda na política e rica em confiança e responsabilidade. Em vez de não permitir que os funcionários recompensem uns aos outros monetariamente para não haver abusos, os líderes Zappos acreditam em tratar bem os funcionários, incentivando-os a ser bons administradores dos recursos da empresa e pedir que façam a coisa certa para a empresa e seus colegas. Os abusos podem ser controlados se, e quando, aparecerem.

Pam Cinko, ninja logística da Zappos Insight, mostra o valor de permitir que os funcionários recompensem seus colegas de forma concreta ao compartilhar: "Eu era responsável por fazer os pedidos e guardar o estoque da biblioteca Zappos e pelos livros que estão na recepção. Esses livros eram mantidos em armários, bem longe de onde eram necessários, e geralmente eu levava esse enorme carro com livros e o manobrava pelos estreitos corredores. Certo dia, observei uma opção de armazenagem mais prática, aproximei-me de Dave Myers, o gerente do prédio, e disse: 'Ei, Dave, seria possível transferir esses armários para o outro lado do prédio e colocá-los no corredor perto da recepção?' Ele respondeu sem hesitar: 'Não, estamos planejando outra coisa para aquela entrada'. Aceitei que minha ideia não seria boa e não pensei mais nela até a semana seguinte quando a equipe de Dave e alguns membros da equipe Kan Du entraram em nosso saguão e disseram: "Gostaríamos de dizer que transferimos todos os armários de seus livros para a entrada onde você os queria'. Meu queixo caiu; eu não podia acreditar. Primeiro, não foi apenas Dave que veio nos comunicar, foi a equipe completa; e segundo, as pessoas fizeram isso como uma surpresa para mim". Pam observa que mais tarde perguntou a Dave como essa grande mudança havia sido feita sem que ela tivesse conhecimento e recebeu a seguinte resposta: 'Usamos as saídas de emergência e fizemos a mudança por trás para que você não nos visse'. Isso é maravilhoso! Ele deu a entender que isso não poderia ser feito, mas aconteceu. Dave contou-me que Bill, um membro da equipe de Dave, fez a maior parte do trabalho, por isso dei a Bill um bônus de US$ 50. Transportar esses armários pesados para o outro lado do prédio era um procedimento bem Zappos, um ato de bondade; por isso foi muito bom oferecer uma pequena prova de gratidão para uma pessoa que demonstrou o que é importante em minha empresa". Pam ficou satisfeita por terem confiado na capacidade de reconhecer a grandeza que acontecia ao seu redor. Por sua vez,

Bill foi recompensado pelo tipo de esforço que cria moral para colegas de trabalho, vai bem além das exigências de trabalho e torna o ambiente de trabalho mais agradável.

Entusiasmo e atenção são valorizados na empresa, quer sejam entegues aos clientes ou aos membros internos da família Zappos, e o reconhecimento vem da parte dos líderes, gerentes e colegas. Quanto mais o entusiasmo e a atenção são vistos e reconhecidos, mais alegria será sentida por todos os *stakeholders*.

TESTE ESTAS IDEIAS

1. Os seus gerentes estão dispostos a fazer papel de bobo para proporcionar estímulo para o desempenho do funcionário? Com que frequência suas metas de desempenho estão ligadas a resultados divertidos?
2. Você tem programas de recompensa e reconhecimento que envolvem os funcionários, procurando comportamentos baseados em valor de seus colegas? Esses programas reconhecem coisas extraordinárias feitas para entusiasmar colegas, ou eles são desenvolvidos apenas para reconhecer os esforços extraordinários voltados para os clientes?
3. Que programas de reconhecimento você tem que exigem que os funcionários reconheçam as pessoas de fora de seus grupos de trabalho?
4. Você permitiria que seus funcionários concedessem bônus financeiros para colegas seguindo critérios próprios? Por que ou por que não?

ALEGRIA DE LONGO PRAZO

Como sugerido nos capítulos anteriores, grande parte do entusiasmo contínuo de trabalhar na Zappos é o resultado do rigoroso comprometimento dos líderes com os valores essenciais. Na Zappos, os líderes entendem que as pessoas não permanecem no emprego simplesmente para receber o pagamento, e os funcionários precisam estar apaixonadamente ligados a um motivo maior e ter um sentimento de posse. Além disso, os funcionários precisam saber que estão crescendo e se desenvolvendo por meio de oportunidades e treinamento.

Rachael Brown, gerente de Pipeline, observa: "Os gerentes da Zappos entendem que não somos apenas responsáveis pelo sucesso de nossos departamentos, mas temos de considerar o que é melhor para todos da família Zappos. Por exemplo, eu sempre penso se uma oportunidade em outro departamento poderia trazer felicidade para um membro da minha equipe e o incentivo a buscar esse tipo de oportunidade". David Hinden, assistente de Merchandising, acrescenta: "Acho que os líderes entendem que, se você faz o melhor para seu pessoal, sua empresa prospera. Sempre pensei que os líderes têm meu interesse no coração e me incentivaram a crescer na direção de minhas paixões, ao contrário de tentarem me enquadrar em uma expectativa predeterminada da minha carreira".

Na verdade, orientando os funcionários a buscar oportunidades coerentes com seus reais interesses, a Zappos capitaliza sob conceito de psicologia positiva do *flow* defendido por Mihály Csíkszentmihályi, professor e ex-presidente do conselho do Departamento de Psicologia da Universidade de Chicago. Por *flow*, Mihály se refere ao estado de total envolvimento na atividade por si só, com pessoas tão engajadas emocionalmente que aprendem e trabalham sem falhas. Os líderes da Zappos percebem que grande parte do prazer vem simplesmente da licença de seguir sua paixão, e não necessariamente de ser forçado a mover-se de uma posição desejada.

De acordo com Rachael Brown, "estamos tentando dar aos nossos colegas as habilidades para ser o que quiserem na Zappos. Todos são responsáveis por serem líderes de cultura e apaixonados, mas ninguém precisa entrar em uma área de gerência se não é ali que encontra seus objetivos". Com grande frequência, as pessoas se sentem pressionadas a deixar posições que lhes agradam a fim de "prosperar" na empresa. Algumas vezes os líderes, inadvertidamente, empurram as pessoas para posições nas quais elas não têm interesse, paixão ou talento. No fim das contas, os líderes devem se interessar em entender os valores e interesses originais de seu pessoal, e ajudá-los a encontrar a carreira e a vocação que lhes convêm.

Até mesmo as políticas diárias de trabalho na Zappos refletem uma atenção às necessidades individuais. Como em outras empresas, a Zappos exige o comparecimento do funcionário e possui um sistema de ponto por meio do qual os atrasos ou as saídas sem autorização prévia podem ser motivos de demissão. Mas, diferentemente de supervisores de outras empresas, os líderes da Zappos reconhecem a importância de ajudar os membros da equipe a tratar de situações pessoais e desenvolver-se em áreas que estão fora do trabalho. Como resultado, esses líderes têm a autonomia de ir além para ajudar os funcionários enquanto esses membros da equipe cuidam de necessidades pessoais importantes e/ou buscam a paixão e a realização pessoal. Em vez de impor limites aos funcionários baseados no rigoroso cumprimento do que diz um manual do funcionário, os líderes da Zappos procuram maneiras de tratar cada situação com discrição e respeito.

De acordo com Rebecca Henry Ratner, diretora de RH da Zappos, "justo e imparcial não são a mesma coisa para nós. Uma política séria de determinado período de tempo é algo do qual procuramos nos afastar, uma vez que trata a todos igualmente, mas, na verdade, não é justa. Um bom funcionário, que trabalha há muitos anos na empresa, não deveria receber mais consideração do que um funcionário novo, que não tem um desempenho adequado? Em vez disso, gostamos de considerar esses pedidos caso a caso e fazer o que é justo para aquele funcionário em uma ocasião especial. Dito isso, temos algumas diretrizes, como uma política de dispensa de até seis semanas, mas são apenas orientações, e se não forem justas para um funcionário, certamente pode haver exceções". Como os líderes da Zappos focam na justiça, os funcionários retribuem com lealdade aos seus líderes e à Zappos. Basicamente, os gerentes da Zappos estão procurando harmonizações razoáveis que equilibrem as necessidades do funcionário e as necessidades da empresa, mesmo que isso signifique dispensar os funcionários do trabalho. Geralmente, esses afastamentos são apenas temporários, como foi o caso de Jesse Cabaniss, líder da equipe de fidelização, e Alicia "AJ" Jackson, membro da mesma equipe.

Jesse comenta: "Tive uma oportunidade para viajar com minha banda, e fiquei surpreso com o apoio da liderança, que não apenas permitiu que eu tirasse uma folga do trabalho, mas me incentivou a fazer isso. Antes de sair, eles fizeram uma grande festa em minha homenagem, e todos estavam vestindo camisetas de rock com figuras de baterias. Ainda jogamos e comemos pizza. Não sou muito emotivo, mas fiquei com os olhos cheios d'água. Eu nunca poderia imaginar que tantas pessoas, de vários níveis na organização, se preocupassem tanto e enviassem *e-mails* secretos entre si para planejar e organizar tudo. Somos uma família aqui, mas o surpreendente é a quantidade de carinho sincero. Tenho amigos que conheço há mais de dez anos que não me tratam tão bem assim".

A situação que fez que AJ pedisse uma dispensa do trabalho foi muito menos agradável e aconteceu logo que ela começou a trabalhar. Ela observa: "Saí de um emprego horrível em um setor diferente, onde eu simplesmente não tinha importância para meu empregador. Por isso vim para a Zappos, procurando felicidade e equilíbrio mental. Logo depois dos meus primeiros 90 dias na Zappos, recebi uma mensagem no trabalho dizendo que meu pai biológico, a quem eu não encontrava desde criança, estava me procurando. Fiquei sabendo que ele estava com câncer no cérebro, estava morrendo, e tinha um último desejo de me encontrar após todos aqueles anos. Comecei a chorar em minha mesa, e as pessoas imediatamente se aproximaram. Meu chefe, Jim, estava em uma reunião e três pessoas o chamaram para que viesse me ver. Jim levou-me para uma sala e eu contei a história. Sem hesitar, Jim disse: 'Vá'. Ao que eu respondi: 'Preciso falar com a área de RH. Preciso ver se eles aprovam'. Calmamente, ele repetiu 'Vá. Eu cuido de tudo. Desconecte seu telefone. Desligue seu computador. Vá para casa'. Levei um minuto para processar. Em minha vida profissional, nunca havia sido tratada com aquele nível de compaixão".

A referência que AJ faz à compaixão nos dá uma lição na criação de comprometimento do funcionário. Para que os funcionários sintam-se "apaixonados" por seu trabalho, em primeiro lugar eles precisam sentir que você tem compaixão deles.

Algumas vezes, a compaixão encontrada na Zappos na verdade resulta em membros da equipe percebendo que os objetivos de suas vidas estão fora da Zappos. Augusta Scott, instrutora de Zappos, enfatiza: "Os líderes da empresa querem muito que os membros da equipe sejam felizes, mesmo que isso signifique sair da Zappos definitivamente. Se sua paixão estiver em um lugar diferente da Zappos, preferimos que você faça o que realmente quer fazer em vez ficar aqui e sentir que está preso a um trabalho". O antecessor de Augusta, Dr. Vik, observa: "Foi difícil para mim sair da Zappos, mas estava na hora de levar minha mensagem de treinamento para outros públicos. O que eu mais gosto é como fui bem apoiado por meus amigos na Zappos durante minha transição e como me sinto em casa quando volto para visitá-los".

Quer seja o incentivo aos membros da equipe para que cresçam na direção de seus interesses, apoiando suas próprias ambições ou ajudando-os a mudar para oportunidades de trabalho que sejam mais adequadas, a Zappos compreende o valor de criar e manter um trabalho bem intencionado e prazeroso. No fim, a empresa maximiza taticamente a diversão para inspirar, alegrar e mesclar sua força de trabalho. Os líderes demonstram que os relacionamentos comerciais não precisam ser diferentes dos relacionamentos familiares, uma vez que nos dois tipos de unidades sociais as pessoas podem e ficam juntas na busca de um objetivo comum, principalmente quando são estimulados a sorrir, brincar e ir além das tarefas superficiais.

Qualquer empresa pode desenvolver uma força de trabalho unificada e dinâmica, e isso começa com um entendimento de que os funcionários que brincam juntos permanecem juntos e também trabalham muito juntos! Mas, como mostrado pela Zappos, esse entendimento precisa se estender a ações sentimentais, encorajadoras e alegres que mantenham a diversão e o prazer de curto, médio e longo prazos.

CAPÍTULO 10 – IDEIAS PARA SEGUIR

— As pessoas que se divertem no trabalho tendem a ser mais criativas e produtivas.

— A diversão no local de trabalho pode ser traduzida como prazer do funcionário de curto, médio e longo prazos.

— As pessoas que se divertem no trabalho tendem a ter relacionamentos mais positivos com seus colegas, tomar melhores decisões, a atrasar-se e a faltar com menos frequência e a ficar doentes menos dias.

— A inovação surge do contato casual entre diferentes grupos de trabalho.

— Breves explosões de alegria no local de trabalho podem ser uma força barata e estimulante que aumenta a disposição, a solidariedade e a produtividade da equipe.

— A motivação social é um poderoso incentivo ao desempenho. Permitir que os membros da equipe escolham prêmios que podem incluir atos bobos dos líderes geralmente produz resultados expressivos.

— Existem oportunidades para a criação de programas que reconhecem momentos de entusiasmo transferidos de um funcionário para outro.

— Brincadeiras e diversão podem ser incluídas, e geralmente são mais necessárias em tarefas rotineiras, como os exercícios de evacuação.

— Os funcionários encontram felicidade no local de trabalho quando têm a permissão de fazer o que gostam, mesmo que isso signifique que não tenham cargos de gerência, mas que funcionem como líderes da cultura.

— O prazer de longo prazo surge quando se ajuda os funcionários a crescer na direção de suas paixões.

CAPÍTULO 11

MORRENDO DE RIR

A Zappos talvez seja o melhor exemplo de uma verdade muitas vezes subestimada: um pequeno investimento em diversão no local de trabalho produzirá benefícios tangíveis e profundos para seus membros, seus clientes e para o valor da marca. Como prova, vamos ver como o investimento em alegria no local de trabalho, nominal e consistente, produz retornos duradouros para a Zappos quando se refere a:

- Melhorias na qualidade de vida de seus funcionários.
- Um esforço complementar dos funcionários.
- Resultados excepcionais nas principais metas de desempenho.
- Funcionário apaixonado e evangelização do cliente.

QUALIDADE DE VIDA IMPORTA

Muitas pesquisas mostram que o trabalho com boa vontade tem um impacto positivo na saúde e que locais de trabalho emocionalmente negativos corroem o bem-estar do funcionário. No livro *Unhealthy Work: Causes, Consequences, and Cures*, editado por Peter Schnall, Marnie Dobson e Ellen Rosskam, os autores observam que "o modo como o trabalho é organizado – seu ritmo e sua intensidade, seu nível de controle sobre o processo do trabalho, seu senso de justiça e a segurança no emprego, entre outras coisas – pode ser tão nocivo à saúde dos trabalhadores quanto os produtos químicos no ar. Essas características de trabalho podem ser prejudiciais não só para a saúde mental, mas para a saúde física. Os cientistas se referem a essas características como 'riscos' do ambiente de trabalho 'psicossocial'. Um caminho importante do ambiente de trabalho para a doença são os mecanismos de estresse; por esse motivo falamos de 'estressores' no ambiente de trabalho, ou 'estresse no trabalho'. Isso vai de encontro ao entendimento popular psicológico de 'estresse', que vincula muitos dos problemas às pessoas, e não ao ambiente". No contexto dessa definição de "estresse no trabalho", a abordagem que os líderes da Zappos têm em nome da felicidade do funcionário reduz muito a toxicidade do ambiente de trabalho psicossocial, remove riscos emocionais, regula o ritmo e a intensidade do trabalho, estabelece um sentido de justiça e aumenta o sentido de controle dos funcionários.

Donavan Roberson, evangelista de cultura da Zappos Insights, comenta como os funcionários da empresa entendem 'estresse no trabalho' ou a ausência deste: "Nos reunimos com nossa equipe e perguntamos 'Como a Zappos mudou sua vida?' Cada um de nós falou sobre o impacto da empresa em nossa qualidade de *vida* geral, e não apenas do tempo na empresa. Jon, um dos membros de nossa equipe, cuja esposa também trabalha aqui, disse: 'À noite, quando vou para casa, nenhum de nós dois está estressado; vamos para casa e rimos de nosso dia'. Pessoalmente, o modo como me sinto, decorrente do meu trabalho na Zappos, me faz pensar por que outras empresas não têm o valor do divertimento, da família e da flexibilidade. Eu acredito que é dessa maneira que nossa equipe da Zappos Insights distribui felicidade – ajudamos os líderes da empresa a criar culturas mais saudáveis que diminuem o estresse e ajudam os funcionários a participar, criar e relaxar no trabalho e fora dele". Os líderes da Zappos se comprometem com a redução de estresse e o aumento da felicidade, pois eles entendem como o impacto desse comprometimento é sentido tanto dentro quanto fora das quatro paredes da empresa.

David Tyler, gerente Kan Du e das instalações da Zappos, comenta que um estresse de trabalho reduzido e a cultura geral da Zappos teve impacto até mesmo nos estrangeiros: "Quando você tem a esperança de que vai lucrar de inúmeras maneiras por cuidar das pessoas, sua vida muda. Eu era o tipo de pessoa que não permitiria que você me ultrapassasse na estrada; precisava ser o primeiro. Não havia nada mais importante do que as coisas que eu tinha que fazer. Como resultado dos meus dias aqui na Zappos, eu os deixo passar, aceno e tento distribuir felicidade para os outros motoristas. A maneira como sou tratado na Zappos mudou completamente minha vida". Geralmente, se você "tem esperança de que vai lucrar de inúmeras maneiras por cuidar das pessoas", os membros de sua equipe farão o mesmo.

Lisanna Lawson, coordenadora de soluções das Centrais de Processamento de Pedidos da Zappos, indica que, para reduzir o estresse nos locais de trabalho, os líderes talvez precisem confiar na ciência, e não na tradição. Lisanna observa: "Que outros depósitos têm uma sala de descanso? Nosso diretor Tony Hsieh fala sobre pesquisas que mostram que um cochilo revigorante de 20 minutos torna os funcionários mais produtivos. Como resultado, temos uma sala para cochilos chamada Zen Den, que pode ser usada durante nossos intervalos de trabalho". Mas a Zappos não é o único ambiente de trabalho em que se aceita o cochilo. Por exemplo, o Google tem poltronas para cochilo e a Nike tem "salas tranquilas". Mas Angela Haupt, ao escrever para Yahoo! Health, observa: "Até agora os cochilos nos locais de trabalho são e continuam sendo a exceção, e não a regra". Muitas vezes os líderes empresariais não são movidos pela evidência, mas por uma mentalidade da "maneira que as coisas sempre foram feitas", e como foi comprovado que o cochilo aumenta a produtividade e melhora a retenção dos funcionários, ao mesmo tempo em que diminui as faltas, por que você não analisa a possibilidade da fazer um programa de testes de cochilos em sua empresa?

Quando os líderes criam um ambiente de trabalho dinâmico e vital, guiado por inovações baseadas em evidência, os funcionários geralmente sentem mais entusiasmo por seu trabalho. Na verdade, um tema comum que circulava em conversas entre os zapponianos era a ânsia geral de dedicar-se à empresa! Isso me levou a contemplar um indicador não científico de estresse no trabalho e engajamento dos funcionários que passei a chamar de "teste do despertador". Quando seus funcionários acordam, eles querem ir para o trabalho? Seu pessoal se sente ansioso e privilegiado por ser capaz de contribuir como uma parte de sua empresa? Passar no teste do despertador está sintetizado por comentários espontâneos, como o de Sarah Johnson, da Central de Processamento de Pedidos da Zappos: "Sabe aquela sensação que sentimos quando nosso despertador toca e você quer continuar a dormir por mais duas horas? Bem, na Zappos, eu me lembro que teremos um concurso de fantasia e pulo da cama para me reunir com minha equipe. Isso também acontece com os eventos da comunidade que ocorrem nos meus dias de folga. Temos um considerável número de voluntários em toda a empresa que colocam despertadores para acordar nos seus dias livres para fazer a diferença em suas comunidades".

Jeff Lewis, supervisor da equipe de fidelização de clientes, observa: "Para muitos de nós, esta é a carreira que temos a sorte de ter encontrado depois de muitos outros empregos anteriores dos quais não gostávamos. É realmente muito difícil crescer como pessoa quando você está preso a uma função em que precisa fingir ser outra pessoa todos os dias. Depois de trabalhar aqui por quatro anos, posso dizer honestamente que todos os dias acordo louco para ir para o trabalho e não tenho aquela sensação de medo que tive em experiências anteriores. Acho que meu entusiasmo está ligado ao sentimento de família e apoio que sinto aqui na Zappos. Recebemos tudo de que precisamos, quer se trate de benefícios, diversão, um sentimento comunitário, ou apenas de tornar nossas vidas melhores".

A equipe do P.E.A.C.E. (programas, eventos, atividades, caridade, envolvimento) e as equipes Kan Du da Zappos se dedicam a incentivar o comprometimento dos funcionários, facilitando expressamente a vida dos zapponianos. Jamie Naughton, que está ativamente envolvida na criação de eventos de comprometimento dos funcionários na Zappos, explica: "Simplesmente nos concentramos nas necessidades dos funcionários e, na maioria das vezes, isso acontece por meio de eventos, incentivos, programas de emprego, comunicações internas e pela organização dos esforços dos funcionários para dar um retorno à comunidade circundante". As equipes de engajamento do funcionário supervisionam a 'Pesquisa de felicidade de cinco segundos' (*Five Second Happiness Survey*), analisada no Capítulo 7, e apresenta os pedidos de prêmios como a designação da revista *Fortune* de ser 'O melhor lugar para trabalhar'. Jamie observa: "Como qualquer empresa grande, temos poucos eventos grandes no ano, como o Bald and Blue (careca e azul), no qual nossos funcionários se reúnem e raspam os cabelos uns dos outros ou pintam os cabelos de azul. Também temos eventos trimestrais ou mensais para manter alto o nível de diversão. E, é claro, aqui na Zappos temos eventos pequenos e nos departamentos ocorrendo continuamente ao longo do dia, todos os dias. Se um funcionário disser: 'Quero uma competição para comer *cupcakes*', eles a organizam. Não é preciso pedir. Este é um local de trabalho marcado pela loucura aparentemente aleatória que espalha uma cultura de resultados malucos e de bem social".

Na Zappos, algumas filantropias sociais ocorrem por meio de patrocínio corporativo, mas a equipe P.E.A.C.E. ajuda os funcionários a dar o retorno diretamente para suas comunidades. Como Jamie observa: "Quando as pessoas veem que podem realizar uma mudança positiva em suas vidas, elas encontram uma força pessoal que também aparece no trabalho. Assim, muito do que fazemos aqui é ajudar os funcionários a satisfazer suas paixões com um voluntariado face a face. Há cerca de dez '*eventos por uma causa*' por mês dos quais nosso pessoal pode participar, mas procuramos nos concentrar em áreas de envolvimento ainda mais direto – oportunidades reais de conexão pessoal. Por exemplo, aqui na matriz, uma de nossas principais instituições de caridade é o Nevada Childhood Cancer Foundation. Há uma unidade de câncer no Sunrise Children's Hospital aqui nesta área, por isso, uma vez por mês damos uma festa para as crianças da unidade. Os funcionários vão até o andar ocupado por pessoas com câncer, levam pizza, bolos, e várias coisas boas, e auxiliam no artesanato e nos jogos. Essa é apenas uma das muitas causas em que nosso pessoal distribui felicidade diretamente e a recebe em troca".

Quando questionado sobre o objetivo da equipe e os esforços de envolvimento da comunidade na Zappos, Jamie simplesmente diz: "É para contribuir com o ambiente no qual os membros da equipe sabem que as pessoas realmentemente se importam com elas e as apoiam. Eles precisam saber que independentemente do que esteja acontecendo em suas vidas, elas têm milhares de pessoas que as apoiam. É assim que eu me sinto aqui. Não posso imaginar um mundo sem a Zappos".

David, um membro da equipe Kan Du, da Zappos, explica a essência da função de apoio da equipe: "Nós da Kan Du queremos fazer tudo, a qualquer tempo, e não importa a que preço, para melhorar a qualidade de vida dos zapponianos. Você pode vir e pedir-nos qualquer coisa: procuraremos maneiras de dizer 'sim' e fazer que os sistemas funcionem para que isso aconteça". Roz Searcy, facilitador da Kan Du, concorda: "Na verdade não há limites no que vamos fazer, desde que isso não prejudique algum de nós, e não seja imoral ou ilegal. Por exemplo, nosso serviço de *shuttle* não apenas coleta os convidados e os trazem para a Zappos, mas temos a satisfação de fazer um passeio com nossos funcionários. Temos uma equipe que cuida da organização das viagens de nossos funcionários para participar de feiras e realizar outros negócios pelo mundo, e também trabalhamos para trazer serviço para nossa empresa, baseado no que nossos funcionários dizem que necessitam. Por exemplo, pesquisamos e conseguimos serviços com desconto para que nossos funcionários possam ter benefícios na empresa: eles podem trazer roupas para lavar, ter suas roupas costuradas, ter seu carro lavado ou receber uma massagem. Estamos sempre perguntando aos nossos funcionários o que podemos fazer por eles no trabalho, para que não precisem se preocupar com esses tipos de atividades ou com as tarefas durante seus fins de semana ou dias de folga".

Ao contrário de outras grandes empresas que gastam muito dinheiro em regalias para os funcionários, coisas que exigem grandes investimentos (por exemplo, as piscinas da Google, com salva-vidas e/ou seus médicos locais), a Zappos está sempre procurando "fazer mais com menos". Como Roz diz: "A força de nossos programas de assistência aos funcionários está baseada em quanto nos esforçamos para ouvir suas necessidades e encontrar maneiras eficazes, em termos de custo, para atender essas necessidades. Isso é típico da Zappos: criar relacionamentos que distribuem entusiasmo para todos. Por isso somente selecionamos fornecedores que estejam tão comprometidos com o serviço quanto nós, zapponianos". Os líderes da Zappos garantem a competição, porque avaliam as amplas necessidades de seus funcionários e encontram parcerias eficazes em termos de custo para atender essas necessidades. No processo, a Zappos colhe os lucros que surgem de uma força de trabalho comprometida. Em última análise, a vantagem competitiva da Zappos é fortemente ligada a como o funcionário desfruta de um ambiente sem estresse e sente-se relaxado, alerta e disposto para vir ao trabalho ou fazer um trabalho voluntário com colegas da comunidade.

TESTE ESTAS IDEIAS

1. Como você e os membros de sua equipe avaliariam os níveis de estresse no seu ambiente de trabalho?

2. O que está sendo feito em sua organização para reduzir a toxicidade de ambiente de trabalho psicossocial, remover os perigos emocionais, determinar o ritmo e aumentar o sentido de controle de seus funcionários?

3. Qual o impacto de seu local de trabalho nas famílias e nos conhecidos dos funcionários?

4. Você tem ou pensaria em ter uma zona de cochilo ou uma área tranquila em seu local de trabalho? Por que ou por que não? Como você usa a pesquisa na produtividade do local de trabalho para guiar decisões como começar com uma iniciativa de tentativa de "cochilo recuperador"?

5. Você acha que seu local de trabalho está passando pelo teste do despertador ou o trabalho é menos atraente do que o botão soneca?

6. Considerando que seus recursos são limitados, como está sua parceria com os fornecedores de serviço externos para oferecer serviços adicionais a fim de tornar mais fácil a vida dos membros de sua equipe (coleta para lavagem de roupa ou uma massagem, por exemplo?)

7. Como você está mobilizando sua força de trabalho para fazer contribuições face a face em sua comunidade?

FAZENDO MAIS DO QUE O ESPERADO

Até agora você teve de pensar se a Zappos é mais uma *"van de diversão"* ou um "navio de cruzeiro", onde há muita diversão e pouco trabalho. Na verdade, o investimento dedicado à felicidade e diversão da equipe realmente retorna com dividendos? Ou toda essa alegria e frivolidade são indulgências inúteis no local de trabalho?

Teóricos de retidão sugerem que a maioria das pessoas tem um senso de justiça que move seu desempenho geral. Por exemplo, se as pessoas se sentirem extremamente valorizadas ou menosprezadas, elas não empregam seus esforços máximos. O desempenho ideal geralmente ocorre quando as pessoas acreditam que foram tratadas um pouco melhor do que merecem, e por isso colocam um esforço adicional para corrigir essa pequena injustiça.

O extraordinário crescimento do negócio na Zappos provavelmente deve-se, em parte, como resultado do sentimento dos funcionários de que são tratados tão bem que não podem decepcionar a empresa. Nicole Smith, compradora da Zappos, diz: "Como compradores, usamos nosso próprio dinheiro para comprar chocolates e cartões para mandar para os fornecedores Zappos. Esses cartões ou presentes simbólicos significam o agradecimento em nome de toda a empresa e em nosso nome, em particular. Você ouvirá de todos, e isso é sincero, a Zappos nos dá tanto que US$ 5 de nosso dinheiro não é nada. Uma das minhas colegas de trabalho queria um determinado arquivo com divisórias coloridas e o comprou, mesmo sabendo que a Zappos compraria caso ela pedisse, porque, assim como eu, ela não gosta de aproveitar-se da empresa, pois isso seria como tirar vantagem de um membro da família. A Zappos cuida de nós, e nós cuidamos da Zappos. Afinal, nós *somos* a Zappos". Uau! – investir nos funcionários os ajuda a entender que a empresa *não* é algo separado deles, mas sim deles.

Antes e depois da fusão com a Amazon, Tony Hsieh projetou um salário anual de US$ 36 mil para sua função de diretor da Zappos. Alguns podem argumentar que isso é um gesto simbólico para um homem que tem muitos recursos e patrimônio. Mas lembre-se de que a maioria dos líderes que recebem salários de milhões de dólares também tem uma riqueza considerável, e isso não os impede de negociar planos de remuneração lucrativos. Ao mesmo tempo que não estou dizendo que os executivos corporativos deveriam baixar seus salários ao nível de Tony, estou sugerindo que os líderes deveriam considerar de que modo seus salários afetam as percepções de justiça e equidade que as pessoas que eles lideram têm. Na Zappos, a maioria dos funcionários sabe que sua remuneração é justa em comparação com o salário de Tony e, em muitos casos, eles sabem que fazem mais do que o diretor da empresa. Angie Holt, gerente de processo das centrais de atendimento ao cliente da Zappos, observa: "Quando você vê os principais líderes de sua organização recebendo um salário menor do que merecem e demonstrando uma enorme generosidade com todos nós, isso tem um retorno. De fato, a maioria dos que têm melhor desempenho por aqui dão 110% todos os dias e não pedem nada especial em troca". Laura Slaughter, gerente sênior de fotografia, sugere que, como resposta ao apoio que todos recebem da liderança, os colegas tenham um papel significativo ao incentivar os funcionários a trabalhar mais e a concentrar-se nos objetivos da equipe: "Grande parte do retorno para a Zappos corresponde ao relacionamento dos colegas de trabalho. Definitivamente, eu acredito que as pessoas com quem trabalho me tornaram uma pessoa melhor, e isso me faz trabalhar mais. Eu sou responsável por líderes que me tratam bem e, além disso, eu não quero decepcionar meus colegas. Orgulho-me por aqueles que se esforçaram tanto por mim e preciso corresponder a esses esforços em nome da minha equipe".

Dr. Robert "Bob" Cialdini, autor do livro *Influence*, descreve a ideia de pessoas dando um retorno do que recebem como o "princípio da reciprocidade". De acordo com Bob, "a tendência entre os humanos é retribuir àqueles que nos deram algo... Não há sociedade humana que não ensine a suas crianças a regra da reciprocidade – a ideia de que você não deve receber sem retribuir. "Do ponto de vista dos líderes, a visão de Bob da gestão influente é coerente com o esforço positivo e divertido oferecido em nome dos membros da equipe da Zappos. Ele observa: "Como líderes, fomos ensinados a nos perguntar 'Quem pode me ajudar aqui?' Mas a primeira pergunta que você deveria fazer é 'Quem eu posso ajudar aqui?' Se o que você dá a alguém é algo com significado, adaptado e inesperado, na verdade é o que você pode fazer de melhor... Todas as evidências mostram que você será recompensado".

Além dos funcionários mexerem em seus próprios bolsos para gastos extras, onde os líderes da Zappos enxergam retribuição? Na verdade, por meio de extraordinários esforços da equipe que permitem que a empresa alcance resultados excepcionais nas principais metas de desempenho.

Resultados excepcionais nas principais metas de desempenho

O crescimento nas vendas associado à vitalidade da força de trabalho é um dos indicadores financeiros mais notáveis. Como vimos no cronograma apresentado no Capítulo 1, a Zappos criou uma extraordinária tendência de crescimento em um espaço de tempo bastante curto. Os principais registros do aumento dos lucros mostram que a Zappos não tinha praticamente venda em 1999, mas superou US$ 1 bilhão em vendas brutas em 2008, com números consistentes a partir daí. Como as vendas de produtos representam uma variável de resultado multifatorial, vamos nos concentrar no pequeno, porém significativo, alcance do objetivo, que é mais facilmente encontrado no investimento que os líderes fazem no prazer do funcionário e na alegria do local de trabalho.

Um desses exemplos é a conquista das metas de segurança nas Centrais de Processamento de Pedidos da Zappos. Leah Morris, gerente de segurança e risco, comenta: "Trabalhamos muito para alcançar diversos prêmios de segurança muito importantes, inclusive o prêmio OSHA SHARP (Safety and Health Achievement Program) e o prêmio de segurança e saúde do governador. Estou convencida de que esses objetivos foram alcançados porque tornamos a segurança divertida, cuidamos bem de nosso pessoal e incutimos neles a responsabilidade de cuidar uns dos outros no contexo da nossa cultura Zappos. Esses prêmio foram conquistados porque os definimos como metas e porque incluímos nossa família na criação de soluções para alcançar os objetivos. Também enfatizamos a consciência do objetivo e celebramos a conquista dele como uma família". Leah explica essa celebração familiar ao observar: "Quando conquistamos um desses prêmios, tínhamos duas opções – poderiamos recebê-lo na Central de Processamentos de Pedidos ou durante a Governor's Safety and Health Conference. Preferimos recebê-lo aqui, porque queríamos sensibilizar todos que participaram dessa conquista. Você se surpreenderia com a afluência à nossa enorme festa do prêmio de segurança. Encomendamos camisetas para todos. Foi maravilhoso e muito divertido".

O esforço extra que os zapponianos colocam também se reflete não apenas na maneira como eles definem e atingem as metas audaciosas mencionadas no Capítulo 5, mas também em como superam esses objetivos. Jason Menard, gerente de produção de vídeo, observa: "Quando se trata de definir objetivos, podemos fazer algumas coisas malucas e outras ainda mais loucas quando se trata de superá-los. Um exemplo clássico é a maneira como definimos metas nos vídeos de produtos. Uma vez, nossa equipe escutou que provavelmente estariam chegando na Zappos cerca de 50 mil novos produtos entre sapatos, bolsas e similares. Não sei ao certo qual a exatidão desse número, mas isso nos ajudou a estabelecer uma meta. No ano anterior, tínhamos definido uma meta de 7 mil vídeos e acabamos fazendo 10 mil. Quando se tratou de definir uma meta para esse ano, não decidimos por um número, digamos, 15% maior do que os 10 mil do ano anterior, mas estimamos 50 mil vídeos para equiparar ao número de produtos que esperávamos ter. Temos que admitir que é uma estranha definição de meta, mas nossa cultura é justa, somos muito bem tratados e fizemos tudo o que podíamos, por isso batemos a meta de 50 mil vídeos e, naquele ano, superamos a marca de 60 mil. E, ainda melhor, nos divertimos e nos sentimos muito bem por bater a meta". A realização do objetivo não foi apenas uma realização "divertida" para a equipe de Jason, mas também acabou sendo muito lucrativa para a Zappos, pois a empresa divulgou um aumento nas conversões para venda nas páginas dos produtos que tinham um vídeo.

> Para conhecer um dos mais de 60 mil vídeos de produtos, acesse http://www.zappified.com/gear ou direcione seu leitor QR para a imagem a seguir.

A preocupação com os funcionários produz resultados inovadores, e muitas vezes esses avanços surgem como um resultado da resposta entusiasmada dos membros da equipe aos desafios do local de trabalho. Um exemplo clássico da ansiedade dos zapponianos surge quando vários departamentos precisam de ajuda durante os períodos de pico de fluxo de trabalho. No Capítulo 3, analisamos os investimentos que a Zappos faz colocando todos os membros da equipe em um treinamento de *call-center*, garantindo que todos os funcionários da matriz Zappos tenham experiência no atendimento de ligações dos clientes. Como os zapponianos que normalmente trabalham fora do ambiente de *call-center* sentem um forte senso de compromisso para com o sucesso da empresa, eles se sentem muito dispostos a se ocuparem dos telefones durante os períodos de muito trabalho. Rebecca Henry Ratner, diretora de RH da Zappos, comenta: "O *call-center* é o coração da Zappos. Durante os feriados, você vai ver pessoas de todos os níveis da empresa ajudando, e eles fazem isso com muito entusiasmo e gratidão. Com todos esses zapponianos atirando-se ao trabalho, fazemos negócios recordes e proporcionamos ao cliente excelentes níveis de comprometimento. Claro que também festejamos esses dias de recorde de vendas com camisetas com *slogans* como 'Minha empresa vendeu US$ 8 milhões em mercadorias em um dia e tudo que recebi foi essa camiseta horrível'". Mobilizar partes divergentes do empreendimento Zappos para proporcionar serviços paralelos em momentos decisivos também resulta em algumas comemorações espontâneas e bastante significativas na famílias Zappos, como mostrado em um tuíte do zapponiano Andrew Kovacs agradecendo Tony Hsieh por escrito. "Santa celebração cibernética, Batman! Ronda dos bares no centro da cidade hoje à noite com todos os funcionários de Vegas para comemorar um dia de quebra de recordes. Obrigado. Tony".

Outro resultado alvo do esforço dos líderes da Zappos para criar uma cultura de local de trabalho agradável é a facilidade de recrutamento. Robert Richman, gerente de produto da Zappos Insights, diz: "A Zappos definiu uma meta desde o início – queríamos estar na lista da revista *Fortune* das Melhores Empresas para Trabalhar, e queríamos que isso acontecesse em dez anos. Por que definimos esse objetivo? Não era tanto porque queríamos estar na lista, mas queríamos comparar nossa cultura com as melhores empresas. Queríamos ver, no contexto, nossos esforços de produzir funcionários felizes e ainda atrair aqueles que acreditam que podem se adequar à nossa cultura". Como acontece com a maioria das coisas da Zappos, a empresa entrou para a lista da *Fortune* na sua meta de dez anos e não ficou na centésima posição. Na verdade, foi a empresa recém-chegada com mais alta classificação naquele ano, ficando na posição de 23ª da lista. Posteriormente melhorou sua posição para 15ª e, em 2011, passou para 6ª! Independentemente da dificuldade de preencher uma posição, no *call-center* ou no depósito, como líder reconhecido no cuidado e na atenção de seu pessoal, a Zappos tornou-se uma espécie de empregador preferido.

Embora os prêmios e o reconhecimento tenham suas vantagens, os líderes da Zappos proporcionam cuidado e diversão simplesmente porque são as coisas *certas* para fazer. Assim como na maioria das decisões comerciais, quando os líderes escolhem o caminho *certo* (não necessáriamente o mais conveniente ou que for mais lucrativo no curto prazo), os resultados *corretos* são mantidos.

UMA PAUSA *ZAPPIFICADA*

Para ajudá-lo a consolidar o que aprendeu com a Zappos, vou estimulá-lo a dedicar um momento para escrever um conceito, uma ideia, ou um "eu sabia" apropriado para seu negócio. Com o espírito do comprometimento da Zappos para criar relacionamentos abertos e honestos por meio da comunicação, eu o estimulo a compartilhar esta mensagem com aqueles a quem você influencia. Se você for um usuário de rede social, talvez você queira compartilhá-lo no Twitter, Facebook ou em seu blog. Se você não participa de redes sociais, ligue para alguém e conte sua história. Bata na porta de seus vizinhos e conte para eles. As revoluções nos serviços e os movimentos de liderança acontecem a cada história compartilhada!

EVANGELIZAÇÃO DO FUNCIONÁRIO E DO CLIENTE

Ben McConnell e Jackie Huba escreveram o livro sobre a evangelização do cliente. Intitula-se *Creating Customer Evangelists*. Em seu popular blog *Church of the Customer*, Ben define eloquentemente de que maneira empresas como a Zappos geram um fanatismo do cliente por meio de culturas "guiadas por objetivos" e meticuloso apego aos valores: "As empresas com grande comunicação tendem a funcionar com um objetivo simples, porém inspirador, e com valores bem definidos. Elas criam uma constituição cultural e todos os funcionário juram cumpri-la com a ajuda de Deus e do departamento de RH. Elas entendem que uma empresa 'guiada por objetivos' ajuda a esclarecer a tomada de decisões enquanto inspira uma unidade de longo prazo e sabem que o cumprimento de valores dirigidos à comunidade obriga os funcionários a pensar primeiro nos clientes e, em segundo lugar, na empresa. Elas veem os benefícios dos clientes inspirados e evangelizadores, e também como a cultura da empresa é o rio alimentador para fluxos de viva voz".

Ben toca em um assunto que muitas vezes é negligenciado nos debates sobre fidelidade do cliente. A fim de fazer que os clientes o indiquem para seus amigos, você precisa de funcionários extremamente leais e que sejam evangelistas de sua marca. Erica Weil, compradora líder da Zappos, exemplifica o grau de fanatismo na empresa: "Amo minha empresa e sei que ela me ama. Aqui sempre haverá lugar para mim e, sinceramente, não me importo com o título que tenho ou terei. Somente me importo com a empresa, e me preocupo em fazer um ótimo trabalho e torná-la melhor para quem me substituir".

Do mesmo modo, Linda Utley, que veio para a Zappos como uma recrutadora sazonal nas Centrais de Processamento de Pedidos, disse: "Este emprego poderia ter sido um trabalho temporário, mas não vou sair. Eu vou ficar. Se não puder fazer recrutamento, vou aceitar qualquer trabalho que eles tenham. Nunca mais vou trabalhar em outro lugar. Nunca". Embora essas observações reflitam a grande paixão que os fucionários têm pela Zappos, talvez o melhor exemplo da verdadeira evangelização dos funcionários venha de um comentário de Jesse Cabaniss, líder da equipe de fidelização, que diz: "Não posso deixar de dizer a todas as pessoas que eu conheço como é bom trabalhar aqui. Tenho certeza de que tanto meus amigos que não são da Zappos quanto minha família já estão ficando cansados de me ouvir dizer como é bom este lugar, mas o que posso fazer – simplesmente é".

Quando os funcionários têm um sentimento de identidade positivo por serem parte de seu negócio, essa positividade é contagiante. Quando seus funcionários compartilham a maravilha de seu local de trabalho em seus tuítes, blogs e conversas casuais com conhecidos, amigos e membros da família, você está no caminho certo para alcançar uma cultura de local de trabalho sustentável, a fidelidade do cliente, e uma forte propaganda "boca a boca". Por exemplo, a evangelização do funcionário rende benefícios significativos aos esforços de recrutamento da Zappos, que recebe cerca de 60 currículos para cada posição aberta e contrata aproximadamente 1,5% de todos os candidatos. Rebecca Henry Ratner, diretora de RH, observa: "A maioria de nossas contratações, principalmente para o *call-center*, vem de referências dos funcionários. Se você for para o nosso *site*, há muitas funções publicadas, mas as funções no *call-center* quase nunca estão lá, apesar de contratarmos cerca de 30 a 40 pessoas por mês. Essas novas contratações vêm de referências dos funcionários, e um grande número de candidatos são familiares dos atuais funcionários da Zappos. Eles ouvem nossos funcionários falar tão bem da empresa que imploram para fazer parte de nossa equipe".

Os observadores e clientes da marca também notam a maneira como os empresários e os líderes tratam seus funcionários. Por exemplo, é comum as pessoas exaltarem as virtudes da Zappos nas redes sociais, em parte baseadas no compromisso que a Zappos tem com seu pessoal e com a cultura lúdica que foi criada por toda a empresa. Os seguintes comentários são representativos de como os evangelistas da marca, sejam clientes ou não clientes, compartilham uma propaganda boca a boca positiva baseado no compromisso da Zappos com seus funcionários:

> A Zappos é diferente porque os funcionários acreditam na missão do serviço. Mas como você faz com que os membros de sua equipe adotem a missão? Desde o começo, Tony Hsieh demonstrou o cuidado e o desejo de fazer que seus funcionários fossem felizes.
>
> Os funcionários da Zappos "compram a ideia da empresa". Embora isso possa parecer engraçado, é importante que todos os empregados de qualquer empresa tenham uma conexão com o empregador, pois se os empregados não têm uma conexão, os líderes não têm apoio para realizar suas estratégias comerciais.
>
> Eu ligo para Zappos.com e escuto calor em vozes humanas. Está claro para mim que os funcionários amam o que fazem e é preciso uma grande liderança para promover esse nível de entusiasmo. Sei que esses funcionários sentem-se comprometidos, e eles certamente me envolvem.
>
> Os líderes da Zappos compreendem que, para proporcionar uma excelente experiência ao cliente, você precisa primeiro entregar muita experiência do funcionário.

Diversão e cultura familiar são monetizáveis! Por meio de sua cultura, a Zappos reduziu o estresse do local de trabalho, aumentou a produtividade, superou suas metas de desempenho e as vendas cresceram de forma invejável. No processo, seus líderes garantiram a fidelidade de seus funcionários e de seus clientes. Além disso, os investimentos feitos para alcançar a cultura coesa foram mais do que compensados pela necessidade de um orçamento mínimo para o marketing e publicidade, contando apenas com referências da publicidade de boca a boca. Quando as pessoas compartilham suas opiniões positivas a respeito de sua marca, quer seja no contexto de como são atendidos como clientes ou na maneira como percebem que você trata sua equipe com alegria, há um imenso benefício de marketing. Nenhuma publicidade tem o poder e a credibilidade da defesa não remunerada da marca, nascida do puro respeito e cuidado de seu pessoal. Esse valor da marca é a prova definitiva do retorno do prazer duradouro.

TESTE ESTAS IDEIAS

1. Entre extremamente supercompensados a extremamente subcompensados, decompondo todos os elementos conforme os funcionários são tratados (não somente pagamento e regalias), como você acredita que a maioria de seus funcionários classificaria a sua empresa?
2. Que maneiras baratas (por exemplo, pequenos atos de reconhecimento e valorização) você poderia usar para aumentar a possibilidade de seu pessoal ver sua empresa como mais imparcial?
3. Você acredita no princípio da reciprocidade ou está preocupado com o fato de que muitos funcionários vão ganhar sem dar retorno? Como seu ponto de vista afeta a maneira como você lidera?
4. Suas equipes definem metas de desempenho audaciosas? O desempenho em relação à essas metas é coerente com o nível de investimento em sua cultura?
5. Seus funcionários são evangelizadores de sua marca? Como você sabe?
6. Quantos candidatos a emprego são indicados a você por seus atuais funcionários? Seus clientes e outros observadores falam sobre a maneira que você cuida deles e de seu pessoal?

CAPÍTULO 11 – IDEIAS PARA SEGUIR

— Empregos com propósito aumentam a autoestima e o bem-estar dos funcionários.

— Ao contrário, o estresse afeta negativamente sua saúde.

— Atenuar o estresse no trabalho envolve ajustar o ritmo e a intensidade do trabalho, proporcionando um ambiente de justiça e aumentando o sentimento de controle do funcionário.

- Ambientes de trabalho mais saudáveis diminuem o estresse no trabalho e ajudam no envolvimento, na criatividade e no relaxamento dos funcionários.
- Um cochilo reconfortante no trabalho tem demonstrado aumentar a produtividade e melhorar a retenção do funcionário.
- O engajamento no local de trabalho precisa ser preparado, monitorado e muitas vezes facilitado por departamentos aos quais são dadas as tarefas de criar atividades emocionalmente atraentes e oportunidades para a comunidade.
- Quando as pessoas se sentem um pouco supervalorizadas, a teoria da equidade prevê um desempenho máximo.
- A reciprocidade prevê que as pessoas normalmente paguem na mesma moeda.
- Geralmente, o que os líderes veem no desempenho de sua equipe reflete o nível de investimento dos líderes em seu pessoal.
- Apoiar a diversão do funcionário e o prazer da equipe geralmente resulta em aumento de vendas e desempenho excepcional nas principais metas de desempenho.
- A evangelização do funcionário é parte integrante da evangelização do cliente.
- Seus clientes e outros observadores notam e falam sobre a maneira como você trata os membros de sua equipe, bem como sobre a maneira que eles próprios são tratados.

CONCLUSÃO

FINAIS, COMEÇOS E VOCÊ

Este livro vai acabar daqui a algumas páginas. Embora pareça um final, na verdade representa um novo começo em sua jornada de estimular um movimento de serviço em parceria com seu pessoal e com seus clientes. Antes de examinarmos maneiras de personalizar a aplicação da sabedoria não convencional da Zappos em seu ambiente, vamos examinar as oportunidades e os desafios que a própria Zappos enfrenta num futuro próximo.

No período de uma década, os líderes da Zappos tiveram uma ideia simples e a transformaram em um negócio de bilhões de dólares em serviço, cultura e satisfação garantida. Ao mesmo tempo em que esse rápido sucesso é digno de nota no contexto geral de longevidade da empresa, ela é relativamente jovem. Quando penso nas realizações da Zappos, as palavras de Winston Churchill vêm a minha mente quando este sugere que o fracasso não é inevitável nem o sucesso, para sempre. Os líderes da Zappos administraram bem alguns fracassos, mas restam perguntas sobre como eles administrarão seu extraordinário sucesso.

Tony Hsieh, diretor da Zappos, observa: "Tivemos muita sorte em fazer muitas escolhas acertadas em nome de nosso pessoal, nossos clientes e do negócio como um todo, mas ainda temos muito que aprender". Muito do "aprendizado" imediato da Zappos provavelmente decorre de oportunidades recíprocas que ocorrerão como resultado de seu relacionamento com a Amazon. Ao mesmo tempo em que cada uma das empresas vai aprender com a outra, tanto a Amazon quando a Zappos terão de manter suas exclusivas culturas diferentes, embora alinhadas. Na verdade, o CEO da Amazon, Jeff Bezos, observa: "A cultura e a marca Zappos são importantes ativos... Com a Zappos há grandes perspectivas à nossa frente, e eu estou totalmente entusiasmado com o que pode ser realizado ao longo do tempo".

Talvez o maior desafio que os líderes da Zappos enfrentam seja a necessidade de ajustes quando se passa de um encantador negócio fora de série para uma empresa *benchmark* madura e em expansão. Embora muitas pessoas torçam por você na sua fase inicial, alguns ficarão cansados de escutar sobre sua séria liderança ou ficarão desconfiados, críticos e invejosos quando você crescer e se valorizar. Além disso, quando os líderes e o pessoal se orgulham do sucesso que leva a um crescimento da empresa, todos podem ser atraídos por um falso senso de segurança.

No seu livro *How the mighty fall,* o autor *best-seller* e consultor de empresas Jim Collins descreve as fases de crise empresarial. A primeira fase de Jim, "Hubris Born of Success", concentra-se no orgulho corporativo, que geralmente surge antes de uma queda. Jim sugere que, de várias maneiras, o sucesso de ontem pode ser um dos maiores obstáculos para as realizações do futuro.

Embora a Zappos certamente não seja imune a fracassos, a empresa está bem posicionada para contornar armadilhas significativas, simplesmente aderindo a um dos seus valores mais importantes e incomuns: a humildade. Jennifer Van Orman, engenheira de *software* da Zappos, argumenta: "Nunca trabalhei em um departamento com tantos gênios. Tenho ao meu redor pessoas realmente inteligentes, e nenhuma delas é um deus. As pessoas jamais estão tão ocupadas a ponto de não poder ajudar alguém. Não há egos por aqui, e isso é estimulante".

Diferentemente de outras empresas bem-sucedidas, em que a ostentação e a vaidade são o calcanhar de Aquiles, a Zappos tem a disposição de sustentar o seu sucesso e pessoas como Tony Hsieh continuam a demonstrar a curiosidade, a humildade e o serviço descritos pelo arquiteto sênior de experiência do usuário: "Eu estava trabalhando em Kansas City, em outra empresa, e encontrei Tony Hsieh após a apresentação de uma palestra que assisti. A conferência iria terminar um dia após a palestra de Tony. Ao olhar pela janela, quando me preparava para deixar o local da conferência, percebi que estava chovendo e me conformei em ficar molhado. Para minha surpresa, na porta do centro de conferência estava Tony Hsieh, o diretor da Zappos, entregando capas.

Quando ele me entregou uma, pensei: 'Puxa, eles previram o tempo e a minha necessidade'. Eu nunca tinha visto isso acontecer com outros líderes seniores de outra empresa, e eu decidi que queria trabalhar e ser um cliente da Zappos".

A ZAPPOS E VOCÊ

Como estamos sempre processando informações assim que as adquirimos, eu suponho que você esteja pensando sobre como trazer para sua vida ou sua empresa o melhor da Experiência Zappos. Mas como você transforma esse pensamento em um plano de ação? De acordo com a observação de Confúcio de que "uma jornada de milhares de quilômetros começa com o primeiro passo", como você decide pelo melhor passo para você?

Como eu não posso entregar uma capa antecipando um temporal, antecipei que você e outros líderes de sua organização podem se beneficiar de uma avaliação abrangente e de uma ferramenta de planejamento de ações para ajudá-los a avaliar e promover mudanças em áreas como:

- Viabilidade de valores.
- Força da cultura.
- Excelência operacional em serviços.
- Elasticidade da marca.
- Redução do estresse no trabalho/aumento do prazer do funcionário.
- Outras áreas relacionadas com lições da Experiência Zappos.

> Você encontra o Kit de Ferramentas de Avaliação de Ações intitulado *How Zapponian Are You?* em http://www.zappified.com/action ou por meio do link QR que a seguir.

Quer você opte por usar a ferramenta de avaliação e planejamento de ações, decida inscrever-se na Zappos Insights (preenchendo o formulário no *site* http://www.zapposinsights.com) ou mergulhe diretamente em uma área de evidente necessidade, deixe-me oferecer uma orientação geral sobre os benefícios das lições da Zappos.

1. **Refine-as para atender suas necessidades.** Qualquer coisa da Zappos que você queira incorporar em sua empresa deve ser filtrada por meio da lente do que é importante para você. É importante que você realize algum tipo de avaliação e não simplesmente copie a Zappos. Por exemplo, em vez de adotar os 10 valores essenciais da Zappos como seus, talvez seja melhor seguir o exemplo do processo que a Zappos utilizou para descobrir e formalizar os valores que já estão funcionando na sua cultura.
2. **Pense no não convencional.** Ainda que eu espere que as páginas anteriores tenham lhe dado ideias para realizar melhorias incrementais em sua empresa, quero me certificar de que não se perca a mensagem subjacente "foco na grande ideia". A Experiência Zappos é uma história de líderes que não se contentaram em seguir um modelo comum de outros varejistas *on-line* para o sucesso no curto prazo. Em vez disso, é uma lição sobre líderes que apaixonadamente perseguem objetivos com um cronograma de longo prazo e que resultou num legado transformacional.

QUAL É O SEU LEGADO DE LIDERANÇA?

A Zappos já não está no negócio de sapatos; ela está no negócio de felicidade! Seus líderes se apaixonaram por um objetivo que transcendeu produtos ou processos e eles mudaram seu foco de sucesso comercial para objetivos de transformação e, no fim, elevaram sua importância e seu legado. O colunista e autor Irving Kristol certa vez sugeriu que os líderes precisam definir essa "grande coisa e ficar com ela. Os líderes que têm uma grande ideia e um grande compromisso são aqueles que deixam um legado".

Sou um defensor de gastar algum tempo para pensar nessa "grande coisa" que você quer realizar como líder e de forjar a sua própria "declaração de legado de liderança". O guru de liderança John Maxwell sugere: "As pessoas resumirão sua vida em uma frase. Defina-a agora".

Quando consultado sobre uma declaração de legado da Zappos, Tony Hsieh disse: "Espero que a Zappos possa inspirar outras empresas a adotar a felicidade como um modelo comercial – fazendo que os clientes e funcionários felizes movimentem lucros e crescimento de longo prazo. Finalmente, trata-se de entrega de felicidade".

Assim, qual é a declaração de legado de seus líderes? Vá em frente e anote-a, mas não se esqueça do mais importante: viva essas declarações! Se você fizer dessa maneira, realmente compreenderá o poder transformacional da Experiência Zappos.

NOTAS

Agradecimentos

xiii. "Cada livro é uma jornada, uma aventura, uma caçada, um caso de detetive, uma experiência, como ir a um continente pela primeira vez. Esse é o seu prazer": David McCollough, como citado por Scott R. Lloyd, "A Celebration of Family History", *Church News*, 8 de maio de 2010; http://www.ldschurchnews.com/article/59322/A-celebration-of-family-history-html.

Capítulo 1

3. "As culturas são mapas de significado, através dos quais o mundo é compreensível": Peter Jackson, *Maps of Meaning: An Introduction to Cultural Geography*. Routledge, 1989.
11. "Há anos a qualidade do atendimento ao cliente está em declínio. As pesquisas feitas pela TARP Worldwide e American Customer Satisfaction Index também constatam o mesmo fato": Sherrie Mersdorf, *Whose Responsability is Customer Service?* (2010): http://survey.Cvent.com/blog/cvent-web-surveys-blog/whos-responsability-is-customer-service.
12. "Um compromisso com o crescimento e o desenvolvimento de alguém": Peter Senge, *The Fifth Discipline* (Nova York, NY, Currency Doubleday, 1990).

Capítulo 3

40. "O processo de *aquisição, acomodação, assimilação e aceleração* de novos membros da equipe, quer eles venham de fora ou de dentro da organização": George Bradt e Mary Vonnegut, *Onboarding: How to Get Your New Employees Up to Speed in Half the Time* (Nova York, NY: John Wiley, 2009).
46. "uma das melhores coisas sobre diferenciação é que as pessoas nos últimos 10%... geralmente seguiam carreiras de sucesso em empresas ou atividades nas quais de fato se enquadravam e podiam sobressair": Jach Welch e Suzy Welch, *The Welch Way* (website) baseado no material do *Winning* (Nova

York, NY.: HarperCollins, 2005; www.welchway.com/Principles/Diferentiation.aspx.

47. "O que é medido é feito; o que é medido e recebe uma resposta é bem-feito; o que é recompensado se repete": John E. Jones, Ph.D., e William E. Bearley, Ed.D, *360º Feedback: Strategies, Tatics, and Tecniques for Developing Leaders* (HRD Press, 1996).

53. Informação sobre a eliminação das pesquisas anuais de desempenho obtida pela publicação de negócios *Workforce Management;* (www.workforce.com).

Capítulo 4

63. "O senso comum sustenta que, para aumentar a fidelidade, as empresas precisam 'agradar' os clientes, superando as expectativas ...": Matthew Dixon, Karen Freeman e Nicholas Toman, *"Stop Trying to Delight Your Customers"*, Harvard Business Review (2010); http://hbr.org/2010/07/stop-trying-to-delight-your-customer/ar/l.

64. "distribuir entusiasmo por meio de serviço": Tony Hsieh, "How I did It: Zappos CEO on Going to Extremes for Customers", Harvard Business Review (2010). http://hbr.org.2010/07/how-i-did--it-zappos-ceo-on-going-to-extremes-for-customer/ar/1.

Capítulo 5

79. "A experiência do cliente na Zappos é consistente e integrada. Por exemplo, a Amazon nunca passaria a ter um embarque durante a noite ...": Jason Busch do *Spend-Matters*, como citado por Marshall Kirpatrick, *"Getting the Goods: The New Amazon/Amazon Supply Chain Story"*. ReadWriteWeb (22 de Julho de 2009); http://wwwreadwriteweb.com/archives/getting_the_goods_the_new_amazonzappos_supply_chain.php.

79. "A Amazon é mestre na cadeia de suprimentos. É tão competente [...] e a Zappos tem o cuidado de entregar a mercadoria em sua casa rapidamente ...": Marshall Kirpatrick, loc. cit.

81. "se um *site* de *e-commerce* é lento ao carregar a página, ele corre o risco de perder uma potencial venda. Em uma época em que os consumidores têm cada vez mais opções ...": Joseph Yi, *Turns Your eCommerce Site Page Load*

Speeds into Speed Racer (2010); http://viralogy.com/blog/ecommerce/turn-your-ecommerce-site-page-load-speeds-into-speed-racer/

83. "Momentos da verdade": Jan Carlzon, *Moments of Truth* (Nova York, NY, Harper Collins, 1989).

83. "onde as pessoas continuamente expandem suas capacidades para criar resultados que realmente desejam, onde são alimentados novos e amplos padrões de pensamento, onde a aspiração coletiva é livre ...": Peter Senge, op.cit.

85. Pesquisa sobre falhas no serviço: Amy K. Smith e Ruth N. Bolton, "An Experimental Investigation of Service Failure and Recovery: Paradox or Peril?" *Journal of Service Research,* 1 (1), 1998, págs. 65-81.

87. "Semana passada fiz um pedido de duas bermudas cargo pretas da marca Jag, para o verão que finalmente está chegando em Michigan. Já havia comprado da Zappos antes ...": "Minha reclamação da Zappos" Karen, Midlife's Trip (blog), 26 de maio de 2009; www.midlifetrip.com/my-un-complaint-against-zappos/.

90. "Em todos os 'momentos da verdade', minha experiência decorreu sem nenhum problema. A inscrição durante a compra no *site*, as atualizações sobre o *status* da compra ...": Chris Raeburn, *"Zappos is Just Okay, Service Encounters Onstage"* (blog), 10 de julho de 2010; www.servicemarketer.blogspot.com/2010/07/zappos-is-just-okay.html.

92. "Na linguagem usada por muitos zapponianos ...": *Building Your Company's Vision*, Harvard Business Review, 1996.

Capítulo 6

96. "Formam vínculos profundos com os consumidores por meio de mecanismos de narrativa. Eles são contadores de histórias, extraídos de uma biblioteca de narrativas atemporais ..."Laurence Vincent, *Legendary Brands: Unleashing the Power of Storytelling to Create a Winning Market Strategy* (Chicago, IL, Dearborn Trade, 2002).

96. "O cliente queria devolver um pneu, independentemente do fato de a cadeia de lojas da Nordstrom não vender peças de automóvel, mas sim roupas de luxo. Seguindo a doutrina da empresa, o empregado aceitou o pneu, porque era isso que o cliente queria". Pamela Abramson, *Nordstrom High Style,* Newsweek, 5 de Janeiro de 1987, pág. 43.

96. "Provavelmente, essa é a maior história de relacionamento com o consumidor dos tempos modernos – e certamente é mencionada em milhares de artigos de negócio...": Snopes.com Rumor Has It", www.snopes.com/business/consumers/nordstrom.asp.

98. "Na segunda vez nós casamos e, na terceira, estamos torcendo para que ela engravide": Greg e Tamara, YouTube vídeo, www.youtube.com/watch?v=Rrc4c-wI.Zg.

99. "Eles mandaram um *e-mail* pra mim dizendo que haviam ... Sou muito sensível a delicadezas": Lamarr Zaz, como mencionado por Meg Marco, The Consumerist (blog), 16 de Outubro de 2007; www.consumerist.com/2007/10/zappos-sends-you-flowers.html.

100. "Se você não sabe aonde vai, provavelmente acabará em outro lugar": Lawrence J. Peter e Raymond Hull, *The Peter Principle* (Nova York, Williams Morrow, 1969).

104. Informação sobre permitir que seus funcionários deem atenção aos melhores interesses dos clientes: Steve Downton, Hillbrand Rustema e Jan Van Veen, *Service economics: Profitable Growth with a Brand Driven Service Strategy* (Seattle, WA: On-Demand Publishing, 2010).

105. "O melhor amigo da felicidade é a gentileza, e o melhor amigo da paixão é a generosidade. Daí em diante, eu acho muito difícil ser apaixonado, a não ser que você queira ser generoso ...": Seth Godin, vídeo no YouTube na página de Delivering Happiness, *A melhor amiga da felicidade é a gentileza*, 2010; www.deliveringhappinesss.com/seth-godin-happiness-best-friend-is-kindness.

105. "O melhor investimento de uma marca é engajar-se em 'Aleatórios gestos de gentileza' ...". Alejandro Saavedra, 11 Crucial Consumer Trends for 2011, 19 de dezembro de 2010, www.alesaavedra.com/11-crucial-consumer-trends-for-2011.

Capítulo 7

116. "Recomenda que você use uma escala de respostas de 10 pontos e pergunte aos clientes qual a possibilidade de eles recomendarem sua empresa para um amigo ou colega ...". Fred Reichheld, *The Ultimate Question: Driving Good Profits and True Growth* (Boston, MA, Harvard Business School, 2006).

Capítulo 8

135. "A capacidade que uma empresa tem de aprender e de traduzir esse aprendizado em ações rápidas é a vantagem competitiva mais importante": Jack Welch, como citado em diversos sites da Internet, inclusive www.brainyquote.com/quotes/quotes/j/jwelch173305.html.

135. "Ao contrário do que muitos pensam, os líderes não nascem, são feitos ..." Vince Lombardi, *What it Takes to Be #1: Vince Lombardi on Leadership* (Nova York, NY: R.R. Donnely, 2001).

137. As empresas muitas vezes avaliam mal as reais motivações de seus funcionários, imaginando que a remuneração é sua primeira ambição ...": Chip Conley, *Peak: How Great Companies Get Their Mojo from Maslow* (São Francisco, CA: Jossey-Bass, 2007).

140. Tom Rath, *StrengthsFinder 2.0* (Nova York, NY: Gallup Press, 2007).

141. Matthew Kelly, *The Dream Manager* (Nova York, NY: Beacon, 2007).

143. "autoeficiência": A. Bandura, "Self-Efficacy: Toward a Unifying Theory of Behavioral Change", *Psychological Review*, 84, 1977, pags. 191-215; www.psychology.about.com/od/theorysofpersonality/a/self_efficacy.htm.

Capítulo 9

151. "Enquanto o valor entregue pelas companhias aéreas continua a diminuir, a Zappos está sempre lutando para melhorar gradativamente ...": Tim Sanchez, "Zappos Airlines: A First Class Tocket to Customer Experience" Deliver Bliss: The Business of Customer Experience (blog), 2010; www.deliverbliss.com/2010/11/zappos-airlines-a-first-class-ticket-to-customer-experience.

159. "Centenas de 'especialistas em mídia social' mencionam a empresa em seus livros, blogs, palestras, webconferências e afins ..." David Meerman Scott "The Trouble with Zappos", Web Ink Now (blog), 2010; www.webinknow.com/2010/12/the-trouble-with-zappos.html.

161. "Em vez de usar ferramentas de mídia social para vender produtos, a Zappos deliberadamente as utiliza para se conectar de modo mais pessoal tanto com os funcionários quanto com os clientes ..." C. B. Whittemore, "Zappos Uses Social to Share Culture", Flooring the Customer (blog) 2010; www.flooringtheconsumer.blog.com/2010/11/zappos-uses-social-to-share-culture.

html?utm_source=feedburber&utm_medium=feed&utm_campaign=Feed%3A+FlooringTheConsumer+%28Flooring+The+Consumer%29.

161. "A Zappos definiu o limite para a mídia social do atendimento ao cliente, uma vez que sua abordagem foca em fazer conexões autênticas via redes sociais, em vez de vender ou promover produtos ...": Megham Peters, "3 Examples of Stellar Social Media Customer Service [MASHABLE AWARDS], Mashable (blog), 23 de novembro de 2010, www.mashable.com/2010/11/23/customer-service-award.

162. "O blog falso 'Walmarting Across America' ...": Pallavi Gogoi, "Jim e Laura da Wal-Mart: The Real Story", Bloomberg Business Week, 9 de outubro de 2006; www.businessweek.com/bwdaily/dnflash/content/oct2006/db30061009_579137.htm.

162. "A mídia social está enraizada na cultura Zappos, pois a empresa acredita que eles sequer precisam de uma estratégia de mídia social – visto que os funcionários constantemente postam vídeos, tuítes e blogs sobre sua cultura – porque não vendem ou comercializam diretamente ...": Bernie Brennan e Lori Schafer, "Putting the 'Zap' into Zocial Media", Open Mic: The SAS Publishing Blog, 2 de dezembro de 2010; www.blogs.sas.com/publishing/index.php?/plugin/tag/bernie+brennan.

165. "O mais interessante é o fato de que até mesmo esses compradores que *não* assistem ao vídeo estão mudando ...":Mark R. Robertson, *Videos Sell Products – Even If Users Don't Actually Watch Them*", ReelSED (blog), 2010; www.deliverbliss.com/2010/11/zappos-airlines-a-first-class-ticket-to-customer-experience.

166. "A Zappos sabe o que você fez no verão passado. Ou talvez o que você fez na última vez que visitou seu *site* ..." Meghan Keane, "Behavioral Targeters Need to Find a Balance between Helpful and Creepy", Econsultancy: Digital Marketers United (blog), 3 de agosto de 2010; www.econsultancy.com/us/blog/6372-behavioral-targeting-needs-to-find-a-happy-medium-between-helpful-and-creepy.

166. "Abandonei uma pesquisa [por um par de bermudas, na Zappos] e fiz outra coisa ..." Michael Learmonth, *"The Pants That Stalked Me on the Web"*, Ad Age Digital (blog), 2 de agosto de 2010; www.adage.com/digitalnext/post?article_id=145204.

Capítulo 10

171. Informação sobre o Dr. David Abramis e outros, com respeito à diversão no

local de trabalho: Mary Rau-Foster, "Humor and Fun in the Workplace", workplaceissues.com (blog), 2000; www.workplaceissues.com/arhumor.htm.

172. "O esforço extra que as empresas colocam nos momentos difíceis faz a diferença na forma como elas são bem-sucedidas em elevar o moral e reter os melhores talentos em uma economia forte": Ted Marusarz, como citado em "Hewitt Analysis Shows Steady Decline in Global Employee Engagement Levels" Hewitt on-line, 29 de julho de 2010. http://origin-www.hewittassociates/com/Intl/NA/en-US/AboutHewitt/Newsroon/PressReleaseDetail.aspx?cid=8775.

174. "Ei! Aposto que o comandante dos bombeiros adora esse lugar!": Stephen Searer, "Office Snapshots Tours Zappos HQ", OfficeSnapshots.com, 4 de abril de 2008; www.officesnapshpts.com/2008/04/0ffice-snapshots-tours-zappos-hg.

174. "O escritório costumava ser considerado um lugar onde os funcionários marcam seus cartões de ponto e os chefes perambulam pelos corredores como diretores de escola procurando por vilões ...": Malcolm Gladwell, "Designs for Working: Articles from *The New Yorker*, 11 de dezembro de 2000"; www.gladwell.com/2000/2000_12_11_a_working_html.

179. "As consequências do tédio nas empresas e organizações incluem maiores custos de emprego... problemas de desempenho... e reduzida eficiência organizacional ...": Informação cedida por William Bazler, Patricia Smith e Jennifer Burnfield em Charles Spielberger, Ed. *Encyclopedia of Applied Psychology* (Philadelphia. PA: Elsevier, 2004).

185. "*flow*"; Mihály Csíkszentmihályi, *Flow: The Psychology of Optimal Experience* (Nova York, NY: Harper & Row, 1990).

Capítulo 11

190. "O modo como o trabalho é organizado – seu ritmo e sua intensidade, seu nível de controle sobre o processo do trabalho, seu senso de justiça e a segurança no emprego, entre outras coisas – pode ser tão nocivo à saúde dos trabalhadores quanto os produtos químicos no ar ...": Peter Schnall, Marnie Dobson e Ellen Rosskam, eds. *Unhealthy Work: Causes, Consequences, Cures (Critical Approaches in the Health, Social Sciences)* (Amityville, NY: Baywood Publishing, 2009).

191. "Até agora os cochilos nos locais de trabalho são e continuam sendo

a exceção, e não a regra": Angela Haupt, "Why Power Naps at Work are Catching On", *Yahoo! Health* (*site* da Internet), 15 de novembro de 2010; www.health.yahoo.net/articles/sleep/why-power-naps-work-are-catching.

196. "A tendência entre os humanos é retribuir àqueles que nos deram algo ...", Robert Cialdini, *Influence: The Psychology of Persuasion* (Nova York, NY: William Morrow, 1993).

200. "As empresas com grande comunicação tendem a funcionar com um objetivo simples, porém inspirador, e com valores bem definidos ...": Ben McConnell, "The Roots of Word of Mouth", Church of the Customer.com, 10 de junho de 21009; www.churchofthecustomer.com/blog/word_of_mouth/page /3/.

Conclusão

206. "A cultura e a marca Zappos são importantes ativos ...": Jeff Bezos, "Video from Jeff Bezos about Amazon and Zappos", YouTube vídeo, 22 de julho de 2009; www.youtube.com/watch?usv+hxX_Q5CnaA.

206. "Hubris Born of Success": Jim Collins, *How the Mighty Fall: And Why Some Companies Never Give In* (Nova York, NY: Harper Business, 2009).

208. "Grande coisa e ficar com ela. Os líderes que têm uma grande ideia e um grande compromisso são aqueles que deixam um legado": Irving Kristol, como mencionado em diversos *sites* da Internet, inclusive no www.brainyquote.com/quptes/authors/irving_kristol.html.

208. "As pessoas resumirão sua vida em uma frase. Defina-a agora": John C.; Maxwell, *Go for Gold: Inspiration to Increase Your Leadership Impact* (Nashville, TN: Thomas Nelson, 2008).

Grande parte do conteúdo deste livro surgiu de reuniões, entrevistas por telefone e outras formas de apoio dos funcionários e outros *stakeholders* da Zappos. Isso inclui, mas não se limita às seguintes pessoas:

Aaron Magness, Abbie Morris, Alesha Giles, Alfred Lin, Alicia Jackson (AJ), Andi Root, Andrew Kovacs, Angie Holt, Annette M. Smith, Anthony Vicars, Ashley Perry, Augusta Scott, Austin Blair, Brandis Paden, Bridget Dorsey, Bryce Murry, Butch Hazlett, Chad A. Boehne, Chris Judd, Chris Nielsen, Chris Peake, Chris Winfield, Christa Foley, Christina Colligan, Christina Kim, Christina Mulholland, Cody Britton, Courtney Bareman, Craig Adkins, Crystal Reid, Dan Campbell, Daniel Muskat, Dave

Brautigan, David Hinden, David Tyler, Denise Reynolds, Dennis Wegenast, Derek Carder, Deryl Sweeney, Devlyn Torres, Donavan Roberson, Doug Meenach, Dylan Morris, Eileen Tetreault, Erica Weil, Erin Ryan, Faby Guido, Fred Mossler, Galen Hardy, Grace Kee, Graham Kahr, Greg Bowen, Greg Richards, Jamie Naughton, Jason Lee Menard, Jason Whittle, Jeanne Markel, Jeff Lewis, Jenn Lim, Jennifer Van Orman, Jerald Tidmore, Jesse Cabaniss, Jim Rowland, Jon Wolske, Josh Schlekewy, Josie Del Rio, Justin Williams, Karen Sue Miller, Kaycee Crow, Kayla Cline, Keith Glynn, Kristen Kaelin, Lacy Goodlett, Laura A. Miller, Laura Slaughter, Lauren Spenser, Leah Morris, Lianna Shen, Linda Utley, Lindsay Roberts, Lisanna Lawson, Liz Gregersen, Loren Becker, Mark Madej, Mary Falter, Mary Johnson, Mary Teitsma, Matt Wong, Matthew Dunaway, Miles Olson, Nicole Smith, Noel Cusimano, Pamela Cinko, Pamela Griggs, Phillip So, Rachael Brown, Rachel Cosgrove, Rafael Mojica, Rebecca Henry, Rhonda Ford, Rob Siefker, Robert Avila, Robert Richman, Roz Searcy, Sarah House, Sarah Johnson, Shannon Roy, Shawna Macias, Sheila Clinard, Sidnee Shaefer, Stacey Eddy, Stefanie Walls, Steve Hill, Steven Trentham, Sue Maurer, Susan Disbrow, Tami Lemke, Tammy Johns, Thomas Knoll, Timothy Clemons, Sr., Tom Austin, Tony Hsieh, Vanessa Lawson, Zack Davis.

ANEXO A:
COMPARTILHAR OS MELHORES TELEFONEMAS

Como descrito no Capítulo 7, o programa da Zappos de Compartilhar os Melhores Telefonemas começa com um membro da EFC identificando uma ótima chamada de um cliente e compartilhando a informação sobre ela com o supervisor da EFC. Depois, o supervisor da EFC envia um *e-mail* para o cliente, pedindo *feedback* e informações sobre o serviço recebido.

A seguir, exemplos de *feedbacks* recebidos. O primeiro exemplo inclui o *e-mail* que o supervisor do EFC enviou ao cliente, mas para evitar duplicidade, os demais exemplos só incluem a resposta do cliente.

CLIENTE: Melissa Holt

Olá, Melissa! Meu nome é Alexa e sou a chefe de Tamara na Zappos EFC, Inc. Um dos nossos funcionários contou como foi agradável conversar com você! Recentemente iniciamos um programa especial para fornecer um *feedback* adicional para nossa equipe. Queremos agradar um pouco mais nossos funcionários e por isso quero pedir-lhe um grande favor. Não tomarei muito do seu tempo, mas isso vai nos ajudar muito. Por favor, fale sobre o serviço que você recebeu e qualquer aspecto de *feedback* referente à conversa que você teve com nosso funcionário.

FEEDBACK DO CLIENTE: Melissa Holt

Em primeiro lugar, eu amo a Zappos! Nunca tive uma experiência negativa com nenhum vendedor do atendimento ao cliente, mas Tamara foi tão prestativa e me atendeu melhor do que qualquer outra pessoa já havia me atendido no passado. Eu compro bastante, *on-line* e por catálogo, e nunca havia encontrado uma pessoa tão agradável e carinhosa. Ao tentar encontrar a luva e o tamanho certo para minha filha, ela me fez sentir como se realmente se importasse comigo e ela se preocupou em conseguir o par certo. Se você tivesse mais pessoas como ela, vocês nunca perderiam um cliente. Muito obrigada por ter uma funcionária tão maravilhosa e tão prestativa. Espero que ela atenda na próxima vez que eu ligar. Ela também me mandou um cartão, que tornou meu dia melhor e colocou um ENORME sorriso o meu rosto.

Obrigada!!

CLIENTE: Bruce Fisher

Um serviço excepcional!!! O melhor! Por favor, cuide de seus funcionários, pois são eles que fazem com que seu *website* seja diferente dos outros. Posso comprar de diversos *websites,* mas funcionários como Michael S. fazem a diferença no meu processo de tomada de decisão... Na verdade, eu já encontrei produtos mais baratos em outros *sites*, mas eu sempre volto para a Zappos por causa de funcionários como Michael S. que eu sei que vão prestar um ótimo atendimento a um preço excelente. No mundo de hoje é muito interessante tratar com uma empresa como a Zappos, que leva muito a sério o atendimento ao cliente, e essa é a razão principal pela qual eu compro na Zappos. Os funcionários que cuidam do embarque também são os melhores – o produto sempre chega em excelentes condições, diferente de minha experiência com outros varejistas. Continuem a fazer o que vem fazendo e cuide de todo o seu pessoal, pois uma grande empresa funciona de baixo para cima, e seus funcionários são a base onde toda a empresa se apoia, e isso é uma coisa que as escolas de administração de hoje se esquecem de ensinar.

CLIENTE: Darleen Foreman

Gosto de falar sobre minha experiência com Lauren e de contar como ela foi boa. Ela parecia tão acolhedora e agradável, e também teve muita paciência comigo e quis dar toda a informação de que eu precisava, e fornecer informações adicionais para tornar minhas compras tão agradáveis quanto possível. Parecia que eu estava fazendo compras com uma amiga. Sempre é muito bom quando se pode ter um vendedor tão disposto a dedicar seu tempo e ajudar verdadeiramente. As compras *on-line* são bastante novas para mim; na verdade, minha primeira compra na Zappos foi há poucas semanas. Naquela ocasião, a pessoa também foi atenciosa e paciente; porém, foi uma experiência diferente em razão das circunstâncias (desta vez eu queria fazer uma compra para minha filha que mora no Colorado e ter a mercadoria embarcada diretamente para ela). Lauren me acompanhou em todo o processo – mais uma vez com toda a paciência, e eu agradeço muito a ela e aos novos sapatos que chegaram a tempo de usá-los em minha busca por emprego. Eles são maravilhosos, meus pés estão me agradecendo e eu estou agradecendo a você. Ela merece todos os elogios, os presentes, o dinheiro, etc. que se pode dar a ela.

CLIENTE: Julie Redinger

Olá, Dana. Kim foi MARAVILHOSA! Eu havia feito um pedido e não percebi imediatamente que meu cartão havia sido substituído e os números não eram os mesmos. Não me dei conta até o dia seguinte, e fiquei com receio de ligar, pois sabia que levaria algum tempo e provavelmente teria que fazer um novo pedido *on-line*. Liguei para Kim e ela, rapidamente, cancelou o pedido e fez um novo utilizando o novo número. Isso não atrasou o recebimento dos meus sapatos, e quando você está em casa só dois dias na semana, isso poderia ser um problema. Se meu pedido tivesse atrasado, ele teria ficado na porta de minha casa por cinco dias, ou eu teria que pedir para alguém ir até lá para apanhá-lo. Preciso acrescentar que Kim fez tudo isso sem que eu me sentisse uma idiota por usar o cartão errado, ou que isso fosse um grande transtorno para ela. Ela entendeu perfeitamente, e eu me senti como se estivesse conversando com uma amiga, e não apenas uma voz do outro lado. Acredite ou não, Kim tornou o meu dia melhor. Viajar todas as semanas é estressante e quando as coisas vão bem sobra um tempo precioso em casa. Kim me proporcionou esse tempo. Por favor, agradeça a ela por mim. Kim é o rosto (voz) da Zappos para seus clientes, e ela fala muito sobre como o atendimento ao cliente é importante para sua organização. Assim, muitas outras empresas poderiam aprender uma valiosa lição com vocês.

CLIENTE: Matt Dobski

Esta foi minha primeira oportunidade de encomendar um presente da Zappos. Além de eletrônicos, eu não tinha uma boa experiência na compra de roupa *on-line*. O material não era o que eu esperava ou ele não servia. Como resultado, o que poderia ser uma compra por impulso acabava sendo um aborrecimento. Hoje o atendimento ao cliente está terrível, tanto *on-line* quanto em lojas, e por isso minha expectativa era pequena. Por ter comprado um vestido para minha esposa no tamanho errado (preciso de alguma ajuda para isso), eu me preparei para um longo interrogatório sobre a razão de estar trocando a mercadoria e, depois, uma longa espera pelo retorno da mercadoria pelo correio e o processo de troca. Considerando que era época de férias, eu esperei, ou me condicionei a esperar, que a pessoa do atendimento ao cliente tomaria uma atitude e preferiria estar em outro lugar. Eu não poderia ter me surpreendido mais.

Desde o início da chamada, Dan atendeu com uma atitude categórica "estou aqui para ajudá-lo". Honestamente, isso me pegou de surpresa. Ele não foi apenas cortês, amigável e profissional, ele queria conversar. Eu fiquei admirado. Ali estava alguém que realmente entendia e parecia estar se divertindo com seu trabalho. Certamente essa é uma parte da cultura que está faltando na maioria das empresas de hoje. Assim, não só a devolução foi muito simples, com as etiquetas de devolução enviadas por *e-mail*, mas o atendimento ao cliente superou tanto minhas expectativas que eu saí do meu escritório e perguntei se mais alguém já havia comprado alguma coisa da Zappos. Eu contei minha experiência para aqueles que nunca haviam comprado e disse a eles que deveriam experimentar. Isso é surpreendente. Honestamente posso dizer que você converteu um cliente aborrecido e, com o serviço que conheci em sua equipe, você terá fãs apaixonados em todos os lugares. Obrigado por sua interessante abordagem ao negócio e verdadeiro atendimento ao cliente.

CLIENTE: Veronica Fischer

Segunda-feira NÃO é meu dia da semana favorito, especialmente após um longo fim de semana de feriado de Ação de Graças. Se eu pudesse começar todas as segundas-feiras conversando com Heather e fazendo pedidos na Zappos, seria um bom início para as segundas-feiras e para as semanas. Heather foi uma joia. Era entusiasmada, bem informada e totalmente envolvida. Ela é um maravilhoso bem para a equipe Zappos. Hoje em dia os bons atendimentos ao cliente podem ser ardilosos. Se todos os seus funcionários forem "Heathers", você tem muita sorte! Obrigado, Jean, pela extraordinária experiência e, por favor, transmita à Heather meus sinceros agradecimentos pela alegria e pelo ótimo serviço. E, além disso, "Feliz Natal!".

CLIENTE: Lucy U. Vasquez

Obrigada, Zappos, pela rara experiência. Hoje em dia não é comum, nas compras pela Internet ou não, conhecer representantes de atendimento ao cliente que sejam sinceras e interessadas. É evidente que a cultura Zappos começa por seu fundador. A "razão" do fundador é a base do sucesso da

Zappos. A Zappos contrata pessoas que compartilham essa "razão", e dessa maneira, cria um ambiente alegre para todos os seus funcionários. No momento em que Debbie atendeu minha chamada, ela fez com que eu me sentisse especial, como se eu fosse a única pessoa no universo com quem ela se importava naquele momento. Como eu não estava encontrando exatamente o que procurava, ela se dispôs a entrar no *site* para me ajudar a procurar em outro lugar. Que concepção! A Zappos realmente se importa com as necessidades de seus clientes! Depois de criar um relacionamento comigo, Debbie me conquistou, e eu acreditei completamente. Fiz minhas compras na Zappos, sem me importar se havia encontrado ou não a cor certa de suéteres para meus netos. Ela também me promoveu a cliente VIP. Agora sou uma cliente fiel à Zappos, sem me interessar pelo que a Zappos vende, mas "por que" ela vende o que vende. Debbie merece "um tapinha nas costas" e muito mais por projetar sinceramente a cultura Zappos para seus clientes.

CLIENTE: Bonnie Greer

Gostei de conversar com Shannon e estava procurando uma maneira de cumprimentá-la por seu atendimento e, que boa surpresa, ser capaz de fazer exatamente isso! Minha grande amiga Judy sempre elogiava a Zappos e então pensei: Por que não? Estou muito contente por finalmente tê-la escutado. Como eu disse à Shannon, sofro de fibromialgia e tenho dores todos os dias. Tento fazer com que isso não me limite (rir é o melhor remédio!), mas caminhar e a dor nos meus pés algumas vezes podem ser um desafio. Encontrar um par de sapatos que não aumente essa dor também pode ser um desafio. Sou difícil de agradar, e os vendedores das lojas locais de sapatos confortáveis parecem não ter a paciência para me ajudar a encontrar um sapato confortável (não posso dizer que os culpo por isso, nada parece me agradar, e deve ser muito frustrante trazer todas essas caixas e ver-me devolver o que eles finalmente encontraram). E é aqui que sua Shannon brilha! Liguei tendo em vista um par de tênis em especial (o Asics Gel Cumulus 12), e Shannon foi prestativa e alegre durante todo o tempo. Realmente me senti como se estivesse conversando com uma nova amiga... uma amiga muito inteligente! Ela é um trunfo para sua empresa, e eu estou muito impressionada. Já estou ansiosa para comprar outro par de sapatos e ser uma cliente Zappos por muitos anos. Obrigada pela oportunidade de dar este *feedback*, e mais uma vez obrigada por esse ótimo atendimento.

ANEXO B:
TRECHOS DO LIVRO QUE MOSTRAM A CULTURA ZAPPOS

Para mim, a cultura Zappos é fantástica. A maioria das pessoas desconhece empresas que vendem serviços, não apenas mercadorias. E uma empresa que não quer apenas ENTUSIASMAR seus clientes, mas ENTUSIASMAR também seus funcionários, é muito rara. Lanches e médicos grátis são muito difíceis de encontrar em uma empresa. A cultura Zappos de entusiasmar o cliente e seus funcionários é simplesmente impressionante. No período em que eu estava na Zappos, eu mesmo fui entusiasmado pelos gerentes e líderes; isso não acontece em outras empresas. Amo a cultura Zappos.

Darlene J., EFC

A Zappos tem um ambiente de cuidado e atenção. Não tenho dúvidas de que sou um membro valorizado da equipe, e minha equipe (todos na Zappos) quer o meu sucesso. Temos autonomia para tomar decisões no que acreditamos ser o melhor para nossos clientes. Todos queremos oferecer aos nossos clientes o melhor serviço que já receberam. Isso é fácil por que é dessa maneira que cada pessoa é tratada na Zappos! É um lugar alegre e isso faz com que se queira trabalhar com o máximo afinco para fazer o melhor que se pode!

Donna M., EFC

Considerando que estamos falando da Zappos como a empresa para a qual trabalho, gostaria de dizer que a empresa, e o modo como ela é rotulada, fez mudanças em mim ao longo dos anos. Não é mais apenas minha empregadora. A Zappos é minha família. Posso ver esse sentimento de família quando ouço qualquer coisa envolvendo o nome Zappos ou explico nossa cultura para alguém. Isso fica claro quando me refiro à Zappos como "nós" e não como "a empresa para a qual trabalho" ou "meu emprego". O tempo que despendo na Zappos é uma das poucas ocasiões na minha vida onde tenho um sentimento de fazer parte e de parentesco. Fazer parte desta empresa mudou minha vida e seu rumo por que estou começando a conhecer, cada vez mais, um sentimento de participação com amigos que eu fiz na empresa, e em outras situações de minha vida. Parece que a Zappos foi a verdadeira razão de bênçãos em minha vida.

Linda H., EFC

A cultura da Zappos é simplesmente maravilhosa! É impressionante como cada departamento pode confiar nos outros (uma coisa que eu nunca senti antes). Amo o fato de que empresas externas queiram copiar o que nós aperfeiçoamos.

Andrea W., Suporte

Nos dois anos que trabalhei aqui tive o grande prazer não apenas de ver algumas mudanças surpreendentes, mas também de participar de algumas delas. Meu papel aqui na Zappos teve uma mudança significativa. Minha opinião e a maneira de pensar sobre a cultura de nossa empresa tem crescido aos trancos e barrancos. De muitas maneiras eu acho que nossa cultura está ainda mais definida. E ainda mais comentada. As pessoas têm discussões de qualidade sobre ela. Acho que, de muitas maneiras, tem se tornado muito parecido com o "entusiasmo" que proporcionamos aos nossos clientes. É algo que você pode ver e tocar.

Jacob P., Recursos Humanos

Há quatro anos faço parte da família Zappos. Eu vi a empresa crescer e transformar-se no que é agora. No nosso amadurecimento como empresa, nossa cultura não foi alterada. A cultura Zappos é a mesma desde o meu primeiro dia, em julho de 2001. Eu me entusiasmo só em pensar sobre nosso crescimento e realizações. Nossa cultura se apresenta de muitas formas e expressões. Preocupamo-nos de verdade com as parcerias com nossos funcionários, clientes e fornecedores. Nunca trabalhei para outra empresa que trate todos com respeito.

Ethel F., Corporativo

Quanto mais a empresa cresce, mais eu gosto de trabalhar para ela. Para mim é surpreendente, pois eu já vi muitas transições antes, e na(s) minha(s) experiência(s) anteriores, quanto mais a empresa crescia, mais impessoal se tornava meu relacionamento no trabalho, e eu me sentia cada vez menos importante como funcionário. Mas não na Zappos: de alguma maneira nós conseguimos manter aquele sentimento acolhedor de uma pequena empresa que tem mais de mil funcionários.

Alex R., Suporte técnico

A coisa mais extraordinária sobre a Cultura Zappos é a camaradagem. Em São Francisco sempre éramos muito amigos uns dos outros; em Las Vegas, nos tornamos verdadeiros amigos. O fantástico é que isso cria um vínculo de *feedback* que nos ajuda, tanto como empresa quanto como indivíduos. Para mim, como conheci as pessoas fora do trabalho, sou capaz de entendê-los melhor e de conhecer sua força e capacidades, enquanto (espero) eles sejam capazes de entender e confirmar as minhas. Como somos capazes de nos comunicar uns com os outros e trabalhar juntos, há um maravilhoso e compartilhado sentido de conquista após conquista, que retorna como amizade. Claro que pagamos um preço pequeno. Eu seria negligente se não mencionasse isso, como todos os relacionamentos, as amizades na empresa podem refluir ao longo do tempo (esperamos que com mais refluxo do que fluxo). Isso pode ser um estresse temporário. Mas na média, a capacidade de estar com pessoas novas e interessantes fora do trabalho faz com que o próprio trabalho seja um lugar muito mais agradável e sociável.

Eric W., Desenvolvimento

Talvez o respeito seja o fator mais importante que faz com que a cultura Zappos seja tão bem-sucedida. A Zappos respeita seus funcionários! Se é importante para os funcionários, é importante para a Zappos. Quando eu iniciei na Zappos era um pouco estranho... uma empresa que sai de seu rumo para manter seus funcionários felizes?! E, em troca, todos nós contribuímos 110% para o sucesso, não só da empresa, mas da família Zappos. Que conceito!

Norbinn R., Desenvolvimento

As pessoas vêm para a Zappos com experiências profissionais diferentes. Muitas vezes elas se impressionam com as regalias. Porém, as regalias são, na verdade, um subproduto da visão da empresa. Os líderes parecem muito comprometidos em garantir que as pessoas não fiquem somente confortáveis no seu ambiente de trabalho, mas que realmente gostem de vir trabalhar. Acredito que o objetivo da Zappos é proporcionar a todos um ambiente de trabalho onde eles gostem de viver. O local de trabalho da Zappos tem um entusiasmo juvenil que permeia em todos os departamentos. Posso dizer sinceramente que acho que a Zappos é um dos melhores lugares do planeta para se trabalhar. As pessoas são únicas, a cultura é vibrante e o ambiente é elevado. Sou uma pessoa muito especial e posso dizer honestamente que não poderia imaginar outro lugar onde gostaria de estar.

Richard B., Administrador de Sistemas

A Zappos.com pode ser muitas coisas para muitas pessoas, mas para mim trata-se de criar mudanças. Trata-se de criar novos processos, políticas, estratégias e metas para seguir adiante. Contribuir para as mudanças em primeira mão é o que faz a cultura Zappos ser diferente de outras empresas. Cada um de nós tem a capacidade de contribuir para a mudança de forma positiva. A Zappos é uma empresa inovadora, e é estimulante ser parte de sua mudança e de seu crescimento.

Lisa M., Jurídico

Esta será meu segundo acesso ao Livro de Cultura. Isso me faz pensar sobre o que me impressiona este ano em comparação com o ano passado. No ano passado tudo era novidade. O impacto foi muito grande. Tudo era novo e poderoso! Agora, depois de um ano de experiência, eu ainda acho que a Zappos me entusiasma. A Zappos ainda gosta de desenvolvimento e de não permanecer com o *status quo*. Adoro ser desafiado e também gosto de meu trabalho atual com contas a pagar. O fator de entusiasmo da Zappos me dá a opção de aprender coisas novas assistindo aulas que agora são oferecidas internamente, e de permanecer na minha função. Assim, enquanto eu continuo a aprender e expandir meus horizontes, posso fazer meu trabalho e ficar pronto para o dia em que achar que está na hora de tentar uma nova função desafiadora que a Zappos oferecer. EU AMO ESTE LUGAR!

Debra J., Finanças

Para mim, a Cultura Zappos trata-se de uma empresa inteira de pessoas, que não somente podem, mas são incentivadas a serem elas mesmas, trabalhando juntas para tornar o grupo mais forte, como um todo. Quando você tem uma empresa que é tão honesta e aberta sobre tudo que acontece, seja nos tempos bons ou difíceis, todos sentem-se como se fossem verdadeiramente parte de uma grande organização, diferentemente de muitas outras. Como nossa cultura nos aproxima, temos uma empresa toda de pessoas que adoram estar aqui, e que fazem todo o possível para ajudar no sucesso da empresa.

Jason C., Marketing

Para mim, a Cultura Zappos é uma orientação para a vida e eu espero viver essa vida na Zappos. Penso que ela lhe dá orientações sobre a maneira que você deve agir e reagir aos diferentes acontecimentos na Zappos. Também, a cultura da Zappos lhe ensina a ser você mesmo e não mudar para qualquer um. Em quantos lugares você pode trabalhar e usar seu estilo de roupa, *piercing*, cabelo e tatuagens da maneira que você gosta, viver um dia por vez e ter prazer em estar aqui... esta é sua casa longe de casa.

Jenny H., Depósito de Kentucky

A melhor maneira de resumir o meu sentimento pela Zappos é orgulho. Tenho orgulho por minha empresa estar entre as primeiras 25 dos melhores lugares para trabalhar em Kentucky, e entre as 25 primeiras dos melhores lugares para trabalhar no país. Tenho orgulho de que a equipe de RH trabalhe tanto para levar adiante a cultura em Kentucky e faça um trabalho tão bom. Tenho muito orgulho que nossos funcionários se envolvam com a comunidade, quer estejam mergulhando no Rio Ohio em fevereiro para apoiar os jogos Olímpicos Especiais, ou jogando boliche para arrecadar dinheiro para o Big Brothers/Big Sisters ou fazendo corridas de cama durante o Kentucky Derby Festival, ou caminhando para sensibilizar as pessoas pelo problema do câncer ou garantindo que as crianças locais tenham roupas e brinquedos nas férias. Tenho muito orgulho de quando estou fora e encontro pessoas novas e conto que trabalho na Zappos, elas se desmancham nos elogiando e dizendo como nos amam. Tenho muito orgulho da Zappos.

Andi P., Depósito de Kentucky

Hoje, meu trabalho consistiu em subir uma escada com 3 metros de altura no telhado do velho depósito da Zappos para tirar fotos de um grupo. Ontem eu fotografei barras de cereais de proteína e depois as comi. Amanhã ... bem, amanhã provavelmente voltarei a fotografar roupas de adultos, roupas de crianças, sapatos, eletrônicos ou utensílios domésticos. Para ter sucesso, você realmente precisa abraçar e fazer a mudança, e isso nós fazemos! Eu trabalho aqui há pouco mais de um ano e enquanto meu primeiro ano passou voando, parece que há anos conheço todas as pessoas no meu departamento. Em razão de tantas mudanças, fomos capazes de nos manter juntos como uma equipe, mantendo sempre uma atmosfera positiva.

Jimmy M., Depósito de Kentucky

Trabalhar na Zappos me dá a impressão de ter meu próprio negócio, mas ainda melhor. Todas as pessoas com quem você encontra, desde colegas até fornecedores, querem o seu sucesso. Em uma questão de minutos suas ideias podem se tornar realidade, com a ajuda de outros departamentos. Não há barreiras, e você pode dirigir na velocidade que quiser, desde que possa aprender com seus erros. E o resultado final é recompensador – você fica feliz por ser parte da família.

Angela C., Promoção

Eu amo a Zappos mais do que chai Latte e ioga, e tanto quanto descansar na praia. Obrigado, Tio Zappos, por permitir que eu seja um comprador, ensinando-me e desafiando-me todos os dias, e obrigado por permitir que eu trabalhe com meus melhores amigos.

Catie F., Promoção

A Zappos não tem igual, e eu amo isso. É tão bom acordar de manhã querendo ir para o trabalho. Querendo ver e interagir com todos seus colegas. Por que isso não é apenas um trabalho, e eles não são apenas colegas, todos são grandes amigos. E quando você vai para o trabalho todos os dias, e trabalha com todos os seus amigos, e faz o que você gosta, isso não é trabalho. Dizem que o tempo voa quando nos divertimos, e este último ano voou!

Michelle F., Promoção

Já passei um ano na Zappos, e já está na hora de escrever outra vez o que significa a cultura para mim. Aqui está o que eu sei: sei que o ano passado passou mais rápido do que qualquer outro que eu possa lembrar. Sei que cresci pessoal e profissionalmente. Cresci mais no ano passado. E esse ano foi cheio do trabalho mais difícil e da maior diversão que eu jamais tive em um emprego. Acho que tudo isso contribuiu para a cultura aqui na Zappos. Sem eles, nada do que realizei neste último ano teria sido possível. A cultura aqui é imensurável, pois ela nos permite sermos nós mesmos, como pessoas, e crescer e aprender a aperfeiçoar-nos e, por sua vez, a empresa. Fico imaginando o que o(s) próximo(s) ano(s) têm reservado(s), mas em razão da cultura, agradeço por estar aqui e estou entusiasmado por passar por tudo isto!

Dena N., Informações do Produto

Não há dúvida de que a Zappos colocou o negócio convencional de pernas pro ar com seu excelente atendimento ao cliente. Porém, a parte mais impressionante das histórias Zappos é a maneira profissional como os compradores interagem com os atacadistas. As ligações são respondidas. Compromissos são facilmente agendados. As reuniões de *follow-up* e os pedidos são totalmente descomplicados. O grupo de compradores se veste e comporta todo o tempo com profissionalismo. A Zappos adotou a indústria de sapatos apoiando shows e eventos comerciais, e a administração sênior é muito visível e acessível (aumentando, ou até destruindo, o nível de forma clara, comparado com a concorrência). Os funcionários da Zappos são francos e abertos no que se refere à direção, metodologia e erros de seu negócio. A Zappos definiu um novo padrão a partir do qual todos os varejistas podem aprender. O sucesso da Zappos não é por acaso e é bem merecido.

Bob L., Parceiro

Para mim, a Cultura Zappos significa revolução. O negócio de sapatos tornou-se um mundo sedentário e imutável, onde a mesma coisa antiga tornou-se a rotina diária. A Zappos apareceu e virou a indústria de sapatos de cabeça para baixo! Acendeu nos varejistas e atacadistas um fogo coletivo e deu vida a uma comunidade que estava em coma. Muitas pessoas duvidaram de que seu modelo de negócio fosse sobreviver, quem diria transformar-se no que é hoje. Agora a Zappos é um nome de utensílios domésticos, e deveria estar no dicionário. Temos orgulho de fazer parte daquilo que vocês conquistaram.

Daniel L., Parceiro

Tenho sido um parceiro comercial da Zappos desde os dias em que a empresa estava localizada na Van Ness Street, em São Francisco. Ao longo dos anos, conheci a Cultura Zappos no que trata de conceitos de parceria. A Zappos levou o conceito a níveis sem precedentes, onde os relacionamentos comerciais e pessoais são de mútuo benefício. Muitos varejistas falam sobre relacionamentos de mútuo benefício; alguns os buscam de maneira altiva, mas poucos alcançam a meta desejada. A Zappos está em uma liga própria e diferenciou-se do resto da comunidade de varejistas, o que é muito recomendável. A cultura Zappos reforça os valores de boas relações no trabalho baseado na confiança e integridade. Como fornecedores, devemos nos sentir importantes e apreciados. Nossas contribuições para suas vendas e lucros são valorizadas, o que nos faz sentir como membros da equipe Zappos. Somos fornecedores, mas a Cultura Zappos nos faz sentir como sócios. Obrigado por essa sociedade, e pela oportunidade de ser parte dessa entusiasmante aventura de varejo.

Lewis G., Parceiro

A Zappos vive nesse mundo de altas expectativas. A medida do serviço costumava ser a Nordstrom, mas não é mais. Entrega no dia seguinte, uma enorme coleção, devolução fácil... todos os componentes do negócio escondem o que ele realmente faz: um atendimento à moda antiga. A Zappos combina o melhor que a tecnologia pode oferecer enfatizando o básico – tratar o cliente com respeito. Qual é a cultura da Zappos? Para mim, é uma combinação de tecnologia, atendimento tradicional e capacidade de rir. Acho que tenho muita sorte em ser parte do processo.

Dominique S., Parceiro

Índice

A

Abandono do carrinho de compras, 67
Abordagens de tentativa e erro, 65
Abramis, David, 171
Adkins, Craig, 55, 73
Alegria, 172-180, 184-187
Alvo comportamental, 166-167
Amazon, 6, 54, 79, 119
Anúncios, 167
Apresentação dos produtos, 69, 72, 149
Atendimento ao cliente, 64-92
    comprometimento a, 64, 66
    e decisão certa, 68-70
    e política de devolução, 75-78
    e recuperação do serviço, 85-88
    e satisfação do cliente, 70-76
    facilidade do, 64-68
    responsabilidade de cada um dos funcionários, 44-45
    roteiros do, 102-103
    superar as expectativas do, 88-92
Atenta combinação de escuta, 65
Atrasos, 185
Atualizações diárias de vendas, 120-121
Austin, Tom, 123
Autoavaliação, 110
Avaliação de desempenho., 48-55

B

Baias, 173
Balzer, William, 179
Bandura, Albert, 142
Batchelor, Karen, 87-89
Becker, Loren, 25, 133
Benchmark, 156, 159
Bezos, Jeff, 206
BHAGs (Big Hairy Audacious Goals), 92, 197
Boehne, Chad, 180
Bolton, Ruth, 85
Bradt, George, 40
Branson, Richard, 149
Brautigan, Dave, 28-29
Brennan, Bernie, 162
Britton, Cody, 178
Brown, Rachael, 14, 25-26, 177, 184-185
Bullas, Jeff, 165
Burnfield, Jennifer, 179
Busch, Jason, 79

C

Cabaniss, Jesse, 15, 186-187, 200
Camisetas 'Cease and Desist', 152
Campbell, Dan, 69
Carder, Derek, 42, 106-107
Carlzon, Jan, 83
Carnegie, Andrew, 127
Cartas de apresentação, 30-31
Central de Processamento de Pedidos da Zappos 9-10
    aluguel da, 23
    desafios, 9
    localizar os, 79-80
    metas de segurança nas, 197-198
    na exatidão no atendimento do pedido, 72

Church of the Customer, 200–201
Churchill, Winston, 205
Cialdini, Robert, 196
Cinko, Pam, 81, 98, 183, 215
Clientes
    confiança dos, 12
    feedback dos, 66–68, 111–117
    observando o comportamento dos, 67–68
Clinard, Sheila, 120
Clorox, 147
Clube de leitura, 144
Códigos de barra, 42
Colligan, Christina, 41, 112
Collins, Jim, 58, 92, 206–207
Compaixão, 187
Compartilhamento de informações, 119
Compartilhar as melhores chamadas, 112–114, 217–221
Competências técnicas, 137
Comunicação, 117–121
Conexões emocionais pessoais (PECs), 101
Conexões pessoais, 101–126
    com comunicação aberta, 117–120
    com fornecedores, 121–123
    e Net Promoter Score, 112, 115–117
    feedback, 109–115
Conference Board, 130
Confiança, 12
Conley, Chip, 137
Conteúdo enriquecido, 160–163
Contratação, 25, 35
Corporate Voices for Working Families, 130
Cosgrove, Rachel, 154–156
COW (Cultivadores de entusiasmo) prêmio, 181

Creating Customer Evangelists (McConnell e Huba), 200–203
Crescimento nas vendas, 196
Criatividade, 171
Csíkszentmihályi, Mihály, 185–186
Cultura corporativa, 22–36
    e conscientização de valor, 29–31
    e conversas cotidianas, 47–53
    e orçamento para as atividades relacionadas à cultura, 54–55
    expressões de opinião sobre, 56–59
    manutenção do funcionário, 47–48
    orgulho corporativo, 206–207
    valor acrescentado através de, 77
    valores escritos em, 21–22, 24–27
    velocidade, 77–82
Culture King, 142
Cursos eletivos, 139
Cusimano, Noel, 177
Custo de despesas fixas, 9

D

Davis, Zack, 104
Declaração de nossa maneira de atender, 100–101
Definir objetivos, 197–198
Descrições exatas dos itens, 70
Determinação, 10–11
Diferenciação, 46–47
Diversões, 171–195
    alegria de curto prazo, 172–180
    alegria de longo prazo, 184–188
    benefícios da, 172–173, 201
    médio prazo, 180–184
    qualidade de vida, 189–194
Dixon, Matthew, 63–64
Dobbson, Marnie, 190
Documento de valores essenciais, 24–25
Downton, Steve, 104

E

Ebags.com, 5
EFC (Equipe de fidelização do cliente) avaliação, 110-112
Empresas feitas para vencer (Collins), 58
Entrevistas, 34
Equipe de experiência de usuário (UX), 65-68
Equipe de fidelização do cliente (EFC)
    avaliação, 109-112
    concluiu com sucesso, 45
    estímulo de, 46
    importância do, 42
    para os líderes, 39
    período de incubação, 84-85
Equipe do P.E.A.C.E., 192
Equipes Kan Du, 192
Estoque, 65, 73-74
Estresse, 190, 191
Etiqueta, 74-75
Evangelização do cliente, 200-203
Evangelização dos funcionários, 200-203
Exatidão no atendimento do pedido, 71-72
Excelência do serviço, 23
Exercícios de evacuação, 176
Experiência Zappos, 13-16
Extensão de marca, 148-151
Extroversão, 178

F

Face game, 176-177
Fase de incubação, 84
Feedback, clientes, 65-67, 110-114
Felicidade, 104, 110, 156, 157-158, 172
Ferramenta de avaliação, 110
Ferramentas de busca, 67
Ferrara, Jon, 99
Fidelidade do cliente, 64, 200

Filantropias sociais, 192-193
Florida Orange Growers Association, 117
Foley, Christa, 38
Ford, Henry, 19
Ford, Rhonda, 10
Formação de equipes, 43-45
Formulário da felicidade, 111-112
Fornecedor, 121-123
Freeman, Karen, 63-64
Friedman, Barbara, 112-113
Funcionário adequado, *Employee fit*, 31-35, 37-40, 45-47
Funcionários
    avaliação de, 48-55
    comunicação entre os lideres e, 118-121
    conhecimento do produto, 85

G

Generosidade, 105
Gentileza, 105-106
Gerentes, 53, 55
Giles, Alesha, 134
Gladwell, Malcolm, 174-175
Glynn, Keith, 9
Godin, Seth, 105
Griggs, Pamela, 181
Guido-Romero, Faby, 107

H

Habilidades de escrita, 139
Handy, Charles, 93
Hardy, Galen, 34, 150
Haupt, Angela, 191
Hazlett, Butch, 122
Henning, Jeffrey, 61
Hill, Steve, 173
Hinden, David, 41, 120, 185

Holt, Angie, 196
How I did It (Hsieh), 63–64
How the mighty fall (Collins), 206
Hsieh, Tony, *(cont'd)*
    conta de Twitter de, 161
    do aprendizado, 205
    e Venture Frogs, 7–10
    felicidade na vida, 157–158
    na declaração de legado, 208
    na Experiência Zappos, 14
    na interação humana, 83
    na liderança, 117
    na Zappos Insights, 207
    nos resultados das chamadas telefônicas, 100
    nossos fornecedores, 122
    salário anual de, 195
Hsieh, Tony, XIII
    aos valores da empresa, 11–12
    blog, 119–120
    comprometimento, 10
    contratações malfeitas, 35
    criação de valores corporativos, 27–28
    de cultura, 57
    e prestação de serviço, 23, 64
    na extensão de marca, 148
Satisfação garantida por, 4, 6
Huba, Jackie, 200–201
Humildade, 10–11
Humor, Play and Laughter (Michelli), 170

I
Inovações da velocidade, 78
Integração, 40–45
    seleção e formação de equipes em, 43–47
    tipos de treinamento de, 41
Intuição, 65

J
J.D. Power and Associates, 7
Jackson, Alicia, 12, 186–187
Jackson, Peter, 3
Johnson, Mary, 15, 55, 114
Johnson, Sarah, 191
Johnson, Scott, 94
Jones, John E., 47
Justiça, 186

K
Kahr, Graham, 162, 165
Keane, Meghan, 166–167
Kelly, Matthew, 141
Kim, Christina, 66
Kirkpatrick, Marshall, 79
Kovacs, Andrew, 38, 43, 199

L
Lamarr, Zaz, 99–100
Lawson, Lisanna, 191
Lawson, Vanessa, 120
Learmonth, Michael, 166
Lemke, Tami, 109
Lewis, Jeff, 15, 192
Líderes
    e comunicação, 117–121
    legado de, 208
    remuneração de, 195
    treinamento de, 39, 135–139
Lim, Jenn, 6, 57–58, 156–158
Lin, Alfred
    Experiência Zappos, e, 14
    na extensão de marca, 148
    na recuperação do serviço, 86
    nas atualizações diárias de vendas, 120–121

no começo da Zappos, 22–23, 78
Venture Frogs, e, 7–9
Livro de cultura
   comentários em, 57–58
   primeira publicação, 5
   trechos do, 223–228
Lombardi, Vince, 135

M
Macias, Shawna, 99, 178–179
Madej, Mark, 44, 175, 181
Magness, Aaron, 12–13, 57, 83, 97, 181
Markel, Jeanne, 34, 151
Marketing, 81
Marusarz, Ted, 172
MAX International, 72–73
Maxwell, John, 208
McCollough, David, XIII
McConnell, Ben, 200–201
Menard, Jason Lee, 163–164, 197–198
Mersdorf, Sherrie, 11
Metas de desempenho, 196–199
Michener, James, 169
Mídia social, 90, 159–162
Miller, Laura, 84
Mojica, Rafael, 65, 67, 181
Morris, Dylan, 102
Morris, Leah, 176, 197
Mossler, Fred, 8–9, 14, 25, 68, 124, 149–150
Mulholland, Christina, 72
Murry, Bryce, 182
Myers, Dave, 183

N
Naughton, Jamie, 55–56, 119, 192–193
Net Promoter Score (NPS), 112, 115–117
Nielsen, Chris, 14

Nordstrom, 96–98
NS (número de série), 73
Número de série, (NS), 73

O
Olson, Miles, 122
Open Mic, 162

P
Paden, Brandis, 32–33, 41–42
Paixão, 10–11, 105, 107
Pare de querer agradar seus clientes, (Dixon, Freeman, e Toman), 63
Partnership for 21st Century Skills, 130
Peak (Conley), 137
Peake, Chris, 84
PECs (conexões emocionais pessoais), 101
Perry, Ashley, 44, 84, 105
Pesquisa de felicidade de cinco segundos, 118–119, 192
Pesquisa do usuário, 65
Peter, Lawrence J., 100
Pets.com, 7
Pike Place Fish Market, 100, 144
Pike, Jenn, 181
Planos de carreira, 134–135
Planos de saúde, 54
Política de devolução, 75–76
Políticas, 102–103
Porras, Jerry, 92
Posicionamento da marca, 147, 168
Prêmio OSHA SHARP, 197
Princípio "E S P A L H E", 127, 139
Princípios serão confiáveis, relevantes, únicos e duráveis (CRUD), 27
Procurar o tamanho certo, 20, 29
   (*Veja também* Cultura corporativa)
Produtividade, 171

Programa Pipeline, 130-134
  classes de treinamento específicas para, 134-135
  currículo principal da, 131-139
  níveis de classes essenciais fornecidas na, 133
  treinamento de desenvolvimento pessoal em, 139-141
  treinamento de liderança na, 135-138

Q
Qualidade de vida, 189-194
Quinta disciplina, A (Senge), 83

R
Raeburn, Chris, 90
Rath, Tom, 140
Ratner, Rebecca Henry, 31-32, 46, 53, 118, 129, 186, 198, 201
Reconhecimentos dos colegas, 182
Refeições, 55
Reichheld, Fred, 116-117
Relacionamentos interdepartamentais, 44-45
Relatório sobre 'Tendências críticas do consumidor, 105-106
Relatórios de qualidade da força de trabalho, 130
Retorno do investimento (ROI), 42
Richman, Robert, 98, 153, 172, 199
Ritz, César, 80-81
Ritz-Carlton Hotel Company, 96, 100, 102
Roberson, Donavan, 54, 153-154, 190
Robertson, Mark R., 164
ROI (retorno do investimento), 42
Rosskam, Ellen, 190
Roteiros, 102
Rustema, Hilbrand, 104

S
Salas de cochilo, 191
Salas de reunião, 173-174
Sanborn, Mark, 133
Sanchez, Tim, 151
Satisfação do cliente, 70-76
Satisfação garantida, *delivering happiness* (Hsieh), 4, 6, 57
Saudação, 111
Schafer, Lori, 162
Schnall, Peter, 190
Scott, Augusta, 35, 142, 187
Scott, David Meerman, 159
Searcy, Roz, 125, 177, 193
Segurança, 197
Seleção, 43-47
Senge, Peter, 12, 83-84
Sequoia Capital, 5-6
Service Economics (Downton, Rustema e Van Veen), 104
Shamo, Darrin, 166-167
Shen, Lianna, 66
ShoeSite.com, 4, 147
Siefker, Rob, 143
Slaughter, Laura, 196
Smith, Amy, 85
Smith, Nicole, 195
Smith, Patricia, 179
Snyder, Geoff, 160
Socialização, 55
Society for Human Resource Management, 130
Spenser, Lauren, 96, 97
StrengthsFinder 2.0 (Rath), 140
Surpreender os clientes, 91-92
Sweeney, Deryl, 155-156
Swinmurn, Nick, 4, 5, 7-9, 147

T

Tédio, 179
Teitsma, Mary, 81, 103
Teóricos de retidão, 195
The Dream Manager (Kelly), 141
The Learning Channel (TLC), 91
Tidmore, Jerry, 124–125
Toman, Nicholas, 63–64
Torres, Devlyn, 131
Transmitindo Felicidade, 6, 57–58
Transparência, 162
Treinamento de desenvolvimento pessoal, 139–141
Treinamento EFC (ver treinamento da Equipe de Fidelização do Cliente), 39
Treinamento específico para o departamento, 133
Trendwatching.com, 105
Twitter, 56, 160–162
Tyler, David, 190

U

Unhealthy Work (Schnall, Dobson, e Rosskam), 189
UPS, 79
Utley, Linda, 200
UX (experiência de usuário) equipe, 65–68

V

Valores
    conscientização de, 29–31
    escritos, 21–22, 24–26
    mudar sua atual estrutura., 28–29
Van Orman, Jennifer, 175, 206
Van Veen, Jan, 104
Velocidade de serviço, 78–82
Vendas de vestuário, 149–150
Venture Frogs, 4, 7–8
Vicars, Anthony, 80, 89
Video de produto, 163–164
Vik, David, 142–143, 187
Vincent, Laurence, 96
Virgin Group, 148
Vonnegut, Mary, 40

W

Walmarting Across America, 162–163
Weil, Erica, 200
Welch, Jack, 46–47, 134
Whittemore, C. B., 160
Wiki, 84
Williams, Justin, 79
Wolske, Jon, 143
WorldPort, 79

Y

Yi, Joseph, 81
Yokoyama, John, 144

Z

Zappos Insights, 31, 153–156
    e *benchmarking*, 155–156
    inscrever-se na, 207
    missão da, 153–154
    plataforma, 154
Zappos
    exclusiva proposta de valor da, 11–13
    imagem da Zappos na mídia, 3, 90
    marcos da, 4–7
    pontos históricos de articulação, 7–11
    popularidade, 3–4